늘봄학교 개론

호서대학교 디지털과 영유아교육연구소편

한유미 · 성은현 · 권희경 · 권정윤
장혜진 · 주안나 · 김민재 · 심혜진

KNOWLEDGE COMMUNITY 공동체

머리말

저출산이 국가적 문제로 대두되면서 현 정부는 유보통합을 본격적으로 추진하고 있습니다. 그러나 유치원과 어린이집 등 영유아교육기관의 통합 못지않게 시급한 것이 바로 초등돌봄서비스의 통합입니다. 초등돌봄서비스는 여러 부처에서 다양한 형태로 운영되어 왔지만, 부모님들은 마을돌봄보다 학교돌봄을 선호하며, 양질의 공적 돌봄을 기대하고 있습니다. 이러한 수요가 증가함에 따라, 정부는 2024년부터 초등학교 1학년을 시작으로, 2025년에는 1~2학년, 2026년에는 모든 초등학생을 대상으로 '늘봄학교'를 확대한다고 발표했습니다. 이로 인해 초등학교 방과후와 초등돌봄서비스는 없어지고, 늘봄학교만이 존재하게 될 것입니다.

늘봄학교의 비전은 '세계 최고 수준의 늘봄학교'로, 희망하는 모든 학생과 학부모가 만족할 수 있는 종합 프로그램을 제공하는 것입니다. 이를 위해 누구나 이용할 수 있는 맞춤형 지원, 학교 안팎의 자원 연계, 저학년 맞춤 프로그램 무료 제공, 프로그램 질 제고 및 다양화, 안정적인 식사 제공 등의 정책방향을 설정하고 있습니다. 그러나 일부 교원단체와 학부모 단체는 늘봄학교 도입에 대해 비판적인 입장을 보이고 있습니다. 실제로 교육현장에서는 인력 부족, 공간 부족, 프로그램 운영 준비 부족 등 여러 현실적인 문제들이 존재합니다. 그럼에도 불구하고 '늘 봄처럼 따뜻한 학교'라는 의미의 늘봄학교는 교육과 돌봄을 동시에 만족시킬 수 있다는 긍정적인 기대감을 불러일으키고 있습니다.

'교육의 질은 교사의 질을 넘을 수 없다'는 말처럼, 늘봄학교의 성공을 위해서는 자격을 갖춘 교사의 확보가 무엇보다 중요합니다. 현재로서는 늘봄학교 강사를 양성하는 체계적인 프로그램이 부족한 상황입니다. 예를 들어, 한국과학창의재단의 맞춤형 프로그램에서 실시하는 강사 교육은 해당 프로그램 진행 방법에 초점을 맞추고 있어 늘봄학교 정책이나 아동 전반에 대한 이해, 교수학습 방법 등 포괄적인 내용을 담고 있지 않습니다. 또한 민간단체에서 운영하는 늘봄강사 교육도 오래된 자료를 사용하거나 정식 출판된 교재 없이 진행되고 있습니다. 늘봄학교가 성공적으로 정착하기 위해서는 대학에서 정규 교과목이나 마이크로 디그리 과정을 통해 늘봄교사를 양성해야 할 것입니다. 이 책을 쓴 이유도 바로 여기에 있습니다.

이 책은 최초의 늘봄학교 교재를 발간한다는 일념으로 집필되었습니다. 1, 2, 5, 6, 7, 8장은 한유미, 3장은 김민재, 4장은 장혜진, 9장은 주안나, 10장은 심혜진, 11장은 권희경, 12장은 권정윤, 13장은 성은현이 맡았습니다. 이 책이 예비 늘봄교사와 늘봄학교 종사자에게 유익한 자료가 되기를 기대합니다. 감사합니다.

2024년 9월

저자 일동

차례

Part 3 늘봄아동의 지도

Part 1

늘봄학교와 늘봄아동

CHAPTER

1

늘봄학교의 이해

1. 늘봄학교의 개념

1) 초등돌봄의 개념 및 유형

돌봄은 단순한 보호(protect)를 뛰어넘어 관심을 가지고 돌보는(care) 행위로, 과거에는 사적 영역의 문제로 여겨졌지만, 점차 공적 영역의 중심 의제로 부상해 왔다. 최근에는 개인, 가정, 친족뿐 아니라 지역사회 공동체와 국가 전체를 포괄하는 보편적 돌봄 정책에 관한 논의가 활발하게 이루어지고, 돌봄 윤리를 규범적 기초 원리로 하는 돌봄국가가 새로운 복지국가 형태로 제시되고 있다. 아동돌봄에 대한 사회적 인식 또한 크게 변화하여, 아동돌봄은 더 이상 시혜적 프로그램이 아니라 아동의 권리로서 국가와 지방자치단체가 보장할 책임이 있다는 보편적 돌봄 패러다임이라는 인식의 전환이 이루어졌다.

초등학교 아동기는 심리적 · 정서적 · 인지적 · 사회적 발달과 학습 등 다양한 측면에서 중요한 시기이므로 세심한 관심의 돌봄이 필요한 시기이다. 초등돌봄은 학령기 초등학생을 대상으로 정규수업 외에 돌봄과 교육 등의 복지서비스를 제공하는 것을 말한다. 우리나라에서 초등돌봄서비스는 1970~1980년대 민간 주도로 방과 후나 방학 중에 저소득층의 아동을 돌보는 공부방에서 시작되었다. 1990년대 후반 경제위기가 발생하면서 정부 차원의 관심과 지원이 확대되었으며, 1995년 김영삼 정부의 '531 교육개혁'에서 방과 후 아동지도를 위한 방과후교실이 도입되면서 방과 후 아동돌봄이 정부 차원의 정책으로 수용되기 시작했다(윤옥분, 2023). 공적 영역에서 제공되는 대표적인 초등돌봄서비스에는 교육부의 초등돌봄교실, 보건복지부의 지역아동센터와 다함께돌봄센터, 여성가족부의 청소년방과후아카데미 등이 있다.

〈표 1-1〉 초등돌봄 유형

	부서	유형	지원대상	특징
학교 돌봄	교육부	초등돌봄교실	주로 초등 1, 2학년 맞벌이가정 (소득기준 없음)	- 교육부의 교육양극화 해소와 사교육비 경감 및 저출산으로 파생된 유휴교실 활용 목적 - 초·중등학교 교육과정 고시(제2015-74호) - 아침 7~9시 또는 방과후~오후 5시(일부 7시까지 탄력적 운영) - 전용교실 또는 겸용교실에서 운영 전용교실 : 유휴교실에서 돌봄을 전담 겸용교실 : 저학년교실 및 특별실을 리모델링하여 오후에 돌봄교실로 활용 - 놀이 학습 프로그램과 간식 무료 제공
		방과후 연계형 돌봄교실	초등 3~6학년	- 방과후교실과 연계하여 4시까지 운영 - 전용교실 또는 겸용교실에서 운영 - 방과후학교 프로그램 신청자 대상 - 간식 무료 제공

마을 돌봄	보건 복지부	지역아동센터	18세 미만 아동 (80% 이상이 초등학생) 취약계층 중심 (중위소득 100% 이하)	-초등돌봄 중 가장 오래됨 -1980년대 정부가 아닌 민간에서 자생적으로 발생한 공부방이 2004년 아동복지법 개정으로 정부지원시설로 전환 -보건복지부→아동권리보장원→시·도청→지역아동센터시도지원단→시·군·구청→지역아동센터의 추진체계 -아동복지법 제52조, 제59조 -미취학, 초중고등학생뿐 아니라 학교밖 청소년 등 다양한 연령대의 아동이 이용
		다함께 돌봄센터 (우리동네키움 센터)	만 6~12세 맞벌이가정 (소득기준 없음)	- 지역 중심 돌봄체계구축 및 초등돌봄 사각지대 해소를 목적으로 2017년 시작 - 아동복지법 제44조의2 - 정기돌봄(1일 8시간 이상)과 일시돌봄(갑자기 발생한 사유에 의한 비정기적 돌봄)으로 구분 - 학기 중 오후 2~8시, 방학 중 오전 9시~오후 6시 운영하되, 지역여건에 따라 탄력적 운영 - 급·간식은 선택, 숙제지도, 문화체험, 신체활동, 음악, 미술 등의 교육프로그램 - 사회복지사, 보육교사, 유치원교사, 초·중등교사, 청소년지도사 등 자격증 소지자
	여성 가족부	청소년방과후 아카데미	초 4~ 중 3학년 돌봄취약계층 우선	- 2005년 청소년위원회의 과제로 시범운영 - 청소년기본법 제48조의2 - 청소년 수련시설(청소년수련관, 청소년문화의집 등)을 기반 - 자립역량 개발 및 건강한 성장 지원을 위해 학습지원, 전문 체험활동, 생활 지원 등의 종합서비스를 제공 - 일반형과 주말형 : 오후 4시부터 8시까지 센터 내에서 활동, 주말에는 야외 체험활동

출처 : 강지원 외(2022), 윤옥분(2023), 황명순(2024) 재구성.

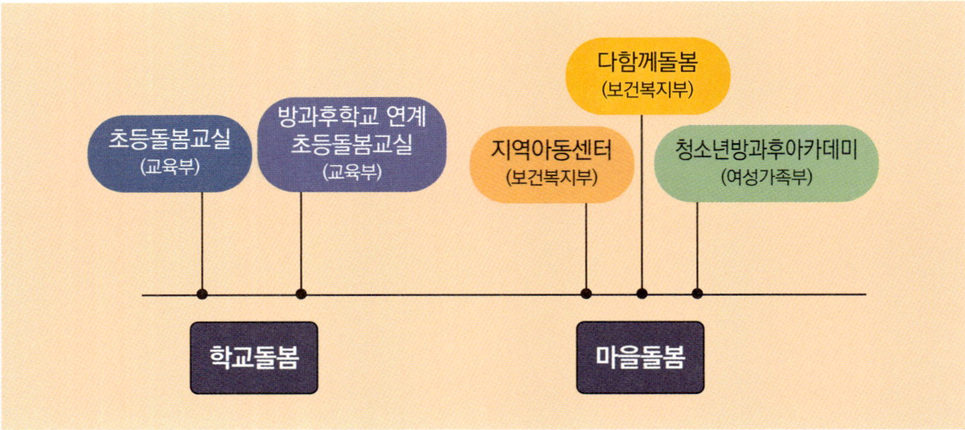

[그림 1-1] 초등돌봄 유형

출처 : 강지원 외(2022).

2) 초등돌봄 선택 기준

이상과 같은 다양한 초등돌봄서비스를 부모가 선택할 때 중요하게 생각하는 요인은 '접근성, 돌봄서비스 담당인력, 시설편의성, 프로그램, 식사 및 간식' 순으로 나타났다. 각 요인의 내용을 살펴보면 다음과 같다(장명림, 2019).

▮ 접근성

이용 가능 시간과 이동 거리를 말하는 것으로, 주중 이용 가능한 시간, 주말 및 공휴일 이용 가능 시간, 방학 중 이용 가능 시간, 집이나 학교에서의 이동 거리, 하교 및 이동 시 차량 지원, 이동 시 안전한 보호지원, 자격 제한 없는 이용 등의 하위요인이 있다. 주말 및 공휴일 이용 가능 시간을 제외하고 모든 요소가 중요한 것으로 나타났다.

■ 돌봄서비스 담당인력

돌봄교사의 자질을 뜻하며, 아동에 대한 돌봄 선생님의 따뜻한 관심과 애정, 돌봄 선생님과 부모의 소통, 돌봄 선생님의 자격요건, 돌봄 선생님 1인당 담당 아동 수 등이 하위요인이다. 이 중 아동에 대한 애정과 관심이 가장 중요한 것으로 밝혀졌다.

■ 시설편의성

돌봄서비스의 시설 및 환경에 대한 중요성을 나타내며, 가정과 같이 편안하고 안락하게 느낄 수 있는 환경, 놀이 공간이 충분할 것, 교재나 교구 구비, 주변 환경 및 시설 공간의 안전 등의 하위요인을 포함한다. 초등학교 저학년 자녀를 둔 경우, 고학년에 비해 시설의 편안함과 안전을 더 중요하게 여기는 것으로 나타났다.

■ 프로그램

교과목 보충학습 프로그램, 예체능 등 특기적성 프로그램, 각종 체험활동 프로그램의 하위요인으로 구성된다. 저학년의 경우 체험활동 프로그램의 중요도가, 고학년의 경우 교과목 보충학습 프로그램에 대한 요구도가 높게 나타났다.

■ 식사 및 간식

저녁식사 제공, 방학 중 식사 제공, 식사 및 간식의 질의 하위요인으로 이루어진다. 이 중 식사 및 간식의 질이 가장 중요하고, 그 다음으로 방학 중 식사 제공에 대한 요구도가 높은 것으로 나타났다. 저녁식사 제공은 상대적으로 낮은 것으로 발견되었다.

3) 늘봄학교의 도입 배경

(1) 초등돌봄 사업의 성과와 한계

앞에서 설명한 초등돌봄교실과 방과후학교의 장점을 활용한 늘봄학교 정책이 2023년 도입되기까지는 다음과 같은 배경이 있다. 학생의 다양성 존중과 인성 및 창의성 함양을 목적으로 1995년 방과후학교가 도입되었다. 2000년에 접어들어 여성의 경제활동 비율이 늘어나고 저출생 문제가 불거지면서 기존의 특기적성교육, 방과후교실, 수준별 보충학습 등의 다양한 프로그램이 방과후학교로 통합되었다. 그러나 하교 후 활동에서 돌봄의 사각지대가 발견되었고, 수익자 부담으로 참여율이 2022년 36.2%에 그치고 사교육비 지출 감소에도 그다지 영향을 미치지 못한 것으로 지적된다(통계청, 2023).

이에 따라 맞벌이가정이나 저소득층가정의 저학년 학생들을 대상으로 방과 후에 학습활동과 돌봄을 제공할 수 있는 초등돌봄교실이 시작되었다. 학교돌봄의 대표적 유형인 초등돌봄교실은 마을돌봄에 비해 부모들의 압도적인 선호를 받아 저학년 아동을 위한 중요한 돌봄 공간으로 자리 잡았다. 그러나 초등돌봄교실은 돌봄서비스이기 때문에 법적 근거를 교육 관련 법에서 만들기 어려워 법률적 근거 없이 교육부 고시에 따라 운영되어 왔다. 또한 교육공간인 학교 안에 설치된 초등돌봄교실의 법적 근거를 아동복지법 등 사회복지법령 아래에 두기에도 무리가 있었다. 이에 초등돌봄교실은 대기인원이 지속적으로 증가하는 등 돌봄 문제해결에 한계를 나타냈다(김선주, 2024; 정재훈, 2024). 아울러 돌봄대상을 저학년에서 전 학년으로 확대하라는 권장사항에도 불구하고, 공간 확보의 어려움이나 인력 운용 부담, 학년별로 체계화된 교육프로그램 부족 등으로 인하여 고학년의 참여율이 저조하고 저학년을 중심으로 운영되는 문제가 있었다.

〈표 1-2〉 늘봄학교로 달라지는 점

	지금까지 (기존의 초등 방과후·돌봄)		앞으로 (늘봄학교)
이용 대상	방과후 참여율 50.3% 돌봄 참여율 11.5% * '23년 기준 (초1) 방과후 70.8%, 돌봄 34.5% (초2) 방과후 66.1%, 돌봄 25.9%	➜	희망하는 초등학생 100% * ('24년) 초1학년 100% ('25년) 초1~2학년 100% ('26년) 초1~6학년 100%
이용 시간	오후 1~5시까지 중심 * 돌봄은 수요에 따라 오후 7시까지	➜	정규수업 전 아침, 정규수업 후 희망시간까지 (최장 오후 8시)
비용	학생·학부모 부담 * 단, 저소득층 등은 무료수강권	➜	무료 * 연중 매일 2시간 이내(2개 프로그램) ('24년) 초1, ('25년~) 초1~2
프로 그램	학교 인근의 고착화된 공급처 위주	➜	전문기관, 대학, 기업 등 우수공급처 확대 * 온라인 프로그램 공급플랫폼, 「늘봄허브」 구축·운영('25년~)
운영 공간	학교 내 돌봄교실(돌봄), 일반학급 등(방과후)	➜	학교 안 다양한 공간 (돌봄교실, 특별실, 일반교실 등) + 학교 밖 지역 교육공간 (거점형 늘봄센터, 지역 돌봄기관, 도서관, 공공기관, 대학 등)
운영 방식	교사의 행정업무 부담	➜	교사의 늘봄학교 행정부담 해소 * 학교에 늘봄학교 전담조직인 「늘봄지원실」 설치·운영 * 교육(지원)청에 「늘봄지원센터」 구축

출처 : 교육부 외(2024).

(2) 늘봄학교 도입 과정

초등돌봄서비스 도입은 여야를 막론하고 폭넓은 공감대를 형성해 왔다. 문재인 정부는 초등학교 전 학년을 아우르는 '온종일 돌봄체계' 구축을 100대 국정과제로 삼아 '더 놀이학교' 도입을 추진했다. 2020년 7월 국민의 힘 전신인 미래통합당은 '저출생 대책 특별위원회'를 통해 '한국형 전일제 교육'을 저출생 대응 방안 중 하나로 제안했다(정재훈, 2024). 이후 대통령 선거에서도 초등돌봄 및 교육체계의 도입 및 확대가 주요 이슈였다. 이재명 후보는 '초등학교 전 학년 오후 3시 동시 하교' 도입과 초등돌봄교실 저녁 7시까지 확대, 국가 교육과정 외 지역 교육과정 도입을 통한 기본학력, 예술 · 체육, 체험활동 등 학생 맞춤형 프로그램 운영' 등의 공약을 내세웠다. 윤석열 후보 역시 '초등전일제 교육 실시 및 초등돌봄 8시까지 확대' 공약을 발표했고 집권 후 전일제 학교를 110대 국정과제 중 하나로 선정하고, 제2차 늘봄학교 범부처 지원본부 회의에서 "늘봄학교는 국가 돌봄체계의 핵심이자 후퇴할 수 없는 국가적 과제"로 제시했다(한유미 · 오정민, 2024).

이와 같이 늘봄학교는 20년 가까이 이어진 방과후학교와 초등돌봄교실의 성과와 시행착오를 국가 돌봄 책임 등의 정치적 논의를 거쳐 새로운 명칭으로 통합 · 개선한 단일체제이다. 앞으로 초등학교 방과후와 초등돌봄은 없어지고, 늘봄학교 하나의 체제만 존재한다(교육부 외, 2024).

[그림 1-2] 늘봄학교 개요

출처 : 교육부 홈페이지.

4) 늘봄학교의 개념 및 중요성

늘봄학교는 '늘 봄처럼 따뜻한 학교(교육부, 2023. 1. 9.)'라는 의미를 담고 있어 교육과 돌봄을 동시에 만족시킬 수 있는 긍정적 기대감을 발산하고 있다(오레지나 · 길영순, 2023). 교육부 외(2024)에 의하면, 늘봄학교는 정교수업 외에 학교와 지역사회의 다양한 교육자원을 연계하여 학생 성장 · 발달을 위해 제공하는 종합 교육프로그램이다. 또한 늘봄학교는 기존의 초등학교 방과후학교와 초등돌봄교실을 통합하고 개선한 단일체제로서, 교육의 질과 효율성을 높이기 위해 다음과 같은 점에 초점을 둔다.

- ***희망하는 초등학생 누구나 이용***
  2024년 초등학교 1학년부터 시작하여 2025년 초등학교 1~2학년, 2026년 모든 초등학생에게로 확대된다.
- ***초등학교 1~2학년에게 맞춤형 프로그램 매일 2시간 무상 제공***
  저학년의 성장·발달에 맞는 재미있고 다양한 프로그램을 연중 매일 2시간 무료 제공한다(예 초등학교 1학년 : 학교적응 지원 및 놀이 중심의 예·체능, 사회·정서 프로그램).
- ***시도교육청·학교별 특성에 맞는 다양한 모델 확산***
  지자체·공공기관·대학·기업 등 연계 프로그램, 학생 수요에 맞춘 아침·저녁늘봄, 지역공간 활용 등 늘봄학교 운영 모델을 다양화한다.
- ***교사의 늘봄학교 행정부담 해소***
  학교에 늘봄학교 행정업무를 전담하는 조직인 늘봄지원실을 설치·운영한다.

이상과 같은 늘봄학교의 정책 비전은 "세계 최고 수준의 늘봄학교"로서, 희망하는 학생 · 학부모 누구나 만족하며 누릴 수 있는 종합 프로그램을 제공하는 것을 목표로 한다. 이를 달성하기 위해 희망하는 누구나 이용, 대상별 맞춤형 지원, 학교 안팎의 자원 연계, 저학년 맞춤 프로그램 무료, 프로그램 질 제고 및 다양화, 식사 제공 및 안전 강화 등의 정책방향 및 추진과제를 갖고 있다(교육부 외, 2024).

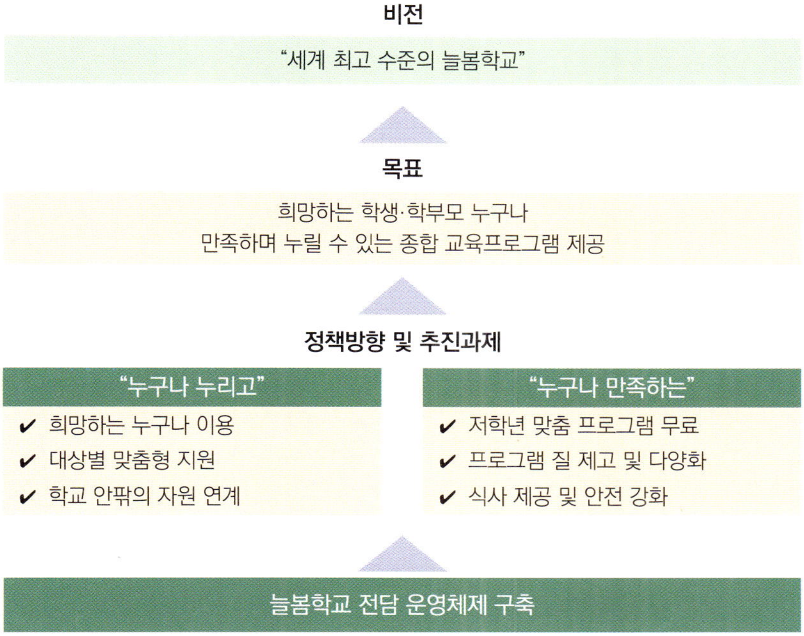

[그림 1-3] **늘봄학교의 비전 및 목표**

출처 : 교육부 외(2024).

늘봄학교는 동일 학급 단위 운영을 권장하고 있으며, 분산되어 있던 행정업무도 전담 운영체제를 구축하여 효율적으로 관리할 수 있도록 한다. 이전에는 강사의 역량에 따라 수업의 질이 한계가 있었고, 이는 사교육비 지출 증가로 이어졌다. 늘봄학교는 이러한 문제를 해결하기 위해 지역사회와 연계 및 협력을 통해 다양한 프로그램과 체험 기회를 제공한다. 즉, 늘봄학교는 미래형 신수요 프로그램을 확대하고, 인문학적 프로그램과 더불어 지성과 인성을 함양하는 데 필요한 비용을 최소화하려는 노력의 산물이라 할 수 있다. 이와 같이 국가적 차원에서 아동의 전반적인 발달을 지원하는 중요한 역할을 하며, 학생들에게 균형 잡힌 교육 기회를 제공하는 것이 늘봄학교의 근본적인 목적이다(한유미 · 오정민, 2024).

늘봄학교는 초등학생들의 학교적응과 개별적 성장을 지원하기 위해 다양한 맞춤형 프로그램과 돌봄서비스를 제공한다. 초등학교 1학년을 위한 '초1 맞춤형 프로그램'이 입학 초기부터 모든 학교에서 운영된다. 또한 미래사회를 대비한 디지털 교육을 포함한 '미래형 맞춤형 프로그램'은 AI, 코딩, 빅데이터, 드론 등 미래사회 대비 수요가 높은 신산업 분야 프로그램을 운영하며 다양한 교육 기회를 경험할 수 있도록 한다. '시간 맞춤형 돌봄서비스'는 아침, 방과 후, 저녁 돌봄을 포함하여 다양한 시간대에 맞춰 운영되어 학부모와 학생의 요구를 충족시키며 교육과 돌봄의 사각지대를 최소화하려 한다(교육부, 2023). 늘봄학교의 구성 내용을 요약하면 〈표 1-3〉과 같다(교육부 외, 2024).

〈표 1-3〉 늘봄학교의 구성 내용

<table>
<tr><td rowspan="3" colspan="2">초1 맞춤형</td><td>대상</td><td>초등학교 1학년</td></tr>
<tr><td>개념</td><td>희망하는 초1학생에게 양질의 맞춤형 프로그램을 연중 매일 2시간 이내 무료 제공</td></tr>
<tr><td>내용</td><td>초등학교 1학년 학교적응·성장 지원 및 놀이 중심의 예·체능, 사회·정서 프로그램 등</td></tr>
<tr><td rowspan="2" colspan="2">늘봄(방과후)
프로그램</td><td>대상</td><td>초등학교 1~6학년</td></tr>
<tr><td>개념</td><td>기존 방과후학교 프로그램 개선·보완</td></tr>
<tr><td rowspan="4">늘봄(돌봄)
프로그램</td><td rowspan="2">아침
늘봄</td><td>대상</td><td>초등학교 1~6학년</td></tr>
<tr><td>개념</td><td>이른 등교로 정규수업 이전 돌봄이 필요한 학생에게 제공하는 프로그램</td></tr>
<tr><td rowspan="2">오후
늘봄</td><td>대상</td><td>초등학교 1~6학년(초1 맞춤형 프로그램 포함, 전 학년 점차 확대, 학교별 여건 고려)</td></tr>
<tr><td>개념</td><td>정규수업 이후에 맞벌이가정·저소득층가정·한부모가정·다자녀가정·다문화가정·담임추천대상자 등의 학생에게 제공하는 프로그램</td></tr>
</table>

	저녁 늘봄	대상	초등학교 1~6학년
		개념	오후늘봄 및 연계형 늘봄 참여 학생 중 추가 돌봄이 필요한 학생에게 제공하는 프로그램
	연계형 늘봄	대상	초등학교 1~6학년
		개념	늘봄(방과후)프로그램에 참여하면서, 오후늘봄을 이용하지 못하는 학생에게 제공하는 프로그램[늘봄(방과후)프로그램에 참여하지 않는 학생이라도 돌봄이 필요한 시간 동안 입급 가능]

출처 : 교육부 외(2024).

5) 늘봄학교의 필요성

이와 같은 늘봄학교의 양적 · 질적 발전이 필요한 이유는 크게 다음과 같이 볼 수 있다.

- 달라진 초등학교 상황에 적응 지원

초등학교에 갓 입학한 1학년생들은 유치원이나 어린이집과는 다른 생활 규칙과 학습 부담 등을 경험한다. 부모 또한 챙겨야 할 준비물과 빨라진 하교 시간 등으로 인해 직장을 그만두는 경우도 발생한다. 주 양육자가 조부모인 경우에는 특히 학습과 관련된 양육의 어려움이 더욱 증가하고, 가족 간의 갈등까지 발생할 수 있다(정정신 · 이현경 · 박희숙, 2005).

- 사교육 비용 절감

전체 인구 중 초등학생 자녀가 있는 30~40대 성인의 노동시간이 가장 길다. 이에 학습 목적이 아닌 돌봄 목적으로 학원을 선택하는 경우도 많아서 방과후 하교 서비스를 제공하는 학원은 맞벌이 부모에게 중요한 선택지가 되었다. 2023년 기준 사교육 참여율은 초등학교(6~11세) 86%로 중학교(75.4%)나 고등학교(66.4%)보다도 높다. 사교육 격차는 교육의 양극화를 심화할 위험이 있다. 이는 또한 사교육비 절감에 기존의 방과후학교와 초등돌봄교실이 효과를 보지 못하여 양질의 늘봄학교가 필요함을 반증하는 자료이기도 하다(김지예, 2023; 송유미 · 이제상, 2011; 이성희, 2023).

▮ 초등돌봄 수요의 증가와 학교돌봄의 선호

대부분의 아동은 방과 후에 돌봄교실에 남지 않고 집으로 돌아가길 원한다. 하지만 어떤 아동에게는 학교가 집보다 안전한 곳이기도 하다. 현재 초등학생 45만 명이 다양한 형태의 돌봄서비스를 받고 있다. '2022년도 교육여론조사(KEDI)'에서 '온종일 돌봄 정책 확대 및 서비스 강화'가 향후 지속적으로 강조되어야 할 정책 1순위로 나타났다. 초등학생 부모들은 양질의 공적 돌봄을 기대하며, 마을돌봄(지역아동센터, 다함께돌봄센터, 청소년방과후아카데미)보다 늘봄학교와 같은 학교돌봄을 선호한다(교육부 · 늘봄학교 추진방안, 2023; 이성희, 2023).

2. 늘봄학교 전달체계

교육부 외(2024)에 의하면 늘봄학교는 중앙, 지역, 단위학교별로 [그림 1-4]와 같은 전달체계와 조직 구성을 갖는다.*

* https://www.kedi.re.kr/khome/main/webhome/Home.do
https://www.moe.go.kr/boardCnts/viewRenew.do?boardID=430&lev=0&statusYN=W&s=moe&m=060210&opType=N&boardSeq=97811

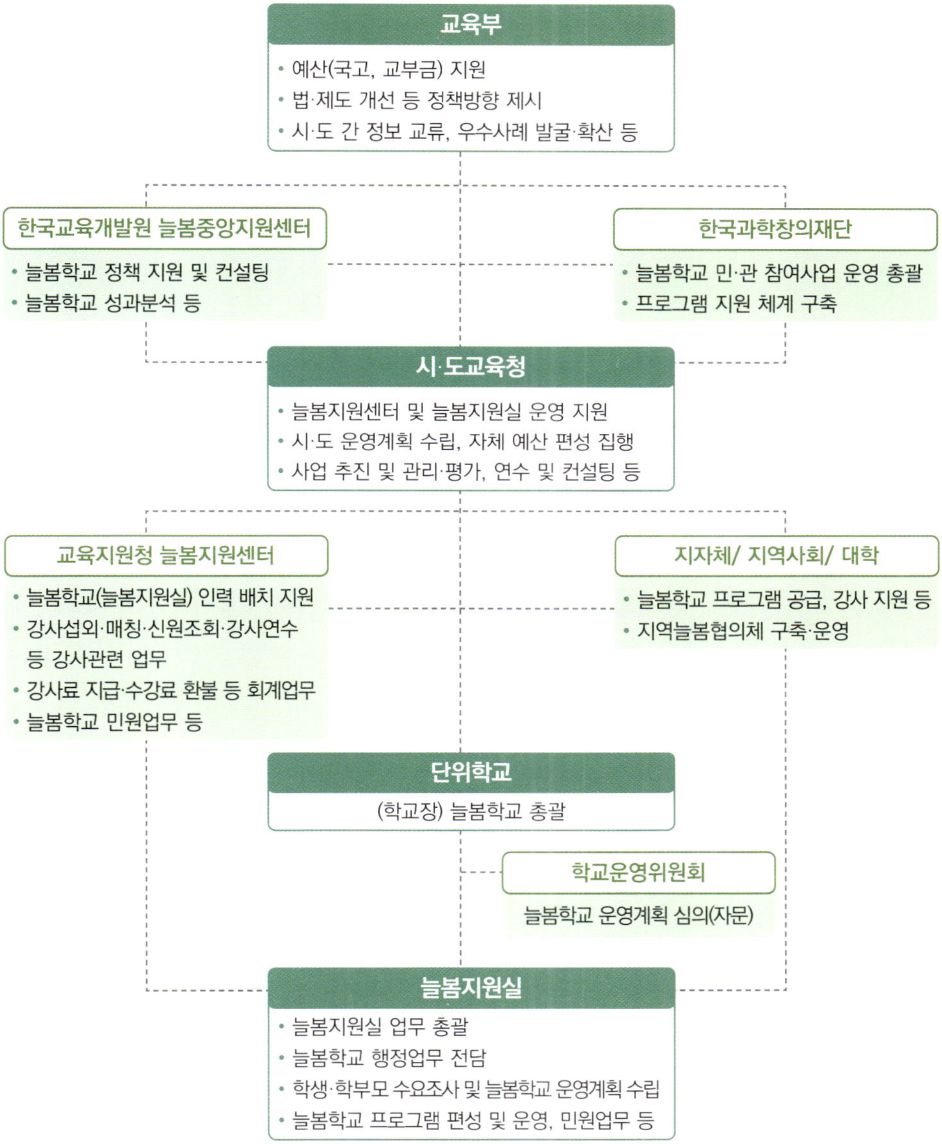

[그림 1-4] **늘봄학교 추진체계**

출처 : 교육부 외(2024).

1) 중앙 수준

(1) 교육부

교육부는 늘봄학교 관련 법·제도 개선 등 정책방향을 제시하고 추진방안을 수립하며 예산(국고, 보조금)을 확보하는 등 늘봄학교 정책을 총괄하는 기구이다. 교육부는 늘봄학교 현장 지원, 시·도 간 정보 교류, 우수사례의 발굴·확산 등을 수행하며, 시·도교육청 및 한국교육개발원과 함께 늘봄학교의 운영 가이드라인을 개발하여 시·도교육(지원)청 및 단위학교의 늘봄학교 업무에 참고할 수 있도록 지원한다.

(2) 한국과학창의재단

교육부 관할하에 프로그램을 운영하는 기관으로는 한국과학창의재단, 대한체육회, 한국문화예술교육진흥원, MOU 프로그램 등이 있다. 이 중 민·관 참여사업 운영을 총괄하는 기관은 한국과학창의재단이다. 교육부 및 시·도교육청과 함께 한국과학창의재단은 다양하고 우수한 늘봄학교 맞춤형 프로그램을 만들 수 있도록 대학, 기업, 공공기관 등 운영기관을 공모하고, 컨설팅을 제공한다. 프로그램 분야는 [그림 1-5]와 같이 문화·예술, 체육, 기후·환경, 사회·정서, 창의·과학 등 5개 분야이다. 또한 [그림 1-6]과 같이 늘봄학교 홈페이지를 만들어 프로그램 정보를 제공하고, 단위학교와 학부모들이 늘봄학교 프로그램을 직접 확인하고 신청할 수 있도록 프로그램들을 분류별로 나누어서 검색 가능하게 구현하였다.

[그림 1-5]

한국과학창의재단이 개발하는 5개 프로그램

출처 : https://afterschool.kofac.re.kr/main

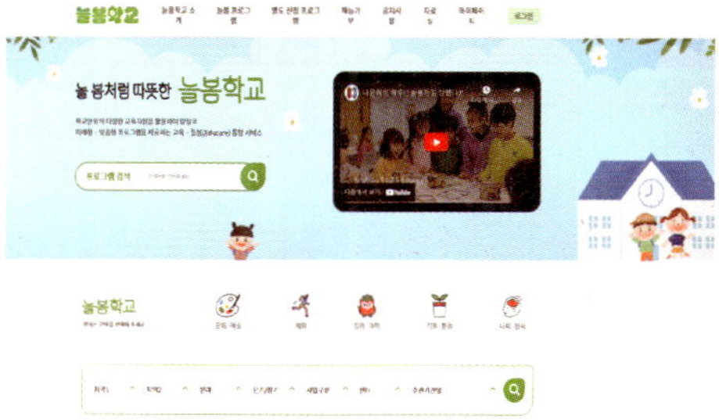

[그림 1-6]

한국과학창의재단 늘봄학교 홈페이지

출처 : https://afterschool.kofac.re.kr/main

(3) 한국교육개발원

한국교육개발원은 늘봄중앙지원센터 운영을 통해 늘봄학교 정책 지원 및 컨설팅을 담당한다. 또한 교육부와 시 · 도교육청과 함께 늘봄학교의 운영 가이드라인을 개발하여 시 · 도교육(지원)청 및 단위학교의 늘봄학교 업무에 참고할 수 있도록 지원한다. 이를 위해 교육부 및 시도교육청과 함께 유기적인 협력체계를 구축한다.

한국교육개발원은 교육부와 연계하여 늘봄 · 방과후중앙포털시스템을 운영한다. 이는 늘봄학교의 운영을 지원하는 온라인 플랫폼으로, 다양한 프로그램과 우수 공급처를 제공한다. 늘봄학교 수요자들은 이 시스템을 통해 다양한 교육자원을 쉽게 찾아 활용할 수 있다.

[그림 1-7] 늘봄·방과후중앙포털시스템

[그림 1-8] 늘봄학교 운영 가이드라인

2) 지역 수준 : 시·도교육청

시 · 도교육청은 시 · 도 운영계획을 수립하고 자체 예산을 편성 · 집행한다. 또한 사업 추진 및 관리 · 평가, 연수 및 컨설팅의 업무도 담당한다. 시 · 도교육청에는 늘봄지원센터가 있다.

(1) 교육(지원)청 늘봄지원센터의 목적

교육(지원)청 늘봄지원센터의 목적은 다음과 같다.

- 교육(지원)청 중심의 운영체계 구축 및 전담인력 배치로 늘봄학교 운영 총괄 지원
- 교육(지원)청 늘봄지원센터와 단위학교 늘봄지원실 간의 업무 분담을 통한 학교별 늘봄학교 운영 맞춤 지원
- 늘봄학교 운영 사례 공유 및 연수 지원으로 학교 간 늘봄학교 운영 격차 완화 및 늘봄학교의 효율적 정착 유도

(2) 교육(지원)청 늘봄지원센터의 역할

교육(지원)청 늘봄지원센터는 단위학교 늘봄과정의 내실 있는 운영을 위해서 준비, 계획 수립, 학교 안내 및 신청, 예산 교부 및 계약, 운영 지원, 운영 결과 평가 및 환류 등의 업무를 처리한다. 구체적인 운영 내용은 늘봄지원실 지원(소규모/ 대규모 학교), 늘봄학교 인력 지원, 늘봄학교 예산 사용 관련 지원, 늘봄 수익자 부담 프로그램 회계 지원, 늘봄프로그램 강사 선정 지원, 지역(기관)연계 지원, 학교 차원 자료 개발 · 보급, 늘봄학교 홍보 지원, 늘봄학교 민원 대응 및 처리, 늘봄학교 홈페이지 운영 등이다.

준비	→	계획	→	학교 안내·신청	→	예산 교부·계약	→	학교 운영 지원	→	평가·환류
• 협의체 구성 • 실태분석 및 수요조사 등	→	• 기본계획 수립 • 예산 편성	→	• 지원 계획 안내 • 학교 신청	→	• 예산 교부 • 위·수탁 계약	→	• 지원, 홍보 등 • 컨설팅 및 점검	→	• 운영 평가, 만족도 조사 • 사업 결과 보고서

[그림 1-9] **늘봄지원센터의 연간 업무 흐름**

출처 : 교육부 외(2024) 재구성.

3) 단위학교 : 늘봄지원실

단위학교에서 늘봄학교의 총괄 책임자는 교장이지만, 2025년부터 모든 초등학교에 늘봄학교 전담조직인 늘봄지원실을 운영하고, 전담인력(공무원, 공무직, 단기계약직 등)을 배치할 예정이다. 또한 교사는 더 이상 방과후 · 돌봄 행정업무를 맡지 않게 되므로 교사의 늘봄학교 업무부담이 해소된다. 늘봄학교 전담 운영체제는 [그림 1-10]을 기본모형으로 하되, 시도교육청 · 학교별 여건에 따라 조정 가능하다.

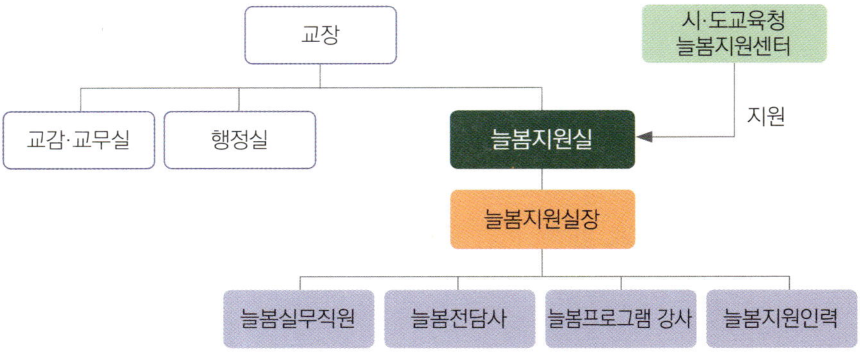

[그림 1-10] 늘봄학교 전담 체계

출처 : 교육부 외(2024) 재구성.

(1) 늘봄지원실장

늘봄지원실장은 원칙적으로 전임 공무원, 교육(지원)청에 두는 늘봄지원센터 공무원의 겸임 등이다. 주요 역할은 다음과 같다.

- 늘봄지원실 행정·민원 담당 및 관리
- 늘봄학교 관련 인력 간의 역할 분담·조정
- 늘봄지원실 구성 인력 인사 및 복무 관리
- 정규교육과정과 늘봄학교 연계 등 교육·돌봄 통합서비스 총괄
- 교육청(늘봄지원센터)·지자체 간 협력 총괄

(2) 늘봄실무직원

시도교육청별 여건에 따라 공무원, 공무직, 단기계약직, 퇴직교원 등으로 채용 · 배치될 예정이며, 초등학교 1교 1명 이상 배치를 원칙으로 한다. 구체적인 직종 명칭은 시도교육청별 여건에 따라 늘봄실무사, 늘봄코디네이터 등 자율적으로

운영이 가능하다. 주요 역할은 다음과 같다.

- 늘봄학교 행정·회계 업무 전담
- 늘봄학교 학생·학부모 수요 조사 및 강사 선정
- 늘봄학교 운영계획 수립 및 학부모운영위원회 심의
- 늘봄학교 운영 준비
  프로그램 편성 및 교실 확정, 강사 모집·선정·계약, 프로그램별 참여 학생 배정, 학부모 안내, 인력(자원봉사자 등) 확보, 위탁업체 모집·선정·계약, 위탁업체의 프로그램 질 관리, 늘봄지원센터와의 소통·협력 전담, 운영계획 홈페이지 게시 및 안내
- 늘봄학교 운영
  프로그램 편성 및 교실 확정, 강사 모집·선정·계약, 프로그램별 참여 학생 배정, 학부모 안내, 인력(자원봉사자 등) 확보, 업체위탁 방식으로 운영하는 경우 위탁업체 모집·선정·계약, 위탁업체의 프로그램 질 관리, 늘봄지원센터와의 소통·협력 전담
- 늘봄학교 운영 관련 각종 민원 처리 전담
- 늘봄학교 강사 대상 연수·교육(안전, 청렴 등) 실시
- 방학 중에도 늘봄학교가 안정적으로 운영될 수 있도록 관련 행정업무 수행
- 분교의 경우, 본교의 늘봄실무직원이 분교장의 늘봄학교 관련 행정업무도 함께 담당

(3) 늘봄전담사

늘봄전담사는 기존 초등돌봄교실의 돌봄전담사를 의미한다. 돌봄전담사 이전에는 초등보육교사(2012년까지), 돌봄강사(2013년)로 불리었다(김현미, 2016). 늘봄전담사는 늘봄(돌봄)교실에서 돌봄(오후, 저녁, 아침 등)을 담당하게 되며, 늘봄학교 도입에 따라 새로운 역할이 부과되는 경우 시도교육청별 협약과 조정이 필요할 수도 있다.

- 늘봄교실 운영·관리
- 학생 돌봄 및 관리
- 늘봄교실 관련 업무 추진
- 늘봄(돌봄)프로그램 계획·운영, 예산 관리
- 간식 및 급식 업무 추진 등 기타 늘봄교실 관련 업무

(4) 늘봄프로그램 강사

늘봄프로그램 강사는 기존 방과후학교 강사를 의미한다. 기존 방과후학교 강사 등을 포함한 외부강사로 선정 · 배정할 수 있고, 단위학교 여건에 따라 희망하는 교원이 있는 경우 당해 학교의 교사가 투입될 수 있으며, 이 경우 소정의 강사료를 지급할 수 있다.

- 양질의 늘봄(방과후)프로그램 운영
- 늘봄학교 관련 연수 참여
- 참여 학생 출결 및 안전관리, 운영 교실 관리

(5) 늘봄지원인력

늘봄학교 운영 지원 관련 봉사를 담당하는 위촉직 인력을 말한다. 자원봉사자의 활용 목적, 활동기간 및 시간, 역할, 인원 등에 대하여 사전에 계획 수립해야 하고, 모집 공고 시 무보수임을 명시해야 한다. 모집 시 투철한 봉사정신을 최우선 요건으로 하며, 나이 · 성별 · 자격 · 학력 등에 의한 제한은 불가하나, 사업의 특수성이 인정되는 경우 모집 요건 제한이 가능하고, 선정 심사 시 특정 자격과 경력 우대가 가능하다. 자원봉사자는 근로자 대체 목적으로 활용되어서는 안 되며, 주로 다음과 같은 역할을 담당한다.

- 늘봄프로그램 교실 관리 지원
- 프로그램 운영 물품 준비 지원
- 참여 학생 관리 지원
- 장애 학생 참여 지원
- 급·간식 지원
- 기타 늘봄학교 관련 업무 지원

〈표 1-4〉 늘봄지원실 인력 구성 및 역할

구 분	인력 구성	역 할
늘봄지원실장	• 교육공무원	• 늘봄지원실 업무 책임 • 늘봄학교 관련 민원 관리 및 갈등 조정 • 구성원 간 역할 조정
늘봄실무직원	• 공무원, 공무직, 단기계약직 행정인력, 기간제 교원 등(1교 1명 배치)	• 늘봄학교 행정업무 전담 ※ 기존 방과후 담당업무 포함
늘봄전담사	• 교육공무직원	• 늘봄교실 운영·관리 ※ 기존의 돌봄전담사
늘봄프로그램 강사	• 외부강사, 교원 등	• 늘봄프로그램 운영 • 학생 및 교실 관리 ※ 기존의 방과후 강사
늘봄지원인력	• 자원봉사자, 학부모 봉사자, 안전 인력 등	• 늘봄학교 운영 지원

출처 : 교육부 외(2024) 재구성.

CHAPTER 2

아동발달의 이해

1. 발달의 특성

1) 발달의 개념 및 속성

연령이 증가함에 따라 인간은 직접적으로 관찰하기 쉬운 신체적 · 행동적 변화로부터 좀처럼 관찰하기 힘든 정서와 감정의 변화에 이르기까지 매우 다양한 변화를 나타내는데, 이러한 변화(change)를 발달(development)이라고 한다. 발달은 간혹 성숙이나 성장, 학습 등의 용어와 혼용해서 쓰이고, 이러한 단어들과 뚜렷하게 구분하기도 어렵지만 대체로 다음과 같은 차이가 있다.

성숙(maturation)은 외부 환경이나 경험에 의하지 않은 개인의 변화를 말한다. 성숙은 유전자의 지시에 따라 전개되며, 일생을 통하여 다양하게 나타난다. 쉽게 관찰할 수 있는 신체적 변화뿐 아니라 주의를 집중하거나 문제를 해결하고, 타인의 정서를 이해하는 능력과 같은 심리적 변화에도 모두 성숙이 기여한다. 유전적 계획에 따라 일어나는 변화 중 신체적인 변화를 성장(growth)이라고 한다. 키나 체중, 근육의 증가 등과 같이 단순히 신체의 크기나 능력이 양적으로 변화하는 것이 성장의 대표적인 예이다.

발달의 또 다른 과정은 학습(learning)인데, 이는 특수한 경험이나 훈련 또는 연습과 같은 외부 자극이나 조건에 의한 후천적인 과정이라는 점에서 성숙이나 성장과 차이가 있다. 즉, 학습은 환경에 의해 개인의 행동이 비교적 지속적으로 변화하고 안정화되어 이후의 행동에 효과를 갖게 된 경우를 말한다.

발달(development)의 속성을 구체적으로 살펴보면 다음과 같다.

- 발달은 유전적 요인과 환경적 요인의 영향을 받아서 일어나는 모든 변화로서 신체, 운동, 지능, 인지, 언어, 성격, 사회, 정서, 도덕성 등 인간의 모든 특성들에 대해 일어난다.
- 발달은 생명이 시작되는 수정의 순간부터 사망할 때까지 인생의 전 과정에서 일어나는 변화로, 출생 후 청년기까지의 상승적인 변화와 청년기 이후 사망에 이르기까지의 하강적인 변화를 모두 포함한다.
- 발달에는 체계적인 변화라는 개념이 담겨 있다. 이는 발달적인 변화란 다소 질서정연한 것이기 때문에 우리의 사고나 행동 등에서 나타나는 일시적인 변화나 순간적인 기분의 변화는 배제된다는 것이다(신건호 · 신현기, 1998).
- 발달은 단계(stage) 또는 시기(phase)로 불리는 일련의 순서에 따라 순서대로 일어나므로 예측이 가능하다.

2) 발달의 기제

(1) 유전

발달에서 유전(gene)의 영향을 중요시하는 대표적인 입장은 성숙론(Maturationism)으로, 발달의 기제를 자연(nature), 성숙(maturation), 생득(nativism), 선천(innateness) 등으로 언급한다. 이러한 성숙론의 개념은 17세기 후반, 발달적 변화는 이미 유전적으로 결정된 순서로 일어난다고 한 루소(Rousseau)에 의해 시작되었다. 이후 다윈(Darwin)은 인류의 많은 행동이 유전에 의한 것이며, 발달적 변화는 유전자 변이에 의한 다양성 확보와 자연도태 과정을 통해 일어난다고 주장했다. 루소의 자연주의 철학과 다윈의 진화론적 생물학은 태아가 모태에서 수정되고 성장하는 과정은 인류의 진화 과정과 유사하다는 홀(Hall)의 반복이론(Recapitulation theory)으로 이어졌다. 이후 제자 게젤(Gesell)은 특정 연령에 나타나는 특정 행동을 제시하는 규준적 접근(Normative approach)을 제창함으로써 성숙 이론을 발전시켰다.

(2) 환경

이와 정반대의 입장은 경험론(Empiricism)으로, 발달의 기제를 환경(environment), 양육(nurture), 학습(learning), 경험(experience) 등으로 본다. 경험론을 지지하는 학자들은 아동은 수동적인 존재이며, 생물학적 요인이 아닌 환경적 영향력만이 모든 발달 변화를 설명할 수 있다고 주장한다. 루소가 성숙론의 초기 이론가라면 환경론의 효시는 로크(Locke)라고 할 수 있다. 그는 출생 시 인간은 하얀 백지상태와도 같은 상태로 태어나며, 개인의 인성이나 지능, 행동 특성 등은 경험을 통해 학습된다고 주장했다. 로크의 백지설(Tabula Rasa)은 20세기에 들어와 파블로프(Pavlov)의 고전적 조건화(Classical conditioning)와 왓슨(Watson)의 행동주의(Behaviorism), 스키너(Skinner)의 조작적 조건화(Operant conditioning)로 이어진다.

(3) 상호작용

발달은 유전이나 환경 중 어느 한 가지 요인에 의해서만 이루어진다고 하기는 힘들다. 이론적으로 볼 때 성숙은 환경의 영향을 받지 않는 내적인 힘에 기인한 발달이지만, 실제로 환경적 영향을 완전히 제거하기는 매우 어렵다. 따라서 오늘날에는 발달을 유전과 환경의 상호작용 결과로 보는 입장이 지배적이다. 상호작용론적 입장(Interactionism)에서는 우수한 유전인자라 할지라도 극단적으로 결핍된 환경에서는 그 잠재력을 발휘하기 어렵고, 풍부한 환경적 자극도 어느 정도 성숙이 이루어진 상태에서만 의미 있는 영향을 줄 수 있다고 본다. 그러나 실제로 유전과 환경의 상호작용은 50 대 50의 비율로 이루어지기보다는 어떤 영역에서는 유전의 영향력이 더 크고 어떤 영역에서는 환경의 영향력이 더 크다고 할 수 있다. 예를 들어, 늘봄학교 아동의 키는 상대적으로 유전, 몸무게는 환경의 영향력이 더 크며, 지능은 유전, 외국어 발음은 환경의 영향력이 더 크다.

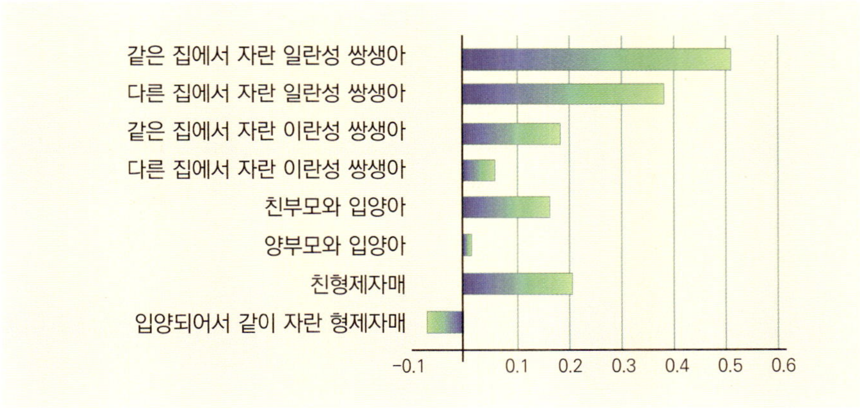

[그림 2-1] **성격 외향성의 상관관계**

출처 : Loehlin(1992).

3) 발달의 연속성

(1) 비단계론

경험이나 학습, 환경을 강조하는 학자들은 대개 발달을 점진적으로 변화하는 연속적인 과정으로 생각한다. 이들에 의하면 발달은 언덕을 오르는 것과 같은 양적 변화이며, 발달적 변화는 누적적으로 이루어지므로 연령의 증가에 따라 인간은 보다 복잡하고 조직적인 행동을 할 수 있다. 발달의 연속성은 인간발달을 모양의 변화 없이 크기만 계속 변화하는 식물의 성장에 비유될 수 있다. 이러한 이론들을 비단계 이론이라고도 하며, 대표적인 이론으로는 행동주의가 있다.

[그림 2-2] **발달의 연속성**(비단계 이론)**과 불연속성**(단계론)

(2) 단계론

이와 반대로 어떤 학자들은 발달은 마치 계단을 올라가는 것과 같이 불연속적으로 일어난다고 생각한다. 즉, 청소년기의 2차 성징의 출현이나 급격한 심리적 변화가 이전 단계와는 질적으로 다르듯이 인간발달은 서로 구분되는 독특한 특성을 갖고 있는 단계들로 구성된다는 것이다. 따라서 개인은 각 단계에서 성취해야 하는 발달 과업을 달성해야만 다음 단계를 순조롭게 맞게 된다. 이러한 입장에서 볼 때 인간발달은 질적인 변화라 할 수 있으며, '알-유충-애벌레-성충'의 과정을 거치는 곤충의 성장에 비유될 수 있다. 단계론의 대표적인 학자로는 프로이드나 에릭슨, 피아제 등이 있다.

2. 아동발달의 이론

1) 정신분석학

(1) 프로이드(Freud)의 심리성적 이론

① 정신세계

▮ 의식

의식(consciousness)은 주의를 기울이면 바로 알아차릴 수 있는 것으로 빙산의 일각처럼 정신세계의 극히 일부만을 차지한다. 또한 작동 시간이 길지 않아서 대부분의 의식은 시간이 지나면 전의식이나 무의식의 영역으로 사라진다.

▮ 전의식

전의식(preconsciousness)은 현재는 의식하지 못하지만 주의를 집중하고 회상하려고 노력하면 의식으로 전환될 수 있는 정신세계이다. 예컨대, 어제 늘봄학교에서 먹은 급식은 현재 의식하고 있지는 않지만, 누가 물어보면 곧 기억해 낼 수 있다. 의식과 무의식 사이에 존재하여 수면 위아래를 오고 가듯이 이 둘을 연결해 주는 통로 역할을 한다.

▮ 무의식

무의식(unconsciousness)은 전혀 의식하지 못하는 정신세계로 성욕과 같은 본능적 욕구나 충동이 억압되어 있다. 수면 아래 숨어 있는 빙산처럼 정신세계의 대부분을 차지하며, 전의식과 달리 저항력이 강하기 때문에 의식으로 떠오르기 힘들다. 인간의 사고와 행동을 통제하는 힘으로, 프로이드 이론의 핵심을 이룬다.

② 성격의 구조

▮ 원초아

원초아(id)는 출생 시부터 존재하는 정신에너지의 근원으로 전 생애에 걸쳐 성격의 기초로 작용한다. 식욕이나 배설욕, 성욕, 공격성 등 본능적 욕구나 충동으로 구성되어 있으며, 즉각적 만족을 얻기 위해 상황과 관계없이 고통이나 긴장을 감소시키려는 쾌락원리(pleasure principle)에 의해 움직인다. 예를 들어, 수업시간에 졸리면 자고, 배고프면 뭐든 먹고, 아프면 바로 우는 등 무의식적이고, 비이성적이며, 부도덕하고, 동물적인 특성이 있다.

▮ 자아

생후 2년경 원초아에서 분화하여 자아(ego)가 발달하기 시작한다. 예를 들어, 자아는 배가 고플 때 냉장고 문을 열거나 미소를 지으면서 먹을 것을 달라고 요구하는 행동을 나타낸다. 즉, 긴장의 방출을 지연하여 사회에서 용인되는 방법으로 만족을 얻는 현실원리(reality principle)에 의해 움직인다. 자아는 원초아의 욕구를 충족시키기 위해 직간접적으로 현실세계와 교섭하게 되므로 때로는 무의식에, 때로는 의식에 속하게 된다.

▮ 초자아

초자아(superego)는 원초아의 쾌락 추구에 반대하는 힘으로 작용하는 정신에너지로서 생후 3~4년경 발달하기 시작한다. 출생 시 갖고 태어나는 원초아와 달리 초자아는 아동이 부모와의 동일시(identification)를 통해 사회적 가치나 문화적 규범을 내면화함으로써 형성된다. 초자아는 원초아의 충동을 억제하는 역할을 하며, 현실보다는 이상을, 쾌락보다는 완벽을 추구하는 특징이 있다.

이 세 가지 성격 구조 중 어느 것이 우세하냐에 따라 성격 특성이 결정된다. 원초아가 지배적이면 본능적 욕구를 통제하지 못하고 사회적 윤리에도 관심을 보이지 않는다. 자아가 우세하면 현실적인 사람이 되고, 초자아가 강하면 도덕적인 사람이 된다. 자아가 성격의 집행자로서 원초아와 초자아를 적절히 중재하여 세 가지 성격 구조가 조화를 이룰 때 건강한 성격이 발달한다(Douvan, 1990).

③ 리비도와 발달단계

정신과 환자의 문제가 어린 시절 경험한 성적인 갈등에서 비롯된다는 것을 발견한 프로이드는 성적인 본능을 인간에게 가장 중요한 본능으로 보고 이를 리비도(libido)라고 불렀다. 리비도는 일생을 통하여 일정한 순서에 따라 구강, 항문, 성기 등 서로 다른 신체 부위로 옮겨가는데, 리비도가 집중적으로 모이는 신체 부위를 성감대(erogenous zone)라고 한다. 그는 이러한 성감대의 변화에 따라 발달단계를 구강기, 항문기, 남근기, 잠복기, 생식기 등 5단계로 구분하였으며, 늘봄학교 아동은 잠복기에 해당한다.

(2) 에릭슨의 심리사회적 발달 이론

① 자아

프로이드가 어린 시절의 꿈이나 사고, 기억의 분석을 통해 원초아를 강조하는 데 비해, 에릭슨(Erikson)의 이론은 사회적 경험을 통해 이루어지는 자아 분석에 근거하고 있다. 프로이드가 인간의 행동은 통제할 수 없는 무의식적인 본능에 의해 지배된다는 비관적 시각을 가졌다면, 에릭슨은 인간의 행동은 의식 수준에서 통제할 수 있는 자아에 의해 동기화된다는 긍정적 시각을 가졌다.

② 사회·문화적 요인

에릭슨은 프로이드와 마찬가지로 성인기의 문제는 아동기의 미해결된 갈등을 나타낸다고 믿었다. 그러나 그는 프로이드와 달리 개인의 성적 충동뿐 아니라 가족이나 친구, 사회, 문화 등 사회 · 문화적 요인(social forces)의 영향을 중요시했다. 이러한 점에서 프로이드 이론은 심리성적 발달 이론(psychosexual development theory)으로, 에릭슨 이론은 심리사회적 발달 이론(psychosocial development theory)으로 불린다.

③ 발달단계와 발달위기

프로이드는 발달단계를 5단계로 나누고 구강기, 항문기, 남근기 등 초기 3단계에 걸쳐 성격의 기본 틀이 형성되고, 이후 잠복기와 생식기에 이르러 성인이 되면 개인의 성격 형성도 완료되는 것으로 생각하였다. 그러나 에릭슨은 인간은 전 생애를 통하여 계속 발달한다고 보아 출생에서 노년기에 이르기까지 여덟 가지 발달단계를 설정하였다. 늘봄학교 아동은 근면성 대 열등감 단계에 해당한다.

또한 그는 〈표 2-1〉과 같이 각 단계에서 겪어야 하는 발달위기(developmental

crisis)를 서로 대립하는 양극의 개념(긍정적 발달과 부정적 발달)으로 제시하였다. 프로이드는 한 단계에서의 실패를 고착이라고 명명하면서 이는 되돌릴 수 없다고 주장했는데, 에릭슨은 이후 단계에서 치유가 가능할 뿐 아니라 애초에 문제가 일어나지 않도록 예방하는 것도 가능하다고 본 것이다(Maier, 1990).

〈표 2-1〉 에릭슨의 여덟 가지 발달단계

연령	단계(발달위기)	주요 사건	덕목	내용
영아기 (0~1세)	신뢰감 대 불신감 (basic trust vs mistrust)	수유	희망	반응적이고 민감한 양육자에 의해 영양, 온정, 청결, 신체적 접촉 등 기본적 욕구가 충족되면 신뢰감이 형성되고 그렇지 않으면 불신감이 발달한다.
걸음마기 (1~3세)	자율성 대 수치심/회의감 (autonomy vs shame/doubt)	배변 훈련	의지	배변, 식사, 걷기, 탐색, 말하기 등을 스스로 할 수 있으면 자율성이 발달하고 그렇지 못하면 수치심이나 회의감이 초래된다.
유아기 (3~6세)	주도성 대 죄책감 (initiative vs guilty)	탐색	목적	목적 있고 책임 있는 사회화된 행동에 참여할 수 있을 때 주도성이 발달하고 그렇지 못하면 죄책감이 발달한다.
학동기 (6~12세)	근면성 대 열등감 (industry vs inferiority)	학교	유능성	새로운 인지적·신체적 기술을 숙달하는 데 에너지를 쏟을 때 근면성이 극대화되며, 그렇지 못할 때 열등감이 발달한다.
청소년기 (13~19세)	정체감 대 정체감 혼미(identity vs identity confusion)	친구 관계	소속감	청소년은 "나는 누구인가?"라는 질문에 답을 구하려고 애쓰며, 성적·정치적·직업적 정체성을 확립하려고 하고, 이에 실패하면 정체감 혼란에 빠진다.
성인 초기 (20~24세)	친밀감 대 고립감 (intimacy vs isolation)	애정 관계	사랑	성인 초기에는 타인과의 사랑과 동반자 의식을 추구함으로써 친밀감을 발달시키고, 거절당할까 두려워서 이를 포기하면 고립감을 느끼게 된다.
중년기 (25~64세)	생산성 대 침체성 (generativity vs stagnation)	직업과 자녀 양육	양육	중년기에는 의미 있는 직업이나 창조적인 활동, 가족 부양 등을 통해 다음 세대에 기여하고, 그렇지 못하면 침체감에 빠진다.

노년기 (65세~죽음)	자아통합성 대 절망감 (integration vs despair)	인생에 대한 회고	지혜	자신의 삶을 돌이켜보고 긍정적인 평가를 하는 노인은 통합감을 갖게 되며, 그렇지 않은 경우에는 목표 달성을 못했다고 후회하고 절망감을 경험한다.

출처 : Berger(2003); Gallahue, Ozmun, & Goodway(2012).

2) 행동주의

(1) 왓슨의 고전적 조건화

① 고전적 조건화의 개념

고전적 조건화(Classical conditioning)는 노벨상을 수상한 러시아의 생리학자 파블로프(Pavlov)에 의해 처음 제시된 개념이다. 파블로프는 개에게 음식(무조건 자극)을 줄 때 종소리(중립 자극)를 함께 들려주면 나중에는 개가 종소리(조건 자극)만 들어도 무조건 침(조건 반응)을 흘리게 됨을 발견했다. 행동주의의 창시자인 왓슨(Watston)은 파블로프의 실험을 인간에게 적용했다. 털 있는 동물을 좋아하는 생후 11개월의 알버트(Albert)에게 흰쥐(중립 자극)를 보여주는 동시에 큰 소리(무조건 자극)를 반복적으로 냈더니 결국 알버트는 쥐(조건 자극)만 보아도 공포(조건 반응)를 느끼고, 쥐뿐 아니라 토끼나 산타클로스 등 털 있는 것만 봐도 울게 되었다(일반화). 이는 인간도 고전적 조건화가 될 수 있고, 공포나 분노, 사랑 등의 정서 역시 고전적 조건화에 의해 학습될 수 있으며, 그렇게 조건화된 정서는 다른 대상에까지 일반화될 수 있음을 시사한다(Papalia & Olds, 1982).

② 자극-반응의 연합에 미치는 요인

학습의 기본 단위를 '자극-반응'의 연합으로 본 왓슨은 한 자극(S)에 대한 반응(R)은 다시 앞으로 일어날 사건에 대한 자극으로 제공되며, 이러한 자극과 반응의 연합은 계속 확대되어 복잡한 학습을 구성한다고 보았다. 또한 자극-반응 연합에 영향을 미치는 요인으로 다음 두 가지 법칙을 제시했다(Salkind, 1983).

- 빈도법칙
  자극과 반응의 연합이 자주 이루어질수록 연합이 강력하게 형성되므로 그 자극이 나타나면 같은 반응을 일으킬 확률이 높아진다는 것이다. 예를 들면, 늘봄교실에서 수학문제를 반복해서 풀게 하면 아동은 수학문제를 빠르고 정확하게 풀 것이다.

- 최근법칙
  자극과 반응의 연합이 방금 일어났을수록 그 연합이 다시 일어날 확률이 높다는 것이다. 예를 들면, 아동이 아침늘봄 시간에 잘못된 행동을 했는데, 오후늘봄 시간에 혼내는 것은 의미가 없다. 왜냐하면 아동은 혼나기 직전의 사건(예 선생님께 인사한 것) 때문에 벌을 받았다고 생각할 것이기 때문이다.

(2) 스키너의 조작적 조건화

① 조작적 조건화의 개념

스키너(Skinner)는 고전적 조건화는 반사적 행동(예 빨기)이나 반응적 행동(예 큰 소리에 대한 공포)에는 유용하지만, 인간의 모든 행동을 설명하는 데에는 한계가 있다고 보았다. 인간의 행동에는 수동적이고 기계적인 행동만 있는 것이 아니라 의

지적이고 자발적인 조작적 행동이 많이 있기 때문이다. 예를 들어, 늘봄교실에서 아동이 놀이를 하거나 그림책을 보는 것과 같은 자발적인 행동은 특정 자극에 의해 자동적으로 유발되는 것이 아니라 과거 그 행동을 했을 때 어떠한 보상을 받았느냐에 따라 달라진다.

스키너는 자신이 고안한 실험 상자에서 마음대로 돌아다니던 쥐가 우연히 음식이 나오게 되어 있는 지렛대를 누르고(R) 음식(S)을 먹게 되자 그 지렛대를 누르는 횟수가 증가함을 발견하였다. 이와 같이 유기체의 행동이 선행하고 그 뒤에 오는 자극에 의해 조건화가 이루어지는 것을 스키너는 조작적 조건화(R-S)라고 명명했다(Salkind, 1983). 즉, 자극이 반응을 유발하는 고전적 조건화(S-R)와 반대로 조작적 조건화(operant conditioning)는 행동이 자극(강화)을 유발한다(R-S).

② 강화와 벌

정적 강화(positive reinforcement)는 자극을 첨가할 때 행동이 증가하는 것으로, 늘봄교실에서 아동이 숙제를 할 때 선생님이 칭찬을 해주면(좋은 자극의 첨가) 숙제하는 빈도가 증가하는 것을 예로 들 수 있다. 부적 강화(negative reinforcement)는 자극을 제거함으로써 행동이 증가하는 것을 말한다. 예를 들어, 늘봄교실에서 소음과 같은 방해 요인을 제거한 뒤(나쁜 자극의 제거) 그림책을 읽는 빈도가 증가한 경우이다. 정적 강화물은 칭찬과 같이 아동이 좋아하는 것이고, 부적 강화물은 소음과 같이 아동이 피하는 것이므로 결국 어떠한 유형이든 간에 강화는 행동을 증가시키게 된다.

한편 부적 강화를 나쁜 자극을 제공하는 것으로 생각하여 벌과 혼동하는 경우가 있다. 그러나 강화는 행동의 증가와 관련되고 벌은 행동의 감소와 관련된 개념이라는 점에서 이 둘은 분명히 다르다. 즉, '정적-부적'이란 용어는 '좋고-나쁜'의 가치 개념이 아니라 자극의 '첨가-제거'와 관련이 있다. 강화와 마찬가지로 벌에도 정적 벌과 부적 벌이 있다. 예를 들어, 늘봄교실에서 숙제를 하다가 실수를 하여 친구들에게 조롱을 받은 후(나쁜 자극의 첨가) 숙제를 하지 않는다면 정적 벌(positive punishment)이고, 아동이 즐겨 앉던 편안한 의자를 치운 이후(좋은 자극의 제거) 숙제하는 빈도가 줄었다면 부적 벌(negative punishment)로 볼 수 있다.

	행동의 증가	행동의 감소
자극의 첨가	정적 강화 행동(숙제)의 증가를 위해 자극(칭찬)을 첨가 	정적 벌 행동(숙제)의 감소를 위해 자극(조롱)을 첨가 
자극의 제거	부적 강화 행동(숙제)의 증가를 위해 자극(소음)을 제거 	부적 벌 행동(숙제)의 감소를 위해 자극(의자)을 제거 

[그림 2-3] 강화와 벌의 네 가지 유형

(3) 반두라의 사회학습 이론

① 모방

반두라(Bandura)는 개나 쥐 등 동물을 대상으로 실험실에서 수행된 스키너의 조작적 조건화는 사회적 상황에서 이루어지는 인간의 행동을 설명하기에 적절치 못하다고 생각했다. 같은 학습 이론가면서도 반두라는 동물과 달리 인간은 직접적 강화 없이 타인의 행동을 단순히 관찰하는 것만으로도 새로운 행동의 학습이 가능하다고 보았다. 그리고 이러한 학습은 일상적인 사회생활에서 많이 이루어지기 때문에 사회학습 이론(Social Learning theory)이라고 명명했다. 즉, 보상이나 벌에 의해서가 아니라 아동 자신이 모델의 행동을 관찰하여 모방함으로써 학습이 이루어진다는 점에서 사회학습 이론은 모방학습(Modeling) 이론 또는 관찰학습(Observational Learning) 이론이라고도 불린다.

반두라의 대표적인 실험은 보보인형(bobo doll)을 이용한 아동의 공격성 연구이다. 그는 한 집단의 아동들에게는 인형에게 공격적인 행동을 가하는 영화를 보여주고 다른 집단의 아동들에게는 중립적인 영화를 보여준 다음 두 집단을 비교한 결과 전자의 집단이 공격적 행동을 많이 나타냄을 발견했다. 이러한 연구 결과는 아동발달에 있어 폭력적이거나 선정적인 TV 등 매스컴의 위험성을 시사한다.

② 대리강화

반두라의 사회학습 이론도 행동주의에 이론적 토대를 두고 있기 때문에 아동이 자신의 행동에 대해 직접 강화를 받지 않더라도 다른 아동이 보상이나 벌을 받는 것을 관찰함으로써 간접적으로 강화를 받는다고 본다. 즉, 자신의 경험이 아니라 타인의 경험을 통한 학습이 가능하다는 것으로 이를 대리강화(vicarious reinforcement)라고 한다. 늘봄학교에 처음 온 아동의 퇴행현상도 대리강화를 통한 학습으로 볼 수 있다. 이들은 동생이 울 때마다 어머니가 안아주고 관심을 주는 것을 관찰하였기 때문에 자신도 관심을 받고 싶을 때 아기처럼 행동하는 것이다. 대리강화뿐 아니라 대리처벌(reinforcement punishment)도 가능하다. 예를 들어, 아동이 직접 벌을 받지 않았지만, 늘봄교실에서 친구가 그림책을 찢고 야단맞는 것을 본 후로 그림책을 찢지 않는다면 대리처벌로 볼 수 있다.

3) 생물학적 접근

(1) 게젤의 성숙 이론

① 성숙

게젤(Gesell)은 수많은 아동의 행동을 관찰하여 자세 조정이나 이동 동작, 손 기술 등이 거의 일정한 순서를 거쳐 발달함을 발견했다. 아울러 그는 일란성 쌍생아 실험을 통해서 성숙의 중요성을 입증했다. 쌍생아 T는 신체적 성숙이 이루어지기 전에 6주간 계단 오르기를 훈련받았고, 쌍생아 C는 훈련을 받지 않다가 신체적 성숙이 이루어졌을 무렵 2주간 계단 오르기를 지도받았다. 처음에는 훈련을 받은 T가 계단 오르기 기술이 우수했으나 실험이 종료되었을 때에는 T와 C가 똑같이 계단을 잘 올라간 것으로 나타나 훈련이 성숙의 힘을 뒤집을 수 없음이 확인되었다. 또한 이러한 결과는 준비도(readiness)를 결정짓는 내적 스케줄이 있는 증거로서, 성숙 전의 조기훈련은 일시적 효과만 있을 뿐이고 성숙이 되었을 때의 구체적인 가르침이 더 효과적임을 시사한다(Horowitz, 1987).

② 발달 규준

게젤은 많은 아동의 발달 상태를 직접 관찰하고 측정한 후 연령별로 평균값을 산출하여 이를 해당 연령의 발달 규준(developmental norms)으로 삼았다. 오늘날에도 소아과 의사나 아동 관련 종사자들은 게젤의 발달 규준을 가치 있는 자료로 여기며, 아동의 발달 상태를 평가하는 기준으로 이용하고 있다(Gesell & Ilg, 1943).

(2) 로렌츠의 동물행동학

① 각인

로렌츠(Lorenz)는 본능 행동은 대체로 생득적이지만, 일부 행동은 학습 경험을 내포하고 있다고 하면서 각인(imprinting)을 그 증거로 제시하였다. 각인의 대표적인 예는 새끼 거위가 갓 부화 직후에 어미 거위를 따라다니는 것이다. 그러나 로렌츠가 거위 알을 부화시킨 결과, 거위 새끼들은 그를 어미로 여기고 그의 뒤를 따라 다녔다. 이와 같이 어미가 아니라 다른 대상에 대해서도 각인이 이루어진다는 점에서, 로렌츠는 각인이라는 본능 행동 자체는 생득적이지만 각인대상은 학습에 의한 것이라고 보았다(정혜경, 2012). 그는 또한 동물의 종에 따라 각인대상이 각기 다르다는 것을 발견했다. 예컨대, 새끼 거위는 움직이는 것이면 어느 것이나 각인하지만(예 움직이는 보트), 새끼 물오리는 로렌츠가 어떤 높이 이하로 몸을 구부리고 꽥꽥 소리를 지르면서 움직일 때만 그에게 각인했다(http://ko.wikipedia.org).

② 결정적 시기

각인은 결정적 시기(critical period) 동안에 일어난다. 결정적 시기는 특정 기능의 발달이 가장 용이하게 이루어지는 최적의 시기를 말한다. 결정적 시기에 적절한 자극이 주어지지 않으면 그 기능에 할당된 뇌의 부위가 사용되지 않게 되고, 다른 기능을 하도록 조정된다. 따라서 나중에 자극이 주어져도 그 기능을 제대로 수행하지 못하게 된다. 오리나 거위의 각인의 경우 결정적 시기는 이들이 걸을 수 있는 시점에서 시작하여 낯선 대상을 두려워하기 시작하는 시점에서 끝난다. 만약 결정적 시기 이전에 대상에 노출되면 각인은 형성되지 않으며, 일단 결정적 시기가 지나가면 그 동물로 하여금 다른 대상에게 애착하도록 유도하는 것이 불가능해진다. 그러나 오늘날에는 로렌츠의 생각만큼 결정적 시기가 엄격하게 정해져 있거나 회복이 불가능한 것은 아님이 밝혀져서 결정적 시기의 대안으로 민감기(sensitive period)라는 용어가 사용되고 있다(Thomas & Mark, 2008).

4) 인지이론

(1) 피아제의 인지적 구성주의

① 인지구조와 기능

피아제(Piaget)는 인간의 인지는 신체와 마찬가지로 구조를 갖고 있으며, 이를 통해서 사물이나 사건을 이해하게 된다고 보았다. 또한 그는 적응(adaptation)이란 인간이 환경과의 직접적인 상호작용을 통해 이러한 인지구조(cognitive structure), 즉 도식(scheme)을 만들어가는 과정이라고 하였다. 기존의 도식을 변화시키지 않고 새로운 사물이나 사건을 해석하는 것을 동화(assimilation)라고 하며, 기존의 도식이 새로운 사물이나 사건을 동화하기에 적합하지 않을 때 도식을 수정하거나 새로운 도식을 만드는 것을 조절(accommodation)이라고 부른다. 예를 들어, 두드리기 도식은 아동이 세상을 탐색하기 위해 흔히 사용하는 도식이다. 아동이 블록을 보고 신기해서 요리조리 두드려 볼 때에는 동화가 일어난다. 그러나 계란의 경우에는 기존의 도식대로 두드리면 계란이 깨져 버리므로 조심스럽게 굴리는 등 행동의 조절이 필요하게 된다.

조절보다 동화가 많이 사용되어 안정된 인지상태에 있을 때를 평형화(equilibrium), 그리고 동화보다 조절이 많이 사용되어 인지적으로 안정되지 못한 상태를 인지적 불평형화(disequilibrium)라고 한다. 이와 같은 평형화와 불평형화 상태를 오가면서 아동의 부정확한 인지구조는 점차 성인과 같은 인지구조로 발달하게 된다(Johnson & Slater, 2007).

② 인지발달 단계

피아제에 의하면, 인지발달은 인지구조의 질적 변화에 따라 다음 네 가지 단계로 분류된다.

〈표 2-2〉 피아제의 인지발달 단계

구 분	인지발달 단계	발달 특징
영아기 (0~2세)	감각운동기 (sensori-motor stage)	• 언어적 의사소통이 시작되기 이전으로 감각과 운동을 통해 환경을 이해하고 적응
유아기 (2~7세)	전조작기 (pre-operational stage)	• 사물이나 행동을 표상하고 상징을 사용하는 능력이 발달됨 • 언어의 습득이 급속하게 이루어짐 • 정신적 표상에 의한 사고가 가능하지만, 아직 논리적 조작 능력이 충분하지 못함(그래서 前조작기) • 자기중심적 사고 : "엄마도 스티커 선물을 좋아할 거야." • 직관적 사고 : 사물의 여러 측면을 살피지 못하고 두드러진 특징에 집중해서 사고(예 "오른쪽 컵의 물이 많아요.")  • 물활론 : "인형이 배가 고플 거야." • 인공론 : "농부 아저씨 때문에 비가 오는 거야."

아동기 (7~12세)	구체적 조작기 (concrete operational stage)	• 보존개념 : 물체의 외형이 변해도 물리적 속성은 동일함을 인식(예 두 컵의 물의 양이 같은 이유를 말할 수 있음) – "더하거나 빼지 않고 그대로 옮겼다."(동일성) – "원래 컵에 다시 부으면 똑같아진다."(가역성) – "오른쪽은 높아도 폭이 좁으니 똑같은 거다."(보상성) • 탈중심화 : 자기중심적 사고에서 벗어나 타인의 관점을 생각할 수 있음(예 "엄마 선물은 스티커보다 머리빗이 좋아.") • 분류하기 : 사물을 어떤 유도에 따라 모으는 것(예 "토끼, 양, 사슴은 초식동물이고, 호랑이, 사자는 육식동물이다.") • 순서짓기 : 3개 이상의 물체를 어떤 속성에 따라 순서대로 배열하는 것(예 "토끼보다 양이 크고 양보다 사슴이 크고 사슴보다 호랑이가 크다.")
사춘기 (12세~)	형식적 조작기 (formal operational stage)	• 논리적 사고가 구체적이고 관찰 가능한 것에 한정되지 않고, 추상적 사고(예 박애)와 가설연역적 사고(예 "a<b, b<c이면 a<c이다.")를 할 수 있음

(2) 비고츠키의 사회문화적 구성주의

① 지식의 사회적 기원

비고츠키(Vygotsky)의 관점에서 아동이 살아가고 있는 사회적 맥락은 아동이 무엇을 생각하고 어떻게 생각하는지에 영향을 미친다. 예를 들어, 미국의 경우 상대적으로 소수의 학습은 일찍 시작되고 자릿값의 학습은 늦게 시작된다. 이는 미국에서는 소수를 포함하는 화폐 사용이 일상적이고 친숙한 맥락을 제공하는 반면, 우리나라는 화폐에 큰 자리 수를 포함하고 수 단어가 규칙적인 십진법 체계(eleven-twelve vs 십일과 십이)를 갖추고 있어 자릿값의 학습에 용이한 사회적 맥락을 제공하기 때문이다(홍혜경, 2004). 이와 같이 그는 개인의 내부에서 일어나는 인지발달의 기제에 초점을 두고 있는 피아제와 달리, 인지발달에 미치는 사회적 요인의 영향을 강조했다는 점에서 사회문화적 구성주의자라고 불린다. 비고츠키의 입장에서 아동은 타인과의 관계에서 영향을 받으면서 성장하는 '역사사회적 존재(historico-societal being)'이다.

② 언어의 중요성

언어가 인지발달에 영향을 미치지 못한다고 본 피아제와 달리 비고츠키는 언어가 인지발달에 중요한 역할을 한다고 보았다. 인간은 언어를 통해 타인과 지식을 교환하고 새로운 생각을 만들며 이를 타인과 공유하기 때문이다. 또한 아동은 타인뿐 아니라 자기 자신에게도 말을 하는 행동을 나타내는데, 비고츠키는 이러한 혼잣말을 자신의 생각을 명료하게 하거나 행동을 통제하는 수단으로 생각했다. 예를 들어, 아동이 "하나, 둘, 셋..."이라고 혼잣말을 하면서 세는 것은 물체를 중복하거나 건너뛰지 않고 정확한 수세기를 하는 데 도움이 된다는 것이다. 쉬운 과제보다 어려운 과제에서 혼잣말을 더 많이 사용하는 것 역시 혼잣말의 목적이 의사소통이 아니라 자기통제에 있다는 증거이다.

③ 근접발달영역

아동을 스스로 지식을 구성하는 존재로 본 피아제와 달리, 비고츠키는 아동은 혼자보다는 유능한 또래나 성인과 상호작용을 할 때 더 많고 더 어려운 문제를 해결할 수 있다고 보았다. 그는 이를 근접발달영역(zone of proximal development)이라는 개념으로 설명했다. 근접발달영역은 아동의 현재의 발달수준과 잠재적 발달수준 간의 간격을 의미하는 것으로서, 아동이 아직 혼자서는 할 수 없지만 성인이나 유능한 또래가 도와주면 수행할 수 있는 범위를 말한다. 따라서 늘봄교사는 아동의 근접발달영역의 최저 수준과 최고 수준의 범위 안에서 학습내용을 선정해야 한다. 그렇지 않으면 너무 지루하거나 너무 어려워서 학습이 제대로 이루어지지 못할 것이기 때문이다.

인지발달 수준에 맞는 내용을 학습내용으로 선정해야 한다고 한 피아제와 달리 근접발달영역 개념은 아동의 발달수준보다 조금 앞선 자료를 제시해야 함을 시사한다. 처음에는 상당한 양의 도움, 즉 스캐폴딩(scaffolding)을 필요로 하지만, 이러한 도움의 필요성은 점차 감소하고 결국에는 아동 혼자서도 할 수 있게 된다. 따라서 교사는 스캐폴딩을 적절히 조절하여 제공해야 한다. 스캐폴딩 전략으로는 '아동이 이해할 수 있는 말로 문제를 정의해 주기', '어려운 과제에 대해서는 부분적인 해결을 유도하기', '쉬운 과제는 어려움을 체계적으로 증가시키기', '문제를 해결하는 데 필요한 지식 및 인지 전략 가르쳐 주기', '공동 활동 중 따뜻하게 반응해 주기' 등이 있다(한순미, 1999).

CHAPTER 3

늘봄아동의 영역별 발달 특성

1. 신체발달 특성

1) 신 체

늘봄학교 대상인 만 6세부터 만 12세까지 아동기의 신체발달은 영유아기나 청소년기에 비해 완만하게 이루어져서 '성장의 잠재기(latency stage)'라고 부른다(이숙형, 2002). 이 시기에는 몸통보다 팔과 다리의 성장 속도가 빨라서 팔다리가 긴 모습이 된다. 이러한 성장 과정에서 아동은 근육이 당기는 듯한 통증인 '성장통(growing pains)'을 겪기도 한다(정옥분, 2002). 골격, 근육, 내장기관도 유아기와 아동기 초기에는 급격히 성장하지만, 아동기 중기에는 성장 속도가 느려지고, 청소년기에는 다시 빨라진다. 출생 시 성인 뇌 무게의 약 5%를 차지하던 뇌는 5세경이 되면 성인 뇌 무게의 약 95%에 도달한다. 이처럼 뇌는 다른 기관에 비해 빠르게 성장하지만, 생식기관은 서서히 발달하다가 청소년기에 들어서면서 급격히 성장한다(서봉연 외, 1998).

아동기의 신체발달은 여러 요인에 의해서 영향을 받는다. 또한 아동의 성장 속도는 개인차가 크다. 유전적 요인뿐만 아니라 환경적 요인에도 영향을 받는다. 영양 상태, 신체활동, 수면 패턴, 스트레스 수준 등 다양한 환경적 요인들이 아동의 신체발달과 관련이 있는 것으로 보인다. 따라서 늘봄학교라는 환경의 변화 또한 아동의 신체발달에 영향을 미칠 수 있음을 인식해야 한다.

(1) 키와 몸무게의 증가

우리나라 아동의 평균 키와 몸무게가 20년 전에 비해 크게 증가했다. 2023년에 교육부와 질병관리청이 공동으로 실시한 '학생 건강검사 표본통계'와 '청소년건강행태조사' 자료를 20년 전인 2003년 교육인적자원부의 '학생 신체검사 결과'와 비교해 보면 다음과 같다. 초등학교 1학년 남아의 평균 키는 2003년 120.8cm에서 2023년 122.8cm로 약 2cm 증가했고, 6학년 남아의 평균 키는 2003년 148.7cm에서 2023년 153.3cm로 4.6cm 늘어났다. 여아의 키도 20년 전에 비해 초등학교 1학년은 2cm 커졌고, 초등학교 6학년은 3.4cm 커졌다. 몸무게도 마찬가지로 증가세를 보였다. 남아의 경우 초등학교 1학년은 2003년 23.8kg에서 2023년에는 25.8kg으로 평균 2kg 몸무게가 증가했고, 6학년은 2003년의 43.8kg에서 2023년 50.6kg으로 평균 6.8kg이 늘어났다. 여아의 경우 1학년은 2003년 22.8kg에서 2023년 24.2kg으로 1.4kg 몸무게가 증가했고, 6학년은 2003년 43.1kg에서 2023년 47kg으로 3.9kg 증가했다. 이와 같이 과거에 비해 초등학교 고학년 시기 남아의 몸무게가 특히 늘어났음을 알 수 있다.

〈표 3-1〉 초등학교 키와 몸무게 발달

구분	키(cm)				몸무게(kg)			
	남		여		남		여	
	2003	2023	2003	2023	2003	2023	2003	2023
초등 1학년	120.8	122.8	119.4	121.4	23.8	25.8	22.8	24.2
초등 2학년	126.7	128.6	125.4	127.5	27.2	29.5	25.9	27.8
초등 3학년	132.2	134.6	130.9	133.3	30.8	34.2	29.3	31.3
초등 4학년	137.1	140.7	137.0	140.1	34.7	39.2	33.3	36.2
초등 5학년	142.9	146.1	143.5	146.8	39.2	44.6	37.8	41.8
초등 6학년	148.7	153.3	149.8	153.2	43.8	50.6	43.1	47.0

출처 : 교육부, 질병관리청, 학생 건강검사 표본통계(2003; 2023) 재구성.

(2) 사춘기의 시작

이러한 아동기의 신체적 성장의 증가로 인해 성적으로 성숙하는 연령이 낮아지고 있다. 많은 아이들이 아동기 말에 사춘기를 경험하게 된다. 사춘기는 호르몬 변화로 인해 급격한 신체적 성장 및 성적 성숙이 이루어지는 시기를 의미하며, 이는 외모에서 남녀의 차이를 뚜렷하게 만든다(정옥분, 2015). 성숙의 가속화 현상의 원인으로는 유전, 서구화된 식습관, 스트레스, 환경호르몬과 무분별한 미디어 노출과 스마트폰 중독 등을 들 수 있다. 사춘기에는 2차 성징이 나타난다. 남아는 남성호르몬의 분비로 인해 고환에서 정자가 만들어지고, 정자가 점액과 함께 음경을 통해 방출되는 사정을 경험하게 된다. 또한 꿈에서 성적 자극을 받아 잠든 사이에 사정하는 몽정을 경험할 수 있다. 남아는 어깨와 가슴이 넓어지고 근육이 발달하며, 턱, 성기, 겨드랑이에 털이 나고 음성이 변한다. 여아는 여성호르몬의 분비가 증가하면서 유방이 발달하고, 골반이 커지며 피하지방이 축적되어 엉덩이가 둥글어진다. 또한 성기와 겨드랑이에 털이 나고 월경이 시작된다(조성연 외, 2008).

2) 운동기술

늘봄학교에 들어올 즈음 아동은 자신의 신체를 원활하게 통제할 수 있게 된다. 이 시기에는 운동기능도 발달하여 공간적 · 시각적 관계를 이해하고, 운동능력도 정교하게 발달하여 조정하는 기술을 터득하게 된다. 이러한 발달과정은 늘봄아동들이 다양한 운동기술을 습득하게 도와준다. 따라서 늘봄학교에서 자전거, 스케이트, 줄넘기 등 여러 가지 스포츠를 하는 것이 바람직하다.

운동기술의 발달에는 신체적 성숙과 더불어 신체활동의 기회와 반복적인 연습이 매우 중요하다. 운동기술의 습득을 통해 아이들은 성취감을 느끼게 되며, 이는 긍정적인 자아개념 형성으로 이어질 수 있다. 그러나 오늘날 많은 아동이 학업에 많은 시간을 할애하거나, 스마트폰이나 게임 등 수동적인 활동에 빠져 운동 부족을 겪고 있다(박성연, 2006). 2023년 교육부가 실시한 건강체력평가(PAPS)에서 저체력으로 분류된 하위 4 · 5등급 학생의 비율이 2019년 12.2%에서 2021년 17.1%, 2022년 16.6%로 증가한 것으로 나타났다. 이는 아동기 운동 부족 현상이 심각함을 말해준다.

아동기의 체육활동은 신체적 · 정신적 · 정서적 · 사회적 발달에 중요한 영향을 미친다. 체육활동을 통해 기초 체력을 향상시키고, 스트레스를 해소하며, 사회성을 발달시키는 등 전인적 성장을 도모할 수 있다. 이에 한국과학창의재단에서는 늘봄학교 맞춤형 프로그램의 5개 분야 중 하나로 체육을 포함하여 학교 체육의 활성화를 꾀하고 있다.

3) 건강과 비만

(1) 건강

아동기는 유아기에 비해 면역력이 향상하여 건강하기는 하나 신체적 활동량이 많아지고 호기심이 왕성해 다양한 환경에서 사고의 위험에 노출될 수 있다. 일반적으로 남아가 여아보다 사고 확률이 높다. 보행자 신호를 무시하거나 갑자기 도로로 뛰어드는 행동이 사고로 이어질 수 있다. 또한 도로를 횡단하는 과정에서 교통사고가 발생할 수 있다. 끓는 물에 화상을 입거나 음식물 조각이 목에 걸릴 경우 스스로 해결하기 어려워 심각한 사고로 이어질 수 있다. 높은 곳에서 떨어지는 추락사고나 킥보드나 자전거를 타다가 다치는 경우도 흔하다. 따라서 늘봄학교에서는 보호 장구의 착용이나 안전교육을 통해 사고를 미연에 방지해야 한다(정옥분, 2015).

2023년 교육부와 질병관리청이 공동으로 실시한 '학생 건강검사 표본통계'와 '청소년건강행태조사' 자료에 의하면, 초등학교 1학년생의 '시력 이상' 비율은 29.6%였다. 시력 이상이란 눈이 좋지 않아 안경을 쓰거나 좌우 어느 한쪽의 시력이 0.8 이하인 경우이다. 아동기는 시력 발달에도 중요한 시기이다. 이 시기에 잘못된 시력 관리는 시력 저하 및 학습 효율 저하, 신체적 불편, 그리고 사회적 및 정서적 문제로 이어질 수 있다. 늘봄교사는 디지털 기기의 과도한 사용이나 잘못된 독서 습관으로 아동의 시력이 저하되지 않도록 유의하고, 적절한 관리 및 예방을 통해 건강한 시력을 유지할 수 있도록 지도해야 한다.

(2) 비만

비만은 신체적 · 심리적 영향을 많이 받는 요인이다. 현대사회에서 아동기의 비만은 단순한 체중 증가를 넘어 다양한 건강 문제를 초래할 수 있는 심각한 상태로 인식되고 있다. 성장과 발달에 부정적인 영향을 미치며, 장기적으로 성인 비만으로 이어질 가능성이 높기 때문이다. 아동기 비만의 원인으로는 여러 가지가 있다. 가장 큰 원인은 잘못된 식습관과 운동 부족이다. 패스트푸드와 고칼로리 간식의 섭취 증가, 과도한 당분 섭취는 비만을 촉진한다. 또한 스마트폰과 컴퓨터 사용의 증가로 인해 신체활동이 줄어들고, 실내에서 보내는 시간이 많아지면서 운동 부족으로 비만이 되기도 한다. 유전적 요인도 무시할 수 없다. 부모가 비만일 경우 자녀도 비만일 확률이 높은데, 이는 유전적 요인뿐만 아니라 가정 내 식습관과 생활습관이 비슷하기 때문이다.

비만은 정신건강에도 부정적인 영향을 미친다. 비만 아동은 고혈압, 당뇨병, 고지혈증 등 다양한 성인병에 걸릴 위험이 높다. 또한 비만은 관절에 무리를 주어 성장기에 필요한 활동성을 떨어뜨릴 수 있다. 비만 아동은 또래로부터 놀림을 당하거나 따돌림을 당할 가능성이 높아, 자존감이 낮아지고 우울증이나 불안 장애를 겪을 수 있다. 이는 학교생활에도 부정적인 영향을 미칠 수 있다(박성연, 2006).

비만을 예방하기 위해서 늘봄학교에서는 건강한 생활습관에 대한 지도를 강화하고, 신선한 과일과 채소, 단백질이 풍부한 음식, 적절한 양의 탄수화물을 포함한 급식을 제공해야 한다. 또한 비만 예방을 위해 매일 최소 60분 이상의 신체활동이 필요하므로 늘봄아동이 즐겁게 참여할 수 있는 야외 활동과 체육 프로그램을 운영해야 한다.

2. 인지발달 특성

1) 인지발달

유아기를 지나 초등학교에 입학하는 시기에는 논리적 사고, 기억력, 문제해결 능력, 그리고 자기 인식 능력이 발달한다. 이러한 변화들은 아동기 아이들이 학습하고 성장하는 데 중요한 기반이 된다.

(1) 논리적 사고

피아제의 인지발달 이론에 따르면, 늘봄학교 대상인 만 6~12세는 구체적 조작기(concrete operational stage)에 해당한다. 이 시기 아동은 다음과 같이 사고가 구체적이고 논리적으로 변화한다.

① 보존개념

보존개념이란 물체의 모양이나 배열이 바뀌어도 그 양이나 수가 변하지 않는다는 것을 이해하는 것을 말한다. 초등학교에 입학하기 이전의 유아는 눈에 보이는 것에 의존해서 생각하기 때문에 [그림 3-1]처럼 물을 다른 컵에 따르면 양이 많아졌다고 생각한다. 그러나 구체적 조작기라는 말처럼 늘봄아동은 두 컵의 물이 동일함을 이해하고, 그 이유까지 말할 수 있게 된다. 보존개념은 액체뿐 아니라 수, 질량, 길이 등 여러 영역에서 획득된다.

다양한 유형의 보존개념 실험

보존개념 유형	처음 상태	변환
액체	같은 양의 액체가 든 똑같은 비커 2개 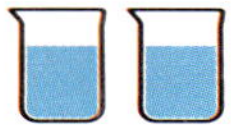	한쪽 비커의 액체를 높고 좁은 비커에 붓는다. 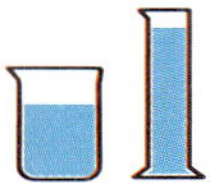
수	똑같은 모양의 2줄의 단추 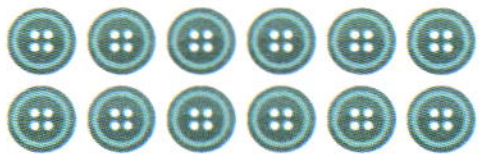	한 줄의 단추는 배열 간격을 늘린다. 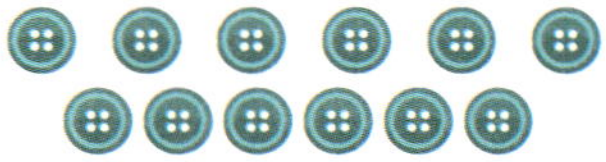
질량	같은 클레이 2개 	클레이 1개를 길게 늘인다. 
길이	같은 길이의 막대기 2개 	한 막대기를 옮긴다. 

[그림 3-1] **보존개념 유형**

② 탈중심화

아동이 자기중심적인 사고에서 벗어나 여러 관점에서 사물을 바라볼 수 있게 되는 과정을 의미한다. 피아제가 [그림 3-2]와 같이 인형의 위치에서 세 산이 어떻게 보일까 질문하면 전조작기 아동은 자신의 위치에서 보이는 모습을 말하지만, 구체적 조작기가 되면 다른 사람의 관점을 이해할 수 있게 된다. 탈중심화는 논리적·체계적 사고뿐 아니라 협력과 공감 등 사회적 기술을 증진시킨다.

[그림 3-2] 세 산의 실험

[그림 3-3] 가역성

③ 가역성

가역성이란 어떤 행동을 반대로 수행하여 원래 상태로 되돌릴 수 있음을 이해하는 것이다. 예를 들어, [그림 3-3]과 같이 찰흙으로 만든 공을 소시지 모양으로 길게 만들어도 다시 공 모양으로 만들 수 있다거나 3+2=5이면 5-3=2임을 이해하는 것이다. 가역성은 인지적 유연성을 길러주며 다각도로 문제해결을 할 수 있게 한다.

④ 분류하기

분류하기(classification)는 일정한 기준에 따라 사물을 나누는 것을 말한다. 아동은 처음에는 한 가지 분류기준(예 크기)만을 사용하다가 나중에는 두 가지 분류기준(예 크기 + 모양)을 한꺼번에 사용할 수 있게 된다. 예를 들어, 늘봄프로그램에서 처음에는 블록을 큰 것과 작은 것으로 단순분류(simple classification)하다가 나중에는 크고 빨간 것, 크고 파란 것, 작고 빨간 것, 작고 파란 것으로 나누는 복합분류(multiple classification)가 가능해진다. 분류의 최종 단계는 사물들 간의 위계적 관계를 말하는 유목포함(class-inclusion)이다. 이는 어떤 유목에 속하는 물체는 다시 상위 유목에 포함됨을 뜻한다. 예를 들어, 레고블록은 블록의 일종이고, 블록은 장난감 중 하나임을 이해하는 것이다.

⑤ 순서짓기

순서짓기(seriation)는 논리적 기준에 따라 순서대로 배열하는 것을 말한다. 순서짓기에는 시작과 방향이 있고, 일관성 있는 규칙이 필요하다. 즉, 어느 쪽(상 vs 하, 좌 vs 우)에서 서열을 시작해도 좋지만, 중간에 진행 방향을 바꾸어서는 안 된다. 처음에는 2개의 물체만 순서짓다가 점차 여러 개에 대해 순서지을 수 있게 되고, 최종에는 "구슬보다 블록이 크고, 블록보다 연필이 크다."라고 한다면, '구슬<블록<연필'로 순서짓기를 할 수 있다. 더 나아가 한 가지 기준이 아니라 두 가지 기준에 의한 복합순서짓기(multiple seriation)도 할 수 있게 된다(예 원둘레와 높이가 달라지는 몬테소리 원기둥 교구). 그러나 이 시기 아동은 사실적이고 구체적인 과제에 대해서만 순서지을 수 있고, 현실과 위배되거나 가상적인 과제(예 "연필보다 블록이 크고, 블록보다 구슬이 크다면, 이 셋의 관계는?")에 대한 순서짓기는 형식적 조작기인 사춘기가 되어야 가능하다(한유미, 2021).

2) 지 능

(1) 지능의 개념 및 구성요인

지능에 대한 정의는 학자마다 다르지만, 종합적으로 보면 지능은 환경에 적응하고 상호작용할 수 있는 능력, 학습 및 경험을 바탕으로 새로운 문제를 해결할 수 있는 능력으로 요약할 수 있다.

① 일반요인론

스피어만(Spearman)은 지능은 모든 과제 수행에 영향을 주는 일반요인(g요인, general factor)과 하나의 특수한 과제 수행과 관련이 있는 특수요인(s요인, specific factor)으로 구성된다고 보았다. 특수요인은 여러 영역에 일반화할 수 없어 큰 의미가 없고, 지능은 일반요인이 중요한 단일 능력이다. 이러한 입장에서 볼 때 머리가 좋은 아동은 기본적으로 박자나 악보 보는 능력이 있어 노래도 평균 이상으로 잘 부를 수 있다.

② 기본정신능력

서스톤(Thurstone)은 스피어만이 말한 단일한 일반지능(S)이 아니라 여러 가지 요인이 복합적으로 지능을 구성하고 있다고 보았다. 그는 요인분석방법을 통하여 언어 이해력, 언어 유창성, 추리력, 공간 시각 능력, 기억력, 지각 속도 등 일곱 가지 기본 정신능력(PMA : Primary Mental Abilities)을 밝혔으며, 현재 사용되고 있는 많은 지능검사가 이 이론의 영향을 받아 만들어졌다.

③ 지능구조모형

길포드(Guilford)는 지능이 내용 · 조작 · 산출의 3차원으로 이루어진 입방체라는 지능구조모형(SOI : Structure Of Intelligence)을 제시했다. [그림 3-4]에 따르면 내용 다섯 가지(시각, 청각, 상징, 의미, 행동) × 조작 여섯 가지(평가, 수렴적, 확산적, 기억파지, 기억저장, 인지) × 결과 여섯 가지(단위, 종류, 관계, 체제, 변환, 함축)의 총 180가지 지능이 가능하다. 이러한 이론은 종래의 협소한 지능 개념을 확장하고 학습, 문제해결력, 창의성 등을 새롭게 볼 수 있는 계기가 되었지만, 모형의 복잡성으로 인해 교실에서 공식적으로 적용하기 어려운 한계가 있다.

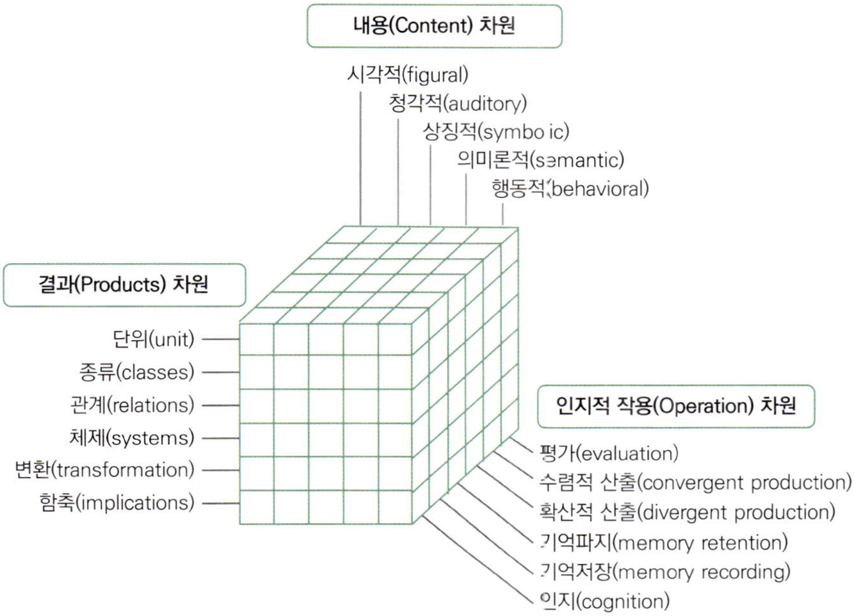

[그림 3-4] **지능구조모형**

지능은 대체로 11~12세경까지 직선적으로 상승하고, 16~17세경에 정점에 달한다. 일란성 쌍생아 연구에서 알 수 있듯 지능에는 유전적 요인이 깊이 관여하지만, 가정, 학교, 문화 등 환경적 요인도 지능발달에 영향을 미친다. 따라서 지능발달의 측면에서 늘봄학교의 물리적 환경이나 교사 및 또래집단의 특성, 프로그램의 내용과 질이 중요함을 인식할 필요가 있다.

(2) 지능검사

지능지수(IQ : Intelligence Quotient)는 지능을 측정하는 대표적인 수치이다. 일반적으로 IQ는 표준화된 지능검사를 통해 측정되며, 평균 IQ는 100으로 설정되어 있다.

IQ 점수는 아동의 지적 능력이 또래집단 내에서 어느 정도의 위치에 있는지를 나타낸다. 아동기의 지능을 측정하는 대표적인 검사 중 하나는 웩슬러 아동용 지능검사(WISC : Wechsler Intelligence Scale for Children)이다. WISC는 언어 이해, 지각 추론, 작업 기억, 처리 속도와 같은 다양한 영역에서 아동의 지능을 평가한다. 이러한 검사는 아동의 지적 강점과 약점을 파악하고, 필요한 교육적 지원을 제공하는 데 중요한 역할을 한다(정옥분, 2015).

〈표 3-2〉 WISC의 예시 항목

항 목	평가 내용	평가 질문 예시
언어 이해	어휘, 일반 상식, 공통성 등 언어적 문제해결 능력	"사과와 오렌지의 공통점은 무엇인가요?"
지각 추론	블록 디자인, 그림 배열 등의 시각적-공간적 문제해결 능력	"이 블록을 사용하여 이 그림을 만들어 보세요."
작업 기억	숫자 기억, 산수 등의 단기기억과 작업 기억 능력	"제가 말하는 숫자를 순서대로 기억해 보세요. 4, 7, 3, 8"
처리 속도	기호-숫자 대체, 동형 찾기 등의 과제를 통해 시각적 정보를 신속하게 처리하는 능력	"제시된 기호와 숫자를 최대한 빨리 일치시켜 보세요."

출처 : 정옥분(2015).

3) 기 억

(1) 기억의 개념

기억은 정보를 저장하고 인출하는 과정으로, 학령기 아동의 학습에 중요한 요인이다. 이 시기 아동은 의도적인 기억전략을 사용할 수 있어 기억능력이 향상된다.

기억은 부호화, 저장, 인출의 3단계를 거친다. 연령의 증가와 더불어 기억능력도 발달한다.

(2) 기억의 유형

① 감각기억

오감을 통해 들어온 모든 정보는 감각기억(sensory memory)이라고 불리는 일종의 대기실을 아주 잠깐 거치게 된다. 즉, 감각기억은 어떤 자극이 지각된 최초의 순간에 기억되는 즉각적인 감각적 인상으로서 지속시간은 1초 이내이다. 예를 들어, 식당에 갔을 때 옆자리 사람들의 얼굴은 지각과 거의 동시에 사라져버린다. 이러한 자극은 뇌에 저장할 가치가 없기 때문에 걸러지며, 이로 인해 우리는 불필요한 정보의 범람으로부터 보호받게 된다. 감각기억은 출생 시부터 존재하며, 연령에 따라 별로 변하지 않는다.

② 단기기억

단기기억(short term memory)은 감각기억에 들어온 정보 중에서 의미 있는 것만을 선택하여 약 몇 초에서 몇십 초 정도 기억하는 것이다. 예를 들어, 핸드폰에 입력할 때까지 상대방 전화번호를 기억하는 경우이다. 입력이 끝나는 즉시 그 번호는 잊어버리게 될 뿐 아니라 국제전화의 경우처럼 번호가 길면 기억 자체가 어렵다. 이와 같이 단기기억은 용량이 매우 작고 짧은 시간 동안에만 지속된다. 단기기억 용량은 몇 개의 숫자를 불러준 후 순서대로 정확히 말하게 하는 기억폭 검사로 측정한다. 대개 2세는 2개, 6세는 4~5개, 성인은 평균 7개를 기억한다. 한편 장기기억으로 저장하기 위해서는 반복 경험이나 연습을 해야 한다.

③ 장기기억

통상적으로 우리가 기억이라고 말할 때에는 장기기억(long term memory)을 의미한다. 장기기억은 현재 사용되고 있지는 않으나 기억 속에 저장된 인출 가능한 모든 기억이다. 단기기억과 달리 장기기억은 저장 용량이 크며, 정보가 쉽게 사라지지 않고 때로는 평생 보존되기도 한다. 단기기억과 장기기억 모두 아동의 연령이 증가함에 따라 향상된다(한유미, 2022).

4) 인지양식

(1) 인지양식의 개념

인지양식은 개인이 사물 정보를 지각하고 처리하는 방식을 말한다. 인지양식은 좋고 나쁨이 없는 가치중립적인 개념이다. 늘봄교사는 이러한 인지양식을 고려하여 교수양식을 다양화하고, 개별 아동의 인지양식에 효과적인 교수방식을 적용할 수 있다.

(2) 인지양식의 유형

① 장독립형 vs 장의존형

장독립형은 사물 자체만을 독립적으로 인지하는 양식이다. 장독립형 아동은 나무는 보되 숲은 보지 못하는 유형으로, 분석적 · 논리적이며 내적 동기유발이 잘되고, 스스로 알아서 공부하는 특성을 보인다. 반대로 장의존형은 정보를 인지할 때 주변 환경이나 배경을 참고하여 인지하는 양식이다. 장의존형 아동은 숲은 보되 나무는 보지 못하는 유형으로 직관적 · 전체적이며, 외부의 영향을 많이 받아 규칙에 따라 움직이며, 관계를 중시하여 동료학습과 따뜻한 학습환경을 선호한다.

② 충동형 vs 숙고형

충동형은 문제를 빨리 해결하지만 정확성은 떨어지는 인지양식이다. 충동형 아동은 생각보다 행동이 앞서고, 생각나는 대로 답을 하여 실수가 많다. 따라서 정확성이 바탕이 되지 않는다면 학습에 어려움이 생길 가능성이 있다. 이와 반대로 숙고형은 문제해결 속도는 떨어지지만 오류가 적은 인지양식이다. 숙고형 아동은 여러 대안을 탐색하고 다각도로 검토하며, 실수가 적어 학업성취도가 높은 경향이 있다.

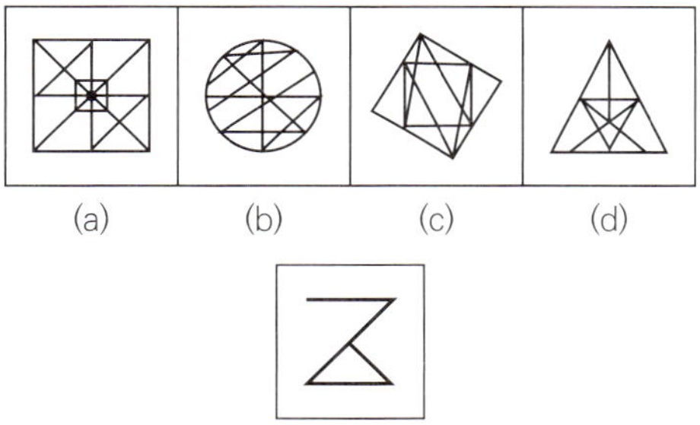

[그림 3-5] 장독립형-장의존형을 위한 숨은 그림 찾기 검사

출처 : https://www.learnfrenzy

[그림 3-6] 충동형-숙고형을 위한 같은 그림 찾기 검사

출처 : https://www.frontiersin.org/

3. 언어발달 특성

1) 어휘와 문법의 발달

아동기가 되면 어휘를 보다 체계적으로 범주화하기 시작한다. 유아기에는 단어를 들을 때 그 단어와 관련된 행동이나 지각적 측면을 떠올리지만, 아동기에는 단어를 분석적으로 이해하게 된다. 예를 들어, '강아지'라는 단어에 유아는 '귀엽다'라는 반응을 보이지만, 아동은 '고양이', '망아지' 등 같은 범주의 단어들을 떠올리며 반응하게 된다(박성연, 2006). 이렇게 어휘를 범주화하는 능력은 읽기와 쓰기 능력을 향상시키며, 나아가 전반적인 학업성취도에 긍정적인 영향을 미친다.

5세에서 7세 사이의 아동들은 점차 성인의 언어처럼 길고 복잡한 문장을 사용하기 시작한다. 논리적이고 분석적인 사고 능력이 발달하면서 문장의 구조도 더욱 정교해지고, 복합 문장을 사용하거나 가정법, 비교법 등을 구사하는 능력이 향상된다. 이렇게 아동은 복잡한 문법 규칙을 이해하고 이를 의미 있게 사용할 수 있게 된다.

2) 상위 의사소통 능력의 발달

상위 의사소통(meta-communication)은 단순히 말을 주고받는 것을 넘어, 대화 속에서 말의 의미나 의도를 파악하고, 지시사항과 그에 따른 결과 간의 관계를 이해하는 것을 의미한다. 예를 들어, 아동에게 집 모형을 보여주고 지시사항에 따라 같은 집을 만드는 과제를 주었을 때, 8세 아동은 지시사항이 정확하지 않으면 그 결과가 다를 수 있음을 이해하고, 잘못된 지시에 대해 의문을 제기할 수 있다. 즉,

아동은 지시사항의 정확성과 그에 따른 결과를 연결 지어 생각할 수 있다(박성연, 2006). 상위 의사소통은 스스로 문장의 순서나 단어를 수정할 수 있으며, 자신의 판단을 통해 새로운 단어에 어울리는 적절한 접사를 적절하게 사용할 수 있게 된다. 또한 언어의 단위를 파악하여 다양한 형식을 활용한 비유적인 언어를 만들어 낼 수 있고, 문장에 대해 설명하고 해석할 수 있게 되면서 아동은 언어에 대해 생각하는 능력이 더욱 발달한다. 소통능력을 바탕으로 아동은 학습한 내용을 탈맥락화하고 분석할 수 있기 때문에, 상위언어능력은 읽기와 쓰기 능력을 알 수 있는 중요한 지표가 된다(김서윤, 2023).

3) 문자언어 능력 발달

① 문자언어 발달단계

읽기와 쓰기 능력 발달은 아동의 이해력과 사고력뿐만 아니라 사회적 상호작용에도 중요한 영향을 미친다. 읽기는 즐거움을 주고 정보를 얻으며 사고를 발전시키는 중요한 활동이다. Chall(1979)은 읽기능력 발달단계를 여섯 단계로 나누어 설명했다. 읽기 이전 단계(0~5세)에서는 읽기에 필요한 기초를 학습하며, 왼쪽에서 오른쪽으로 읽고 쓰는 법을 배운다. 학습적인 TV 프로그램과 유치원, 어린이집 경험 덕분에 아이들이 더 일찍 읽기를 시작할 수 있게 되었다. 1단계 초기 읽기 단계(5~7세)에서는 단어를 소리로 바꾸는 능력을 배우고, 읽는 방법을 익힌다. 2단계(7~9세)에서는 읽기에 더 능숙해진다. 3단계(초등학교 고학년)에서는 읽기를 통한 정보 습득 능력이 급속히 발달한다(정옥분, 2015). 이는 일반적인 발달단계로 아동마다 발달 속도와 능력에는 차이가 있을 수 있고, 외국 아동에 비해 우리나라 아동의 발달이 빠른 경향이 있다.

〈표 3-3〉 Chall(1979)의 읽기능력 발달과정 6단계

단 계		연 령	특 징
0단계	읽기 이전 단계	0~5세	글자를 시각적으로 알아볼 수 있으며 단어를 하나의 통글자로 인식한다. 글자나 인쇄물을 부모와의 상호작용을 통해서 경험하여 읽기 발달의 기본 틀을 마련하는 중요한 시기이다.
1단계	초기 읽기 단계	5~7세	초기 낱말의 인지 기술이 발달하게 된다. 자소-음소의 대응을 알고 단어의 해독을 시작하는 단계로 글자의 철자체계에 대한 이해가 발달하는 시기이다.
2단계	의미 이해를 위해 유창하게 읽는 단계	7~9세	글자를 정확하게 읽고 해독이 자동화가 이루어지며 철자법이나 음운규칙에 맞게 단어, 글을 유창하게 읽을 수 있다. 새로운 단어를 배우기 위해 문맥을 활용하고 그 의미에 집중하는 시기이다.
3단계	새로운 것을 학습하기 위해 읽는 단계	초등학교 고학년	읽기를 배우는 것이 아니고 학습을 위한 읽기의 단계로 글을 통해서 새로운 지식과 정보를 습득하고 이해가 이루어지는 시기이다.
4단계	다양한 관점에서 읽는 단계	중학교 이상	다양한 글의 의미를 파악할 수 있고 이를 통해서 추론이나 비판을 할 수 있는 시기이다.
5단계	비평적 읽기 단계	성인	글을 읽고 내용을 재구성할 수 있다. 자신의 생각의 토대 위에서 다른 사람의 생각을 반영하여 새로운 지식과 정보를 창출한다.

출처 : 김종훈(2017) 재구성.

② 문자언어 교수법

문자언어교육을 위해서는 다음과 같이 두 가지 상반된 접근방식이 사용된다(한유미 · 김혜전 · 권희경, 2022). 늘봄교사는 각 방법의 차이를 이해하고, 수업 목적이나 개별 활동의 특성에 따라 효과적으로 사용해야 할 것이다.

▮ 발음중심 언어교육법

발음중심 언어교육법(basic skill and phonetic approach)은 행동주의의 읽기 준비

도(reading readiness)를 근거로 한 교육방법이다. 듣기와 말하기는 배우지 않아도 자연스럽게 할 수 있는 일차언어이지만, 읽기와 쓰기는 배우지 않으면 사용할 수 없는 이차언어이므로 학교에서 체계적인 교수방법을 통해 가르쳐야 한다는 입장이다. 글자를 소리로 바꾸는 기본 규칙을 먼저 가르친 후 읽기 자료를 도입하는 방식을 취한다. 예를 들어, '가 갸 거 겨 고 교…'의 음절표를 반복적으로 따라 하게 하고, 닿소리(ㄱ ㄴ ㄷ ㄹ…)와 홀소리(ㅏ ㅑ ㅓ ㅕ…)를 가르친 후 이것을 결합하여 '가, 나, 다, 라…'를 이해시킨다. 또한 맞춤법에 맞게 정확히 쓰는 것을 강조한다.

총체적 언어교육법

총체적 언어교육법(whole language approach)은 발음중심 언어교육법의 대안으로 등장한 것으로 듣기, 말하기, 읽기, 쓰기가 통합적으로 상호작용하면서 발달한다고 본다. 또한 능동적인 학습자인 아동의 흥미와 경험을 강조하기 때문에 그림책과 같은 전체적이고 의미 있는 자료를 사용한다. 이와 같이 언어의 구성요인들을 분리하지 않고 하나의 전체로 가르쳐야 한다는 점에서 '총체적'이라는 이름이 붙여졌다. 글자를 정확히 읽거나 쓰는 것보다 글의 의미를 이해하는 것이 중요하므로 전체 이야기→문장→단어→낱자의 순으로 가르친다. 예를 들어, 집에서 책을 가져와 서로 교환해서 읽고 도서관을 꾸며 대출카드를 만들어 놀이하거나 이야기 책에 나오는 등장인물에게 편지를 쓰는 것과 같은 방법을 이용한다.

4. 사회·정서발달 특성

1) 사회성 형성과 발달과정

아동은 대인관계에서 사회성을 배우며, 이는 다양한 발달에 큰 영향을 미친다. 이 시기에 사회적 기술을 습득하지 못하면 사회성 발달이 저하되어 적응 문제, 학업성취 저하, 반사회적 행동 등 다양한 문제가 발생할 수 있다. 따라서 학령기 아동에게 연령에 맞는 사회적 기술을 습득하게 하는 것은 매우 중요하다(강장식, 2023).

〈표 3-4〉 초등학생 사회성 발달단계

학년단계	사회성 발달단계
초등학교 저학년 (1~2학년)	점차 다른 사람의 생각과 심리적 의도를 이해한다. 친구 사귀기, 갈등 해결, 사회적 규칙 준수 등의 기술을 배운다. 도덕성 발달과 함께 자기중심적 사고가 줄어들며, 사회적 기술을 익힌다.
초등학교 중학년 (3~4학년)	집단의식이 크게 발달하며, 동료 집단에 적극적으로 참여한다. 집단의 규칙을 준수하고 협동하는 법을 배운다. 친구들의 평가와 집단 내 인정받기를 중요하게 생각한다.
초등학교 고학년 (5~6학년)	자율성과 책임감이 발달하며, 성인의 간섭을 싫어하는 경향이 나타난다. 또래집단의 영향력이 커지고, '우리' 의식과 협동성이 발달한다. 선악 판단에 대한 자기 의식이 발달한다. 봉사와 희생정신을 실천하려고 노력한다.

출처 : 강장식(2023) 재구성.

2) 자아개념 및 자아존중감

자아개념(self-concept)은 자신을 어떻게 보고 평가하는지를 의미한다. 능력, 외모, 흥미, 성격, 가치관, 사회적 지위, 역할 등 '나는 누구인가'에 대한 생각을 포함하며 삶을 통해 얻은 경험, 사회적 환경, 성공과 실패를 바탕으로 형성된다. 자아개념은 개인의 내면세계와 가치관을 형성하며, 행동과 사고에 큰 영향을 미친다. 따라서 아동기의 자아개념은 자아실현, 인성 개발, 학업성취, 학교생활 적응, 또래관계 등 여러 측면에서 중요한 요인이다(류예나, 2024).

자아존중감은 타인과의 긍정적인 상호작용을 통해 형성된다. 특히 작은 성취나 칭찬, 성공적인 경험이 자아존중감의 기초를 이루며, 이러한 경험들이 아동의 자기 인식에 긍정적인 영향을 미친다. 또한 아동의 자아존중감은 학업, 신체, 사회성 등의 측면에서 형성되며, 연령에 따라 점차 세분화·구체화된다. 예를 들어, 사회적 자아존중감은 또래와의 관계, 가족과의 관계 등으로 나뉘며, 사회적 상호작용을 통해 자아존중감이 형성된다. 긍정적인 자아존중감은 아동이 자신을 능력 있는 사람으로 인식하고, 실패에 대한 두려움 없이 새로운 도전에 임할 수 있도록 한다(정옥분, 2015).

3) 성역할

아동기에는 아동이 사회문화가 요구하는 것이 성별에 따라 다르다는 것을 깨닫는다. 이 시기의 아동은 성별에 따른 성정체감의 차이를 보이는데, 일반적으로 남아는 남성적인 특성을 부각해서 인식하며 남성적인 것에 집착하는 반면, 여아는 성별의 특성을 비슷하게 인식하며 성에 구애받지 않는 다양한 활동에 참여한다. 성역할 발달에는 생물학적 요인도 중요하지만, 사회화 과정 역시 중요하다. 가정의 양육 태도, 디지털 미디어, 그리고 학교교육은 성역할 발달에 매우 큰 영향을 미친다. 가정에서는 부모의 역할 모델이 아동에게 큰 영향을 미친다. 부모가 전통적인 성역할을 따르는 경우, 아동도 이를 자연스럽게 받아들일 가능성이 높다. 디지털 미디어 또한 아동의 성역할 인식에 큰 영향을 미친다. 예를 들어, 미디어에 남자 주인공이 문제를 해결하고 여자 주인공이 도움을 받는 역할로 그려진다면, 아동은 이러한 역할 분담을 자연스럽게 받아들이고 전통적인 성역할 고정관념을 갖게 될 것이다.

늘봄학교에서의 자리 배치, 남녀 분리 학급 배치 등도 성역할 인식에 영향을 미칠 수 있다. 예를 들어, 남학생과 여학생을 따로 앉히거나 체육 시간에 성별에 따라 다른 활동을 시키는 경우, 아동은 남성과 여성의 역할이 다르다고 인식할 수 있다. 반면 남녀 학생이 함께 협력하는 활동이나 프로젝트를 통해 성별에 관계없이 다양한 역할을 경험하게 하는 것은 성역할 고정관념을 줄이는 데 도움이 된다. 양성적(androgyny) 특성을 가진 아동이 사회적으로 자존감이 높고 성취도가 높은 것으로 밝혀졌다(조복희, 2007).

4) 도덕성

아동기에는 옳고 그름에 대한 도덕적 판단 능력이 발달하며, 규칙과 규범을 이해하고 준수한다. 고학년으로 갈수록 자기중심적인 사고에서 벗어나면서 돕기, 나누기, 위로하기, 협동하기 등의 이타적 행동과 도덕적 행동이 발달한다.

콜버그(Kohlberg)는 가상의 도덕적 갈등 상황에 대한 반응을 바탕으로 아동의 도덕성 발달을 세 가지 수준의 6단계로 나누었다. 첫 번째, 전인습적 도덕(preconventional morality) 수준의 아동은 도덕적 판단을 할 때, 내적인 기준보다는 외적 결과나 규칙에 따라 행동을 결정한다. 1단계 처벌 및 복종 지향 단계는 처벌을 받지 않으려고 하거나 권위에 따라 행동하고, 2단계 도구적 쾌락 지향 단계는 자신이 원하는 것을 얻기 위해 행동하는 것을 옳다고 생각한다. 두 번째, 인습적 도덕(conventional morality) 수준의 아동은 옳고 그름의 기준을 집단의 규칙과 규율에 기반하여 판단한다. 3단계 착한 소년 소녀 지향 단계는 타인을 기쁘게 하고 돕는 것이 도덕적 행동의 기준이 되고, 4단계 법과 질서 지향 단계는 규칙과 법, 그리고 사회적 시스템을 이해하고 존중하는 것이 중요하다고 생각한다. 세 번째, 후인습적 도덕(postconventional morality) 수준의 아동은 외부의 권위에 복종하지 않고 개인의 내적 원칙에 따라 도덕적 판단을 한다. 5단계에서는 사회적 관계나 계약을 넘어 우선시될 수 있는 가치나 권리를 중요시하고, 6단계에서는 모든 사람에게 적용될 수 있는 공정하고 도덕적인 원칙을 중요하게 여긴다. 예수, 부처, 간디 등의 인물이 6단계에 속할 가능성이 있다(송현주 외, 2023).

〈표 3-5〉 **콜버그의 도덕성 발달단계**

수 준	단 계	예
1수준 전인습적 도덕	1단계 : 처벌 및 복종 지향	부모에게 혼나지 않으려고 방을 청소한다.
	2단계 : 도구적 쾌락 지향	친구에게 내 장난감을 빌려주면서, 나중에 그 친구도 장난감을 빌려줄 거라고 기대한다.
2수준 인습적 도덕	3단계 : 착한 소년 소녀 지향	생일선물을 주는 이유는 친구를 기쁘게 해주고 싶어서이다.
	4단계 : 법과 질서 지향	정시 출근하는 이유는 규칙을 준수하는 것이 올바르다고 생각하기 때문이다.
3수준 후인습적 도덕	5단계 : 사회적 계약 및 지향	부당한 법에 대해 시위하며 법보다 사회적 정의를 중요시한다.
	6단계 : 보편 윤리적 원리 지향	비폭력 원칙을 지키며 인도의 독립을 위해 노력한 간디처럼 보편적 도덕 원칙을 따른다.

출처 : 송현주 외(2023) 재구성.

5) 또래관계

늘봄학교로 인해 아동이 또래집단과 지내는 시간이 많아져서 또래관계의 중요성은 더욱 증가한다. 또래집단은 다른 가치보다 우선하는 집단만의 고유한 가치를 공유한다. 이때 아동은 인정받기 위해 또래집단의 기준이나 가치에 동조하는데, 간혹 또래집단의 행동 기준은 사회적 압력으로 작용한다(정옥분, 2015). 집단의 응집성이 높을수록, 집단 구성원이 많을수록, 사회적 규범이 강할수록 동조 현상이 강하게 나타난다. 고학년이 되면 반사회적 행동 경향도 나타난다. 대표적인 동조 현상은 옷이나 신발을 통일하거나 친구 집에 가고, 무리를 지어서 다니는 행동 등이다(이순형, 2002). 한편 사회적인 기술이 부족한 아동은 또래로부터 소외되면서 배척되고, 고립되며, 부정적인 대인관계의 문제에 직면하게 된다(강장식, 2023).

또래관계가 좋지 못한 아동들이 온라인 환경에서나마 자신을 표출하고 익명의 상대와 소통함으로써 현실 속 대인관계를 보상받고자 하는 양상이 나타난다. 초등학교 4학년을 대상으로 한 여성가족부(2024)의 조사에 의하면 15.5%의 아동이 인터넷 · 스마트폰 과의존 위험군으로 나타났다. 과의존 위험군은 인터넷 · 스마트폰 의존도가 일상생활에 어려움을 초래할 만큼 높아 전문기관의 도움이 필요하거나(위험사용자군) 사용 시간이 늘고 자기 조절이 어려워져 주의가 필요한 집단(주의사용자군)을 말한다. 이러한 결과는 부모뿐 아니라 늘봄학교, 그리고 사회 전체가 협력하여 적절한 전략을 마련해야 함을 나타낸다.

6) 정서조절

정서조절은 자신과 다른 사람의 감정을 인식하고 적절하게 처리하여 변환시킬 수 있는 능력이다. 자신의 정서, 즉 감정과 기분을 안정적으로 상황에 적절하게 조절하고 있는지, 좌절과 실패를 느끼거나 불쾌하고 불안한 상태에 있는 타인과 감정과 기분을 변화시켜 대인관계기술을 높이는 능력이 있는지, 자신의 목표 실천에 있어 정서를 효과적으로 조절할 수 있는지를 알아보기 위한 영역이라고 할 수 있다. 감정을 인식하고 조절하는 능력이 발달하면 자신의 감정을 명확하게 표현하고 스트레스 상황에서도 잘 관리할 수 있게 된다. 이는 아동이 어려운 상황에서도 감정적으로 안정된 상태를 유지하도록 돕는다. 정서조절이 뛰어난 아동은 목표에 대한 열의를 보이며, 스스로 목표를 계획하고 실천하며 합리적으로 행동한다. 이는 아동에게 목표 도전감과 자기효능감을 갖게 한다.

늘봄학교 아동은 부모, 교사, 또래로부터 정서적 지지를 받을 때 자신의 정서를 긍정적이고 바람직한 방향으로 조절할 수 있다. 반면 대인관계나 학업에서 오는 스트레스는 우울증을 유발할 수 있다. 아동의 우울증 증상은 성인과 달리 전형적인 우울 증상보다는 두통이나 복통과 같은 신체증상, 무단결석, 등교거부, 학습부진, 공격적 행동, 미래에 대한 무희망감, 그리고 성인과 유사한 정서적 · 인지적 · 신체적 · 정신 운동적 증상으로 나타난다(유현하, 2012). 아동기에 우울증을 겪으면, 청소년기나 성인기에도 정신건강 문제를 경험할 가능성이 크다. 아동기 우울증은 적절한 조기 발견과 치료로 효과적으로 관리할 수 있으므로 가정뿐 아니라 늘봄학교에서도 아동을 세심히 관찰하는 것이 필요하다.

Part 2

늘봄학교
프로그램 운영

CHAPTER 04

늘봄학교 아동을 위한 유초 연계 이해

1. 유초 연계의 배경

유초 연계는 주로 유아교육에서 초등학교로의 입학과 적응을 위해 연구되었다. 유초 연계는 유아기에 가지는 교육 경험의 중요성을 바탕으로 유아가 양질의 경험을 연속적으로 해야 한다는 당위성을 전제한다. 초등학교로의 전이 준비가 미흡하거나 초등학교에서 양질의 교육이 연속되지 못하면 유아기에서 얻은 긍정적 효과는 초등학교 저학년 시기에 감소하거나 심지어 사라질 수도 있다. 이러한 소멸 효과를 줄이기 위해서는 유아기 이후에도 양질의 초등교육으로 이어져야 하며(OECD, 2017), 이를 위해서는 초등학교 저학년의 성장, 학습 및 웰빙을 유초 연계의 관점에서도 바라볼 필요가 있다.

1) 유초 연계에 관한 국제적 관심

UN은 세계 평화와 번영을 위해 모든 나라가 협력하여 함께 이루어 갈 지속가능발전목표(SDGs : Sustainable Development Goals, 2015~2030)를 수립하고, 4번째 목표에서 모두를 위한 양질의 교육 기회 제공을 제안하고 있다. SDG 네 번째 목표 중 하나는 모든 영유아를 위한 양질의 교육 경험 제공과 더불어 초등교육에 대한 준비를 잘하도록 기초 마련의 중요성을 강조하고 있다(박은혜 · 이성희 · 박선혜 · 장민영 · 박보람, 2023). SDG 목표 보고서 2023(UN)에 따르면 팬데믹 전에 비해 양질의 교육을 제공하는 속도가 늦추어졌으며, 팬데믹은 5개국 중 4개국에서 학습 손실을 가져와 교육에 부정적인 영향을 미치고 있다. 또한 초등학생의 읽기 수준 향상 속도가 기대보다 매우 더디게 이루어지고 있음을 밝히고 있다. 이러한 상황은 영유아기부터 초등학교, 중고등학교에 걸쳐 양질의 교육 경험이 누적되고 있는지를 모니터링하고 학교급 간 연계를 살펴볼 필요가 있음을 나타낸다.

국제적으로도 유초 연계에 대한 사회적 관심이 커지고 있다. 교육법 및 교육과정 틀과 같은 정책문서에서 원활한 연계의 필요성을 매우 강조하고 있다. 또한 적절한 정책과 실무를 수행하도록 지역 당국, 영유아교육기관 및 초등학교에 연계 관련 정책을 의무화시키고 있다. 예를 들면, 노르웨이 영유아교육과정은 연계에 대한 독립적인 장을 마련하여 설명하고 있다. 초등학교와의 연계뿐만 아니라 유치원에 입학할 때 이전 기관과의 연계, 유치원 간의 연계, 유치원과 학교 간의 연계로 나누어 다양한 종적 · 횡적 연계를 모두 공식적으로 교육과정에서 다루고 있다는 점을 주목할 수 있다(최은영 외, 2023).

2) 아동의 준비와 함께 학교의 준비 요구

유초 연계 측면에서 준비도의 개념이 변하였다. 영유아교육기관만이 아동을 학교에 준비시켜야 하는 것이 아니라, 학교도 연령에 적합하게 구성된 취학 전 환경에서 지내온 아동을 맞을 준비를 해야 한다. 이제 준비도를 학교생활을 위한 아동의 준비도로만 인식하는 것이 아니라 아동을 위한 학교준비도(a school readiness for child)도 함께 인식하기 시작하였다. 북유럽 국가에서는 이러한 관점의 변화가 연계에 관한 주요 접근법이 되었다. 성공적인 연계란 단순히 아동이 영유아교육기관을 떠나 학교에 갈 준비를 의미하는 것이 아닌, 아동을 보내는 영유아교육기관과 아동을 맞이하는 학교가 함께 연계를 위해 준비하는 것이다. 이는 초등교육이 아동을 위해 더 잘 준비될 수 있도록 취학 전 기관과 협력할 필요가 있음을 시사한다(OECD, 2017).

3) 아동의 출발점 평등과 웰빙 지원

초등학교로의 연계는 아동에게 하나의 큰 도약이다. 스트레스나 불안감 없이 충분한 지원을 받은 경험은 향후 아동이 학업적 · 사회적으로 최대한 잠재력을 발휘할 수 있는지에 영향을 미치기 때문에 유초 연계를 강조할 수밖에 없다. 초등학교로의 연계는 평생 학습의 토대가 되어 아동의 출발점 평등을 지원한다는 측면에서 중요하다(OECD, 2017). 또한 유초 연계는 아동의 학교적응만을 위한 준비가 아니라 아동 삶의 맥락에서 접근할 수 있다. 유초 연계를 지원해야 하는 이유를 아동의 권리 측면에서 바라보면 아동은 원활한 유초 연계를 통해 자신의 교육에 대한 권리와 웰빙을 보장받는 것이다.

4) 취약한 배경을 지닌 아동 고려

취약한 배경을 가진 아동에게 유초 연계는 특히 중요하다. 초등학교 입학 당시에 아동이 지닌 기술과 능력의 정도가 매우 다양한데, 이러한 차이는 아동이 이후 학교에서 성공적으로 적응하거나 혹은 어려움을 겪는 데 영향을 미친다. 취약계층 아동의 경우 가정학습환경의 수준이 낮고, 아동의 능력에 대한 교사의 기대치가 낮으며, 부모와 교사가 서로 다른 기대를 가지고 상호작용하는(Peters, 2010) 등 여러 위험요소에 노출되기 때문에 연계가 더 어려울 수 있다. 따라서 취약한 배경을 가진 아동의 연계에 더 관심을 기울이고 시기적으로도 더 일찍 연계 과정을 준비해야 한다.

2. 유초 연계의 정의

유초 연계에서 '연계'의 사전적 의미는 '어떤 일이나 사람과 관련하여 관계를 맺거나 그 관계'를 말하는 용어로 한 부분과 다른 부분 사이의 적절한 관계를 나타낸다. 유아교육에서 연계라는 용어는 주로 영유아교육기관에서 초등학교로의 전이를 말할 때 가장 빈번하게 사용되었다. 이는 영유아교육기관에서 초등학교로 가는 첫걸음을 무엇보다 중요하게 인식하고 있었음을 보여준다(김호 외, 2022).

유초 연계를 이해하기 위해서 영유아교육기관과 초등학교로의 전이에 연계의 의미를 더하면 영유아교육기관과 초등학교가 관계를 맺어야 하며, 이 둘 사이에 적절한 연결이 이루어져야 함을 알 수 있다. 영유아교육기관과 초등학교는 학교급별로 교육 철학, 물리적 환경, 일과 시간 조직, 교실 문화, 교육과정 내용 등이 달라서 더욱 적절한 연결이 필요하다.

유초 연계의 대상이 학문적으로 문서상 교육과정에 한정되는 경우가 많았으나 현재는 교육과정뿐만 아니라 교육환경, 교육기관 간의 교육정책, 교사교육, 교실 문화, 행정・재정적 지원 체계 등을 모두 포함하고 있다. 이는 유초 연계에서 아동 경험의 연속성을 강조하고 아동의 관점에서 연계가 잘 이루어지는 방안을 탐색하려는 최근의 시도와 연결되어 있다.

유초 연계의 정의를 알기 위해서는 함께 자주 언급되고 있는 전이, 적응이라는 단어를 함께 이해할 필요가 있다. 전이는 한 기관에서 다른 기관으로, 한 수준에서 다른 수준으로 옮겨가는 과정을 의미하고 있어 유초 연계에서 성공적인 전이는 영유아교육기관에서 초등학교로 원활하게 옮겨가는 것을 말한다. 전이가 옮겨가는 과정을 말하기 때문에 자칫하면 영유아교육기관에서 보내는 마지막 몇 달과 초등학교 입학 후 보내는 초기의 몇 달에 한정하여 유초 연계를 이해할 가능성이 있어 유의해야 한다.

적응은 유초 연계의 목적이기도 하면서 효과로 자주 언급되고 있다. 적응의 사전적 의미는 주어진 환경에 적절하게 대처하는 것이다. 유초 연계와 연결하여 적응의 의미를 살펴보면 아동이 유초 연계를 통해 새로운 환경인 초등학교에 잘 적응하도록 유도하는 것이 중요하다. 하지만 유초 연계의 목적은 아동의 적응에 한정되지 않고 아동의 행복과 웰빙을 지원하려는 목적을 가지며, 아동의 적응뿐만 아니라 기관에서 환경을 적절하게 조절하여 아동의 적응을 돕는 것도 필요하다.

이를 종합하면, 유초 연계는 연계의 협의적 의미인 한 단계에서 다음 단계로 넘어가는 전이를 넘어 보다 포괄적인 접근으로 아동 경험의 연속성을 보장하며, 아동의 적응뿐만 아니라 아동의 웰빙과 행복을 보장하기 위해서 교육과정, 물리적 환경, 일과 구성, 교실 문화 등을 모두 연계의 대상에 포함하는 것이다. 유초 연계

과정에서 아동을 포함한 다양한 교육 주체는 아동의 경험이 자연스럽게 연결되도록 지원할 것이다.

3. 유초 연계의 필요성

유초 연계는 본질적으로 모든 연령별, 학년별에서 종적·횡적인 측면에서 모두 필요하다. 교육의 모든 단계가 체계적으로 연계되지 않으면 기대하는 효과를 거두기 어려울 것이다. 2세에서 3세로의 연계, 3세에서 기관 간 연계 등도 모두 중요한 연계의 모습이지만, 늘봄학교가 전격 도입되는 시점에서 주로 5세에서 초등학교 입학으로의 연계에 대한 필요성을 중심으로 알아보고자 한다.

1) 아동 삶의 연속성과 웰빙 보장

유초 연계에 대한 사회적 관심이 최근 국내외에서 높아지고 있지만, 이전에도 유초 연계를 위한 목소리나 시도는 계속 존재하였다. 그러나 최근 유초 연계에서 차별적인 부분은 유초 연계의 필요성을 아동의 초등학교 입학이나 적응을 위한 준비도가 필요하다는 견해에서 벗어나 아동 삶의 연속성과 웰빙, 행복을 보장하기 위한 것으로 보는 관점으로의 변화이다.

국외 교육과정 문서에서도 유초 연계를 출발점 평등을 위한 아동의 권리를 보장하는 관점에서 접근한다. 유초 연계의 필요성을 아동의 학습이나 적응에 한정하지 않고 아동의 웰빙과 행복을 보장하는 방안으로 보고 있다. 즉, 유초 연계 측면을 고려하여 아동을 지원하는 것은 영유아교육기관이나 초등학교에서 학습자가 보장

받아야 하는 하나의 권리로 인식되고 있다. 늘봄학교에서 프로그램을 운영할 때도 이러한 아동권리 관점에 토대해야 할 것이다.

2) 교육내용상의 연계

유아와 초등 저학년에서 다루는 교육내용의 성격이 본질상 유사하다는 점에서 연계가 필요하다(장명림, 2012). 일반적으로 유아교육과 초등 저학년에서 경험하는 내용은 지식이라는 측면보다는 학습자의 경험과 주도성, 자율성 등을 인정하고 학습자 삶의 맥락 안에서 학습이 이루어지도록 하고 있다. 학교급이 달라진다고 하더라도 완전히 새로운 교육내용을 배우는 것이 아니라 수준과 표현 방법이 다른 내용을 서로 연결하기 위해서 연계가 필요하다. 특히 늘봄학교는 교과별 교육과정이나 성취기준보다는 아동의 흥미나 욕구 등을 중심으로 유초 연계 교육내용을 구성할 수 있기 때문에 유초 연계를 이해하는 것이 전제되어야 한다.

3) 아동발달의 연속성과 유사성

발달적 측면에서 유아와 초등 아동은 연속적이며 유사한 발달과제를 가지고 있으며, 인지적 · 언어적 · 정서적 · 사회적 · 신체적 발달상에 있어서 동질성이 있다(김경철 · 홍정선, 2003; 손지현 · 손여민 · 남상지, 2008). 이러한 동질성은 피아제, 에릭슨, 콜버그 등과 같은 발달심리학자들의 연구로 확인되었고, 교육계에서 일반적으로 받아들여지고 있다. 비록 개인차가 존재하기는 하지만 이 단계의 아동들이 공통으로 보이는 경향성이라는 점에서 연계의 필요성을 찾을 수 있다(장명림 외, 2012).

2019 개정 누리과정과 2022 개정 초등교육과정 간의 연계에 있어서 아동의 자율

성, 주도성, 생활 경험 반영, 학생의 삶과 성장 지원, 놀이, 신체활동 등을 공통으로 강조하는 부분은 아동발달의 연속성과 유사성을 보여준다. 특히 초등 저학년 통합교과 중 즐거운 생활은 놀이 중심의 교과로서 교과서 개발 및 편찬에도 놀이 중심의 성격이 드러나 유아와 초등 저학년 간의 연계를 구체적으로 보여준다.

4) 영유아교육의 효과 지속

영유아기의 탄탄한 출발은 미래 학습을 위한 중요한 기초를 제공하며, 미래의 성공에 필수적인 인지적, 사회 · 정서적 역량의 발달에 도움을 준다(OECD, 2017). 또한 영유아교육기관과 학교 간의 연계가 잘 준비되지 못했을 때 영유아교육에서 얻은 긍정적인 효과 중 일부가 초등학교에서 감소할 수 있다는 연구결과가 있다(OECD, 2017). 영유아교육에서 얻은 긍정적인 효과를 지속하기 위해서 연계가 중요하다. 예를 들면, 2019 개정 누리과정에서의 유아 중심 철학은 초등교육과정에서 학습자의 주도성으로 연결될 때 아동은 더 자율적인 태도로 자신의 삶을 살아갈 수 있는 역량을 꾸준히 발전시킬 수 있을 것이다.

4. 유아-초등 교육과정 연계

유아-초등 문서상 교육과정 연계를 알아보기 위해서 2019 개정 누리과정 해설서, 2022 초중등학교 교육과정 총론과 초등학교 교육과정을 살펴보기로 하자. 총론 측면에서는 구성의 중점, 목표와 세부 목표, 추구하는 인간상을 비교하고, 초등학교 편성 · 운영 기준 중에서 초등학교 저학년과 관련되어 유초 연계에 해당할 수 있는 부분을 발췌하여 정리하였다. 교수·학습에 해당하는 부분도 함께 비교하여 유초 연계 측면에서 얻을 수 있는 시사점을 기술하였다. 영역-교과 측면에서는 영역과 교과를 제시하고 시간 배당 기준과 목표를 살펴보았다.

1) 총 론

(1) 구성의 중점

2019 개정 누리과정과 2022 초등교육과정 구성의 중점을 살펴보기 전 누리과정의 성격을 총론에 제시하였다. 총론에 나타난 누리과정의 성격은 가) 국가수준의 공통성과 지역, 기관 및 개인 수준의 다양성 추구, 나) 전인적 발달과 행복 추구, 다) 유아 중심과 놀이 중심 추구, 라) 유아 자율성과 창의성 신장 추구, 마) 유아, 교원, 학부모 및 지역사회가 함께하는 실현 추구이다.

2019 개정 누리과정의 성격/ 구성의 중점과 2022 개정 초등교육과정 구성의 중점을 비교하면, 공통으로 학습자의 자율성과 주도성을 강조하고 개인의 행복, 다양한 교육 주체 간 협력의 필요성을 기술하고 있다. 누리과정에서 유아 중심, 놀이 중심의 교육과정을 표방하고 있으며, 초등교육과정에서는 맞춤형 교육과정, 학생의 삶과 연계된 학습, 학습에 대한 성찰을 강화하고자 한다.

〈표 4-1〉 누리과정과 초등교육과정 비교 : 구성의 중점

구 분	구성의 중점
2019 개정 누리과정	• 3~5세 모든 유아에게 적용 • 추구하는 인간상 구현을 위한 지식, 기능, 태도 및 가치를 반영하여 구성 • 5개 영역을 중심으로 구성 • 3~5세 유아가 경험해야 할 내용으로 구성 • 0~2세 보육과정 및 초등학교 교육과정과의 연계성을 고려
2022 개정 초등교육과정	• 미래 사회의 불확실성에 능동적으로 대응할 수 있는 능력과 자신의 삶과 학습을 스스로 이끌어가는 주도성을 함양 • 학생 개개인의 인격적 성장을 지원하고, 사회 구성원 모두의 행복을 위해 서로 존중하고 배려하며 협력하는 공동체 의식을 함양 • 모든 학생이 학습의 기초인 언어·수리·디지털 기초소양을 갖출 수 있도록 하여 학교교육과 평생 학습에서 학습을 지속 • 학생들이 자신의 진로와 학습을 주도적으로 설계하고, 적절한 시기에 학습할 수 있도록 학습자 맞춤형 교육과정 체제를 구축 • 교과 교육에서 깊이 있는 학습을 통해 역량을 함양할 수 있도록 교과 간 연계와 통합, 학생의 삶과 연계된 학습, 학습에 대한 성찰 등을 강화 • 다양한 학생 참여형 수업을 활성화하고, 문제해결 및 사고의 과정을 중시하는 평가를 통해 학습의 질을 개선 • 교육과정 자율화·분권화를 기반으로 학교, 교사, 학부모, 시·도교육청, 교육부 등 교육 주체들 간의 협조 체제를 구축하여 학습자의 특성과 학교 여건에 적합한 학습

(2) 목표와 세부 목표

2019 개정 누리과정과 2022 초등교육과정에 기술된 목표와 세부 목표는 다음과 같다. 목표를 살펴보면 누리과정에서는 건강, 발달, 인성, 민주시민이 키워드가 되고, 초등교육과정에서는 일상생활, 학습, 기본 습관, 기초 능력, 바른 인성을 키워드로 볼 수 있다. 인성이 목표에 공통으로 기술되어 있으며 초등교육과정에서 학습, 기본 습관, 기초 능력을 함양하는 데 목표를 두고 있다.

세부 목표를 보면 누리과정에서 세부 목표가 각 영역과 연관되어 있지만 5개 영

역의 목표와 일대일 대응 관계가 아님을 총론에서 밝히고 있다. 5개 영역의 통합적 성격을 보여주기 위함이다. 초등교육과정에서도 전체 교과를 통합한 세부 목표가 제시되었다. 세부 목표를 비교하면, 다른 단어를 사용하여 표현이 같지 않지만 내용은 유사한 부분이 많으며 초등교육과정에서는 풍부한 학습 경험을 통해 자신의 꿈을 키우도록 하는 부분이 누리과정과 비교하여 차별적인 부분이다. 공통으로 건강, 문제해결, 상상력, 아름다움, 배려 등과 같은 가치를 담고 있다.

〈표 4-2〉 누리과정과 초등교육과정 비교 : 목표/ 세부 목표

구 분	목표/ 세부 목표
2019 개정 누리과정	▶ 유아가 놀이를 통해 심신의 건강과 조화로운 발달을 이루고 바른 인성과 민주시민의 기초를 형성 가. 자신의 소중함을 알고, 건강하고 안전한 생활습관을 기른다. 나. 자신의 일을 스스로 해결하는 기초 능력을 기른다. 다. 호기심과 탐구심을 가지고 상상력과 창의력을 기른다. 라. 일상에서 아름다움을 느끼고 문화적 감수성을 기른다. 마. 사람과 자연을 존중하고 배려하며 소통하는 태도를 기른다.
2022 개정 초등교육과정	▶ 학생의 일상생활과 학습에 필요한 기본 습관 및 기초 능력을 기르고 바른 인성을 함양 1) 자신의 소중함을 알고 건강한 생활습관을 기르며, 풍부한 학습 경험을 통해 자신의 꿈을 키운다. 2) 학습과 생활에서 문제를 발견하고 해결하는 기초 능력을 기르고, 이를 새롭게 경험할 수 있는 상상력을 키운다. 3) 다양한 문화 활동을 즐기며 자연과 생활 속에서 아름다움과 행복을 느낄 수 있는 심성을 기른다. 4) 일상생활과 학습에 필요한 규칙과 질서를 지키고 서로 돕고 배려하는 태도를 기른다.

(3) 추구하는 인간상

2019 개정 누리과정과 2022 초등교육과정에서 추구하는 인간상을 비교하면 다

음과 같다. 누리과정에서는 추구하는 인간상이 5개로 제시되어 있는데 초등교육과정에 없는 건강한 사람이 추가되어 있다. 초등교육과정에서 교양 있는 사람에 해당하는 내용으로 감성이 풍부한 사람이 기술되었으며 영유아기의 건강을 강조한다는 의미에서 인간상으로서 건강한 사람은 여전히 중요하게 인식되고 있다.

초등교육과정에서 6개의 핵심역량을 제시하고 있으며, 이는 2015 개정 교육과정의 핵심역량을 유지하는 것으로 의사소통 역량을 협력적 소통 역량으로 개선한 것이다. 누리과정에서는 핵심역량을 제시하지 않고 있으나 영유아의 핵심역량에 대한 논의가 현재 다방면에서 이루어지고 있다.

〈표 4-3〉 누리과정과 초등교육과정 비교 : 추구하는 인간상/ 핵심역량

구 분	2019 개정 누리과정	2022 개정 초등교육과정
추구하는 인간상	• 건강한 사람 • 자주적인 사람 • 창의적인 사람 • 감성이 풍부한 사람 • 더불어 사는 사람	• 주도적인 사람 • 창의적인 사람 • 교양 있는 사람 • 더불어 사는 사람
핵심역량	-	• 자기관리 역량 • 지식정보처리 역량 • 창의적 사고 역량 • 심미적 감성 역량 • 협력적 소통 역량 • 공동체 역량

(4) 편성·운영

초등교육과정 편성 · 운영 기준 중에서 초등학교 저학년과 관련된 내용을 보면 다음과 같다. 누리과정과의 연계 측면에서 살펴보면 통합교과의 대주제 '학교'에서 학교적응활동을 운영하며, 한글 해득 및 익힘 시간을 확대하여 국어 시간을 34시간 증배하였다. 안전교육이 따로 이루어지지 않고 교과 및 창의적 체험활동으로 편성 · 운영된다. 특히 1~2학년 학생에게 실내외 놀이 및 신체활동의 기회를 충분히 제공하고자 하는 부분이 누리과정과 직접 연계되는 부분으로 놀이의 중요성을 초등학교에서 인정하고 있다. 1~2학년 대상으로 신체활동을 포함한 다양한 놀이의 기회가 제공되어야 한다.

〈표 4-4〉 초등교육과정 편성·운영 기준(저학년 관련)

1) 학교는 1학년 학생의 학교생활 적응 및 한글 해득 교육 등의 입학 초기 적응 프로그램을 교과와 창의적 체험활동 시간을 활용하여 진로연계교육으로 운영
2) 학교는 1~2학년 학생에게 실내외 놀이 및 신체활동의 기회를 충분히 제공
3) 1~2학년의 안전교육은 바른 생활·슬기로운 생활·즐거운 생활 교과의 64시간을 포함하여 교과 및 창의적 체험활동을 활용하여 편성·운영
4) 정보통신 활용 교육, 보건 교육, 한자 교육 등은 관련 교과와 창의적 체험활동 시간을 활용

(5) 교수·학습

2019 개정 누리과정과 2022 초등교육과정의 교수 · 학습에 기술된 내용이 모두 포괄적이라 문장을 비교하는 것은 무리가 있다. 하지만 학습자의 능동성, 학습의 즐거움, 다양한 학습(놀이) 방법, 실내외 환경 조성이 공통으로 나타난 부분이다. 유초 연계 측면에서 살펴보면 학습자가 주도적으로 즐겁게 배우고, 다양한 방법을 적용할 수 있으며, 환경적인 측면에서도 학습(놀이)이 잘 이루어지도록 지원해야 함을 알려준다.

〈표 4-5〉 누리과정과 초등교육과정 비교 : 교수·학습

구분	내용
2019 개정 누리과정	가. 유아가 흥미와 관심에 따라 놀이에 자유롭게 참여하고 즐기도록 한다. 나. 유아가 놀이를 통해 배우도록 한다. 다. 유아가 다양한 놀이와 활동을 경험할 수 있도록 실내외 환경을 구성한다. 라. 유아와 유아, 유아와 교사, 유아와 환경 간에 능동적인 상호작용이 이루어지도록 한다. 마. 5개 영역의 내용이 통합적으로 유아의 경험과 연계되도록 한다. 바. 개별 유아의 요구에 따라 휴식과 일상생활이 원활히 이루어지도록 한다. 사. 유아의 연령, 발달, 장애, 배경 등을 고려하여 개별 특성에 적합한 방식으로 배우도록 한다.
2022 개정 초등교육과정	1) 학교는 학생들이 깊이 있는 학습을 통해 핵심역량을 함양할 수 있도록 교수·학습을 설계하여 운영한다. 2) 학교는 학생들이 수업에 능동적으로 참여하고 학습의 즐거움을 경험할 수 있도록 교수·학습을 설계하여 운영한다. 3) 교과의 특성과 학생의 능력, 적성, 진로를 고려하여 학습 활동과 방법을 다양화하고, 학교의 여건과 학생의 특성에 따라 다양한 학습 집단을 구성하여 학생 맞춤형 수업을 활성화한다. 4) 교사와 학생 간, 학생과 학생 간 상호 신뢰와 협력이 가능한 유연하고 안전한 교수·학습 환경을 지원하고, 디지털 기반 학습이 가능하도록 교육공간과 환경을 조성한다.

2) 영역-교과

2019 개정 누리과정은 5개 영역으로 구성되어 있다. 5개 영역의 내용이 통합적으로 유아의 경험과 연계되도록 하며 바깥놀이를 포함하여 유아의 놀이가 충분히 이루어지도록 한다. 2022 개정 초등교육과정은 교과와 창의적 체험활동으로 편성한다. 창의적 체험활동은 자율 · 자치 활동, 동아리 활동, 진로 활동으로 구성되어 있다. 두 교육과정 모두 학습자의 경험을 바탕으로 하여 아동의 경험으로부터 교육과정을 구성하고자 한다.

〈표 4-6〉 누리과정과 초등교육과정 비교 : 영역/ 교과

구 분	2019 개정 누리과정	2022 개정 초등교육과정
영역/ 교과	• 신체운동·건강 • 의사소통 • 사회관계 • 예술경험 • 자연탐구	• 국어 • 수학 • 바른 생활 • 슬기로운 생활 • 즐거운 생활

누리과정은 영역별로 시간 배당을 하지 않으며 편성 · 운영에 1일 누리과정을 4~5시간 기준으로 편성해야 함을 밝히고 있다. 누리과정 시간 이후 보통 방과후 과정이 약 4시간 내외로 운영되고 있다. 초등교육과정 시간 배당 기준을 보면 1~2학년에서 1일 약 4.6시간(190일/ 1년 수업일수 기준)의 시간을 배당하고 있다. 정규 교육과정으로 편성된 시간 수는 누리과정이나 초등교육과정에서 유사하다.

〈표 4-7〉 초등교육과정 시간 배당 기준

구 분		1~2학년	3~4학년	5~6학년
교과(군)	국어	국어 482	408	408
	사회/ 도덕		272	272
	수학	수학 256	272	272
	과학/ 실과	바른 생활 144	204	340
	체육	슬기로운 생활 224	204	204
	예술(음악/ 미술)		272	272
	영어	즐거운 생활 400	136	204
	소계	1,506	1,768	1,972
창의적 체험활동		238	204	204
학년군별 총 수업 시간 수		1,744	1,972	2,176

누리과정 영역별 목표와 초등교육과정 1~2학년 교과의 목표를 간략하게 제시하면 〈표 4-8〉과 〈표 4-9〉와 같다.

〈표 4-8〉 누리과정 영역별 목표

영역	목표
신체운동·건강	• 실내외에서 신체활동을 즐기고, 건강하고 안전한 생활을 한다.
의사소통	• 일상생활에 필요한 의사소통 능력과 상상력을 기른다.
사회관계	• 자신을 존중하고 더불어 생활하는 태도를 가진다.
예술경험	• 아름다움과 예술에 관심을 가지고 창의적 표현을 즐긴다.
자연탐구	• 탐구하는 과정을 즐기고, 자연과 더불어 살아가는 태도를 가진다.

1~2학년 교과별 목표를 제시하였으나 국어나 수학의 경우 초등학교 전체 학년에 해당하는 목표를 진술하고 있어 통합교과의 목표, 형식, 내용 면에서 차이가 있다. 통합교과에서 말하는 '지금-여기-우리 삶'은 '학생이 지금-여기에서 개인이나 사회 구성원으로서 삶을 살아가는 역량'이고, 총론의 여섯 가지 핵심역량을 종합한 자질이며, 동시에 지금-여기의 삶을 충실하게 살아가는 가운데 불확실한 변화에 대처할 수 있는 미래 역량이다. 우리는 누구로 살아갈까, 우리는 어디서 살아갈까, 우리는 지금 어떻게 살아갈까, 우리는 무엇을 하며 살아갈까로 구성된 네 영역은 초등학교 1~2학년 학생이 살아가면서 지속적으로 탐구할 삶의 맥락과 존재에 대한 관심을 반영한 시간과 공간, 정체성과 주체성에 대한 근본적인 질문을 기준으로 설정하였다.

〈표 4-9〉 1~2학년 교과별 목표

교 과	목 표
국 어	• 국어 의사소통의 맥락과 요소를 이해하고 다양한 의사소통의 과정에 협력적으로 참여하면서 언어생활을 성찰하며 국어문화를 향유함으로써 미래 사회에서 요구되는 높은 수준의 국어 능력을 기른다.
수 학	• 수학의 개념, 원리, 법칙을 이해하고 수학의 가치를 인식하며 바람직한 수학적 태도를 길러 수학적으로 추론하고 의사소통하며 다양한 현상과 연결하여 정보를 처리하고 문제를 창의적으로 해결하는 수학 교과 역량을 함양한다.
바른 생활	• 공동체 구성원으로서 '지금-여기-우리 삶'의 문제를 성찰하고 실천한다.
슬기로운 생활	• '지금-여기-우리 삶'에 지속적으로 관심을 갖고 탐구한다.
즐거운 생활	• 놀이를 하면서 '지금-여기-우리 삶'을 즐긴다.

〈표 4-10〉 1~2학년 통합교과 내용체계 및 성취기준

영 역	핵심아이디어	범 주	내용요소		
			바른 생활	슬기로운 생활	즐거운 생활
우리는 누구로 살아 갈까	• 우리는 내가 누구인지 생각하며 생활한다. • 우리는 서로 관계를 맺으며 생활한다.	지식·이해	• 학교생활 습관과 학습습관 • 자기 이해 • 생태환경	• 학교 안팎의 모습과 성활 • 자아인식 • 가족과 주변 사람 • 사람·자연·동식물	• 건강과 안전 • 신체 인식과 감각 • 자연의 아름다운 장면
		과정·기능	• 습관 형성하기 • 관계 맺기	• 탐색하기 • 설명하기 • 탐구하기	• 놀이하기 • 소통하기 • 감상하기
		가치·태도	• 안전하고 건강한 생활 • 자기 존중 • 배려 • 더불어 사는 삶	• 안전한 학교생활	• 어울림 • 건강한 생활 • 안전한 생활

우리는 어디서 살아 갈까	• 우리는 여러 공동체 속에서 생활한다. • 우리는 삶의 공간을 넓히며 생활한다.	지식·이해	• 공동체 생활 모습 • 우리나라의 소중함	• 마을의 모습과 생활 • 우리나라의 모습과 문화 • 다른 나라의 모습과 문화 • 궁금한 세계	• 우리나라의 문화 예술 • 다른 나라의 문화 예술
		과정·기능	• 실천하기 • 호기심 갖기	• 살펴보기 • 조사하기 • 탐구하기 • 매체 활용하기 • 탐색하기	• 문화 예술 활동하기 • 표현하기 • 상상하기
		가치·태도	• 나라 사랑 • 다양성 존중 • 적극성과 도전의식	• 관심 • 호기심	• 문화 예술 향유
우리는 지금 어떻게 살아 갈까	• 우리는 여러 유형의 주기로 생활한다. • 우리는 과거, 현재, 미래를 생각하며 생활한다.	지식·이해	• 인물의 삶 • 지속가능한 삶의 방식	• 하루의 변화와 생활 • 계절과 생활 • 과거-현재-미래	• 자연의 변화 • 전통문화 • 아동권리
		과정·기능	• 하루 생활 관리하기 • 변화에 대응하기 • 실천하기	• 탐색하기 • 탐구하기 • 살펴보기	• 자연에서 놀이하기 • 창의적으로 표현하기 • 권리 누리기
		가치·태도	• 시간의 가치 • 적절성 • 공동체성 • 지속가능성	• 상상력	• 활기찬 생활 • 전통의 소중함 • 안전과 안녕
우리는 무엇을 하며 살아 갈까	• 우리는 경험하고 상상하고 만들며 생활한다. • 우리는 느끼고 생각하고 표현하며 생활한다.	지식·이해	• 모두를 위한 생활 환경 • 학습습관 • 생활습관	• 생활 도구의 모양과 기능 • 다양한 매체와 재료 • 관심 주제 • 배운 것과 배울 것	• 생각과 느낌

		과정·기능	• 참여하기 • 생각이나 의견 나누기 • 협력하기 • 되돌아보기	• 바꾸기 • 매체 활용하기 • 상상하여 구현하기 • 조사하기 • 연결하기 • 탐색하기	• 고치기와 만들기 • 놀이하기 • 전시하기 • 공연하기 • 경험 떠올리기
		가치·태도	• 모두를 위한 마음 • 개방성 • 자발성	• 창의성	• 자유로운 상상 • 의미 부여

5. 유초 연계를 고려한 늘봄아동 지원

초등학생의 학습, 적응, 성장을 넘어서 웰빙과 행복은 유아기의 경험과 연계되어 이루어질 수밖에 없다. 특히 늘봄학교는 교과별 교육과정이나 성취기준에 의거하여 경험이나 활동을 제한하지 않고 아동 개인의 일상 경험이나 흥미, 필요 등을 고려하여 더 폭넓은 경험을 제공할 수 있다. 이때 주로 초등 저학년인 늘봄아동을 지원하기 위해서 이전의 경험과 교육과정을 이해하고 아동의 경험이 자연스럽게 연계되도록 지원하는 것이 중요하다.

김호 외(2022)는 유초 연계의 원리로 계속성, 연결성, 다양성, 협력성을 제안하였다. 계속성은 영아기부터 초등학교에 이르기까지의 모든 교육에서 유사하거나 동일한 원리가 적용된다는 것으로, 좋은 교육의 지속, 동일한 가치와 원리의 연속성을 강조한다. 연결성은 학교급이나 교육과정 사이가 전체적 · 거시적인 접근의 관점에서 연결되어야 함을 의미하는 것으로, 유아와 유아, 유치원/ 어린이집과 초등학교 교육과정, 놀이와 배움에 대한 관점과 시각이 연결되어야 함을 보여준다. 협력성은 유초 연계 주체들이 협력적 관계에 기반하여 유초 연계교육을 위한 동력을 강화할 수 있음을 보여준다. 다양성은 유초 연계교육이 기관의 위계에 따라 특정 기관의 원리, 방법을 따르는 것이 아니라 유아, 기관, 학급의 특성을 고려한 다양성을 존중해야 함을 알려준다.

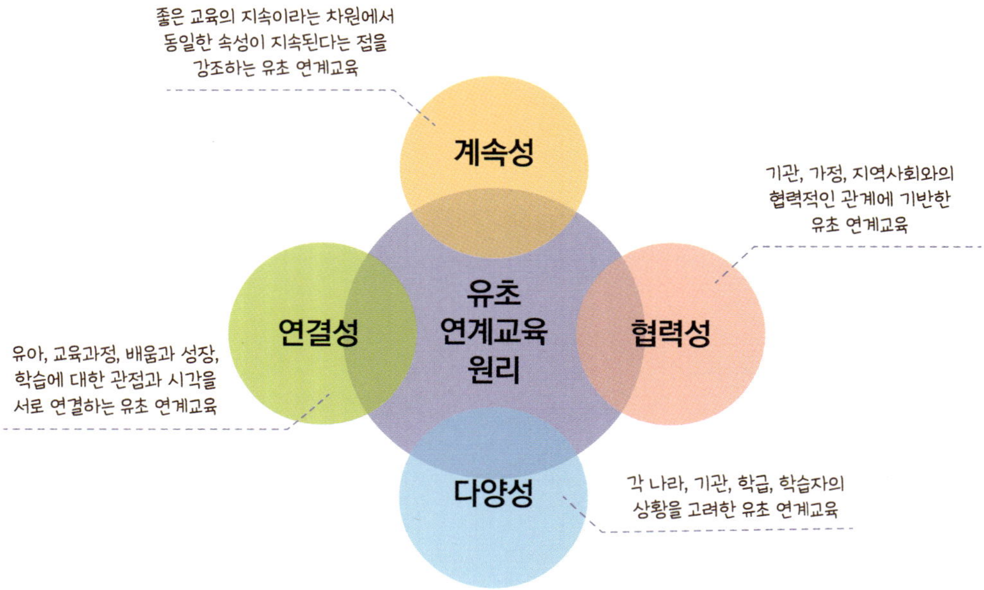

[그림 4-1] **유초 연계교육의 원리**

출처 : 김호 외(2022).

유초 연계의 원리를 고려하여 초등학생, 특히 저학년 초등학생을 지원할 수 있는 방안을 살펴보고자 한다.

1) 아동의 자율성과 권리 존중

초등학교 입학 전 아동은 2019 개정 누리과정 안에서 자신의 자율성을 인정받고 주도적으로 삶을 살아가는 연습을 해오고 있음을 인식할 필요가 있다. 아동에 대한 이러한 접근은 아동을 하나의 완전한 인격체로 존중하고 아동이 가진 천부적인 권리를 존중하는 것으로부터 시작된다.

'종이컵 하나로 이렇게 잘 노는구나. 교실 전체 놀이가 되었네.'

취학 전 유아는 자신만의 놀이를 해보고 친구들과 자유롭게 소통하면서 자율성을 키웠어요.

▶ 초등학교에서도 아동의 의견을 존중하고 스스로 할 수 있도록 도와주세요. 아동이 실수를 하거나 의사결정의 결과가 좋지 않더라도 연습을 하는 과정입니다.

[그림 4-2] **아동의 자율성과 권리 존중**

출처 : 교육부·보건복지부(2019).

2) 교사-유아 간의 정서적 관계 중요시

초등학교 입학 이후 아동의 학습준비도나 학업수행 수준 등에 따라서 아동-교사 간의 관계 수준이 다르게 나타나고, 이러한 차이는 다시 아동의 학업수행에 의미 있는 영향을 미친다(김성식, 2019). 장혜진(2018)의 연구에서도 초등교사가 인식하기에 초등학교보다 취학 전 기관에서 교사-아동 간의 심리적 거리가 더 가깝고,

이러한 정서적 관계가 아동의 초등학교 적응에 매우 중요한 변인임을 밝혔다. 영유아교육기관에서 일반적으로 아동이 교사와 더 정서적으로 밀접한 관계를 유지하는 것(예 일상생활에 대한 대화하기, 가벼운 스킨십하기 등)을 고려하면 아동과 교사가 정서적으로 서로를 이해하고 감정을 교류하는 것이 전제가 될 때 아동의 학습이나 발달을 긍정적으로 도와줄 수 있다.

- ***교사와 아동 간의 정서적 관계 돌아보기***
  - 내가 만나는 아동과 어떤 대화를 하고 있나요?
  - 아동에 대해서 얼마나 많은 것을 알고 있나요?
  - 아동과 정서적으로 어느 정도 상호작용하고 있나요?
  - 아동을 정서적으로 지지하기 위해서 어떤 방법이 있을까요?

3) 아동의 적응, 성장, 행복을 위한 놀이 지원

영유아기에 경험하는 놀이를 통해 아동의 적응, 성장, 행복 측면에서 기대할 수 있는 효과는 무궁무진하다. 취학 전 기관에서 아동은 다양한 놀이 경험 안에서 자신을 발견하고 성장하는 경험을 해오고 있다. 놀이 중심의 원리는 영유아교육에서만 중요하게 생각하는 철학이 아니며, 2022 개정 초등교육과정에서도 즐거운 생활을 놀이 중심의 교과로 기술하고, 바깥놀이나 신체놀이의 중요성을 강조하고 있다. 학교생활 부적응 아동에게도 놀이가 자아존중감이나 회복탄력성, 자기조절능력 등의 측면에서 긍정적인 영향을 미치고 있음을 연구에서 확인한 바 있다(이미나, 2011; 정유미 · 전순영, 2016).

초등학교 저학년의 발달단계를 고려하면 놀이를 통해 아동의 적응, 성장, 행복을 지원하는 것이 여전히 중요하다. 교육내용이나 아동의 경험, 흥미에 따라 놀이가 달라질 수 있지만, 기본적으로 놀이가 가진 본질적 특성인 긍정적 정서, 비실제성, 내적 동기, 자유 선택, 과정지향성을 고려하여 놀이를 지원할 수 있다. 예를 들면, 정수경(2010)의 연구는 놀이 중심의 자기표현훈련을 실시한 결과 초등학교 1학년의 발표불안을 줄이고 학교생활 적응을 높이는 데 효과가 있음을 보여주었다.

초등학생도 블록 놀이를 좋아하고, 놀이하면서 성장해요.

▶ 유아의 블록 놀이에 비해서 초등학생은 더 정교하고 복잡한 블록 놀이를 할 수 있어요. 다양한 블록과 다른 재료를 함께 제공해 보세요.
아동이 즐겁게, 상상하면서, 자기가 하고 싶은 놀이를 선택하고, 결과보다는 과정을 즐기도록 지원해 주세요.

[그림 4-3] **아동의 적응, 성장, 행복을 위한 놀이 지원**

출처 : 교육부·보건복지부(2019).

4) 부모를 위한 다양한 지원

초등학교 저학년 자녀를 둔 부모는 자녀의 학년이 높아질수록 자녀에게 행동적 통제를 높게 사용하며, 부모가 자녀에게 사회적 상황에서의 규칙을 준수하도록 하고 행동적 · 적극적으로 지도하는 부모의 자녀는 학업성취와 행복감이 높은 경향이 있다(김충일 · 권윤정, 2018). 이는 일상생활에서 규칙을 지키고 사회적 기준을 배우도록 도와주는 부모의 양육행동이 자녀의 학업수행과 행복감에 긍정적인 영향을 미침을 뜻한다. 이렇듯 부모의 역할에 따라 자녀의 학업이나 정서가 달라질 수 있다.

초등학생은 여전히 기본생활습관의 형성이 이루어지는 시기이며, 사회 · 정서적으로 다른 사람과 교류하고 다양한 상호작용을 경험하면서 성장한다. 이 시기에 여전히 자기중심적인 사고를 할 수도 있고, 도덕성의 측면에서 친사회적 행동을 하더라도 실상은 자신의 이익을 고려한 결정일 수도 있다. 아동의 이러한 발달적 측면을 고려하면 아동의 사회 · 정서적 역량을 증진시키기 위한 부모 교육이 필요하다. 초등학교 교사 대상 조사에서도 다른 역량에 비해 아동의 사회 · 정서적 역량을 높게 요구하는 것으로 나타난 바 있다(박은혜 외, 2023).

또한 2022 초등 통합교육과정(바른 생활, 슬기로운 생활, 즐거운 생활)에서 학생의 공통 기능 여덟 가지(준비하기, 질문하기, 계획하기, 조사하기, 관련짓기, 의논하기, 나타내기, 평가하기)를 제안하고 있다. 이는 학습을 위한 기초 기능이 되기도 하지만 창의적으로 사고하고 다른 사람과 협력하는 데도 필요한 기능이다. 교육과정에서 필요로 하는 아동의 기능, 태도, 가치 등이 무엇인지를 알려주는 것도 부모 지원 방안이다.

끝으로 부모는 자녀의 경험, 흥미, 필요 등에 따라 다양한 요구를 가질 수 있음을 고려해야 한다. 예를 들어, 다문화가정에 대해 편견이 있는 교사는 필리핀 어머니를 경험하고 난 이후 새로운 필리핀 어머니를 만나는 경우 이전의 어머니와 마찬가지일 것으로 일반화해 버릴 수가 있다. 이는 개인이 가진 하위문화를 인식하지 못하고 개별적 맥락을 파악하지 못했기 때문이다. 부모의 요구는 자녀나 가정의 맥락에 따라 다양할 것이며, 각 아동을 지원하기 위해 부모와의 충분한 소통 및 가정에 대한 이해가 전제되어야 한다.

CHAPTER 05

늘봄(방과후)프로그램 운영 1 : 교수학습

1. 교수학습의 개념

1) 교 수

일반적으로 교수(teaching)는 지식이 있는 사람이 지식이 없거나 부족한 사람에게 지식을 전달해 주는 사회적 전이 과정을 말한다. 즉, 지식을 가진 사람이 지식이 없는 상대에게 지식을 전달하여 행동이나 기술, 태도의 변화를 이끌어 내려는 목표를 지닌 행동을 교수라 할 수 있다(Strauss, Ziv & Stein, 2002). 따라서 늘봄학교에서 교수란 교사가 의도적으로 계획하고 실천하는 모든 교육적 활동이며, 교수 과정은 교육목표, 교수자, 교육내용, 학습자, 교수방법, 그리고 환경 등 다섯 가지 요소의 관계 속에서 이루어진다(한국아동교육학회편, 1996).

이와 같이 교수는 일반적으로 아동이 지식을 습득하는 방법인 동시에 인간만이 가지고 있는 고유한 특성으로 아주 어린 아동들부터 자연스럽게 인지해 간다. 교수의 특성은 다음과 같다(Strauss et al., 2002, 윤복희, 2011 재인용).

- 영장류들도 새끼를 가르치는 경우가 있지만, 이는 생존을 위한 것으로 교수는 인간만이 가지고 있는 종 특유의 현상이다.
- 시대와 사회, 지역을 막론하고 대부분의 사람들은 가르치기도 하고, 가르침을 받기도 하므로 교수는 보편적인 행동이다.
- 다른 사람을 잘 가르치려면 마음, 정서, 동기를 알고 반영하고, 여러 가지 추론을 해야 하므로 교수는 복잡한 계획이다.
- 교사의 질문, 요구, 시범, 설명 등 눈에 보이는 행동을 통해 학습이 이루어졌는지를 점검하기도 하지만, 교수는 교사의 의도나 추론 등 눈에 보이지 않는 경우가 많다.
- 일반적인 사회적 상호작용과 교수 사이의 결정적 차이는 활동의 기저에 있는 의도(학습자의 지식 증진)이므로 교수는 특별한 사회적 상호작용이다.
- 교수 없이도 학습이 일어나기도 하며, 이를 '훈육되지 않은 인지(unschooled cognition)'라고 부른다.
- 아직 가르치는 것을 배우지 못한 아동도 다른 사람을 가르치려는 것을 보면 교수는 자연스러운 인지능력이다.

2) 학 습

학습(learning)이란 아동이 새로운 지식과 기술을 배우는 것으로서, 개인의 행동이 비교적 지속적으로 변화하고 안정화되어 이후의 행동에 효과를 갖게 된 경우를 말한다. 아동뿐 아니라 모든 인간은 학습을 필요로 하는 존재이며, 학습을 필요로 하는 한 어떠한 형태로든 교육이 필요하게 된다.

학습(學習)이라는 단어는 논어의 첫 구절인 학이시습지불역열호(學而時習之不亦悅乎)에서 유래한 것으로 보인다. 학(學)은 무엇인가 새로운 것을 탐구하고 배우는 것, 습(習)은 배운 것을 반복하여 익혀 내 것으로 만드는 것을 의미한다(https://namu.

wiki/). 한편 아동발달에 관한 심리학 이론의 하나인 학습이론(learning theory)은 반복훈련과 기계적인 습관형성을 중요시하는 행동주의나 아동의 모방행동을 강조하는 사회학습이론 등 수동적 아동관을 가지고 있다. 이에 아동의 흥미와 관심을 강조하는 아동중심 교육과정을 표방하는 2019 개정 누리과정에서는 학습이라는 용어를 사용하기보다는 '배움'이라는 단어를 사용하고 있다. 즉, 놀이하는 아동은 유능한 존재이고 놀이는 아동의 배움이 가장 잘 이루어질 수 있는 방식이며 아동에게 놀이는 배움이자 삶이라는 것이다(교육부 · 보건복지부, 2019b).

3) 교수학습의 개념

과거 '교육=가르치기'라고 보던 시절에는 교육은 교수라는 말 자체였다. 학습자가 배울 내용을 교사가 잘 조직하여 배열하고 이에 적절한 방법으로 제공한다면 무엇이든 가르칠 수 있다고 여겼던 것이다. 그러나 가르치기, 즉 교수도 중요하지만, 이 과정에서 학습자의 역할이 중요하다는 인식이 생겨나면서 교육을 더 이상 교수가 아니라 교수학습의 관점에서 보게 되었다. 그리하여 오늘날에는 교수와 학습은 가르치기와 배우기라는 서로 다른 개념이지만, 완전히 별개의 것이 아니며, 연결된 개념으로 파악되고 있다. 즉, 교육상황에서 교수와 학습을 분리하여 다룰 수 없으며, 교수자와 학습자는 상호 의존의 관계로 서로 협력해 나가야 하는 존재들이다. 교수학습방법은 언제, 어떠한 환경에서, 누가, 무엇을, 어떻게 가르치고 배우는가 하는 교육의 전체 과정에서 '어떻게'에 해당한다(김금주, 2012). 이러한 맥락에서 교수학습방법은 주체가 누구냐에 따라 크게 두 가지 유형으로 분류된다(김신옥 · 민혜영 · 김영희, 2015).

① 교사중심적 교수학습방법

교사의 주도하에 교수학습 과정이 이루어지는 것이 특징이다. 교사는 교과의 전문가로서 교육내용을 선정하고 교육방법을 채택하는 권한을 갖는다. 학습자는 근본적으로 능동적인 참여자가 아니라 교사의 지시에 따라 행동하는 수동적인 존재이다. 따라서 교사의 일방적인 설명이 주를 이루게 된다.

② 아동중심적 교수학습방법

교수학습 과정에서 아동의 흥미나 욕구, 능력 등이 중요시된다. 교수학습 과정에서 아동의 가르치고 배우는 내용의 선택이나 방법, 절차 등이 교사와 아동의 협동적 계획에 의해 정해진다. 따라서 근본적으로 아동의 자발적인 참여가 교수학습 과정의 필수 요소가 된다.

[그림 5-1] **교사중심 교수학습방법(좌)과 아동중심 교수학습방법(우)**

오늘날에는 교사가 일방적으로 학습을 계획하고 수업을 통제하는 것이 아니라 아동의 학습을 도와준다는 점에서 교수학습의 주체가 교사에서 아동으로 옮겨가도록 요구되고 있다. 따라서 늘봄교사는 아동의 흥미와 관심, 개별 특성을 존중하고, 아동의 다양한 놀이와 경험을 지원할 수 있도록 공간을 구성하며, 자료와 시간을 조직하고 상호작용에 변화를 주어야 한다.

2. 교수학습에 영향을 미치는 요인

교수학습에는 발달수준, 기질, 사전지식 등 아동과 관련된 요인, 교수효능감, 인성 등 교사와 관련된 요인, 그리고 물리적 환경, 인적 환경, 학습 상황 등 교육환경 요인이 영향을 미친다.

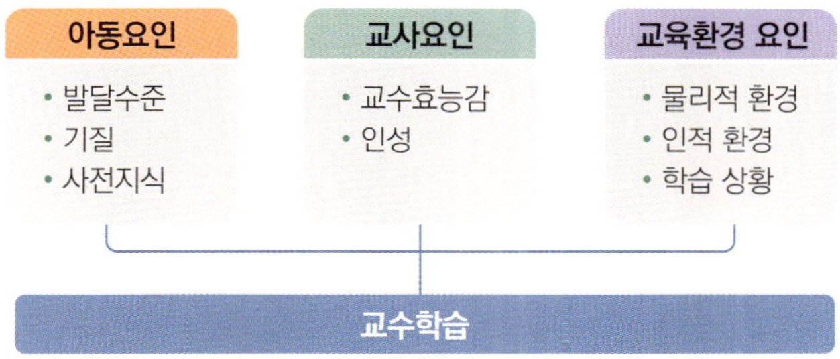

[그림 5-2] 교수학습에 영향을 미치는 요인

1) 아 동

동일 연령 학급의 아동이라도 성별, 인종, 민족, 종교, 장애, 가정환경, 사회계층 등 인구통계학적 변인뿐 아니라 다음과 같은 측면에서 다양한 특성을 보이므로 똑같은 아동은 존재하지 않는다. 이와 같은 학습대상자인 아동의 특성은 교수학습의 과정이나 결과에 커다란 영향을 끼친다.

(1) 발달수준

아동을 위한 교수학습은 일차적으로 발달적으로 적합해야 한다. 이러한 측면에서 NAEYC(1986)는 발달적 적합성의 두 가지 차원, 즉 연령적 적합성과 개인적 적합성이라는 개념을 제시했다.

① 연령적 적합성

일정 연령에서의 모든 발달 측면(정서적 · 사회적 · 인지적)은 보편적이고 예측 가능한 성장과 변화의 순서를 거친다는 것이다. 즉, 아동들은 각 연령마다 연령 특유의 발달 특성을 보인다. 따라서 교사는 각 연령 범위 내의 아동의 전형적인 발달 패턴을 꿰뚫고 있어야 아동의 발달적 특성에 맞는 수업을 계획할 수 있다.

② 개인적 적합성

같은 연령의 아동일지라도 특정한 인지발달 단계에 도달하는 데에는 수주, 수개월 심지어 1~2년의 차이가 있을 수 있다. 예를 들어, 늘봄학교에 처음 온 아동 중에 글자를 전혀 못 읽는 아이부터 받침 없는 쉬운 글자만 읽는 아이, 책을 술술 혼자 읽는 아이가 있을 수 있다. 이러한 경우 동일한 학습환경이나 과제를 제공하더라도 아동마다 각기 다른 수준에서 각기 다른 과정을 통해 학습할 것이며, 이에 따라 학습결과도 차이가 있게 마련이다. 따라서 늘봄교사는 개인적 적합성, 즉 아동 개개인이 각기 다른 발달 패턴과 속도를 갖고 있음을 인식하고, 개별 아동의 수준에 맞추어 교수학습 활동을 융통성 있게 조절하는 개별화 교육을 실시해야 한다.

(2) 기질

기질은 개인의 행동을 결정짓는 기본적인 양식으로 유전의 영향을 받아서 생애 초기부터 나타난다. 기질은 활동성, 규칙성, 새 자극에 대한 접근-회피, 적응성, 반응의 역치, 반응의 강도, 기분 상태, 주의 산만, 주의집중/ 지속성 등의 아홉 가지 요소로 구성되며, 이러한 요소들이 어떻게 조합되는가에 따라 아동은 대개 순한 아이, 까다로운 아이, 더딘 아이 등 세 가지 유형으로 분류될 수 있다.

① 순한 기질

순한 기질의 아동은 생리적 리듬(수면, 식사)이 규칙적이고, 온화하고 긍정적인 기분을 보이며, 화가 나도 달래면 쉽게 가라앉는다. 또한 이들은 처음 보는 아이들과도 잘 어울리는 등 새로운 상황에 쉽게 적응하며, 과제를 한번 시작하면 끝까지 해내는 특성이 있다. 따라서 늘봄교사의 입장에서는 수월한 아이이므로 순한 기질의 아동은 교사의 관심을 받지 못할 위험성이 있음을 유념할 필요가 있다.

② 까다로운 기질

까다로운 기질의 아동은 생리적 리듬이 불규칙하고, 반응의 강도가 높고 산만하며, 새로운 상황에 쉽게 적응하지 못한다. 늘 어딘가 불편한 기분이고 이를 강하게 표현한다. 따라서 교사에게 많은 인내심과 체력, 자원이 요구된다. 대신 이들은 활동적이며 호기심이 많아서 자신이 좋아하는 일에 몰입하는 경향이 있다. 늘봄교사는 이러한 긍정적인 면을 보고 이를 수용할 수 있는 환경을 조성하는 것이 좋다. 또한 까다로운 기질의 아동을 지도하기 위해 하지 말아야 할 행동에 대해 충분히 이야기하고 함께 약속을 만드는 것이 효과적이다.

③ 더딘 기질

더딘 기질의 아동은 긍정적이든 부정적이든 반응의 강도가 약하고, 수줍음이 많으며, 새로운 상황에 적응하는 데 시간이 오래 걸리는 특성이 있다. 즉, 처음 만나는 사람이나 새로운 과제에 대해 불안해하지만, 시간이 지나면 적응하고 흥미를 나타낸다. 그리고 한번 적응한 것에는 좀처럼 변덕을 부리지 않는다. 따라서 늘봄 교사는 이들의 기질을 이해하고 존중하며 조급함을 버리고 기다려주며 잘한 것을 크게 칭찬해 주는 것이 좋다.

이와 같은 아동의 다양한 특성은 교사로 하여금 그 아동을 순한 아이나 까다로운 아이 혹은 더딘 아이라고 생각하기 시작하고, 기질에 따라 행동을 기대하거나 강화해 가게 된다.

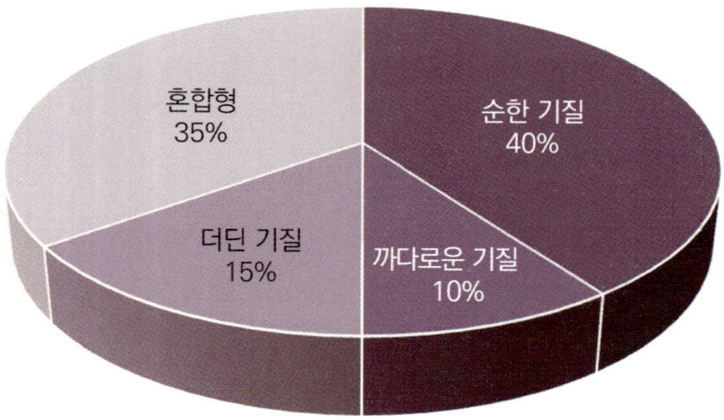

[그림 5-3] 기질의 유형

(3) 사전지식

사전지식이란 아동이 일상생활 등을 통해 이미 알고 있는 지식을 말한다. 아동은 출생 순간부터 자신을 둘러싼 물리적 · 사회적 환경과의 상호작용을 통해 다양한 지식을 구성하며, 아동의 사전지식은 개인차가 있다. 예를 들어, 농촌 지역의 아동은 도시 지역의 아동보다 식물의 이름이나 생김새에 대한 사전지식을 더 많이 갖고 있을 것이다. 그리고 이러한 사전지식의 정도에 따라 어떤 아동은 특정 영역에서 우수한 능력을 보일 수 있다.

늘봄프로그램을 담당하는 교사는 아동의 사전지식이 어느 정도인지를 평가하여 교수의 출발점으로 삼아야 한다. 예를 들어, 전통문화에 대한 아동의 사전지식은 전통문화에 대한 수업을 진행하는 데 영향을 미칠 수 있다. 따라서 전통문화는 민속놀이나 송편 등 전통음식을 많이 접하는 추석쯤 실시하는 것이 효과적이다. 사전지식이 많을수록 교수의 필요성은 줄어드는 반면 학습 효과는 증가한다. 사전지식이 아동의 학습에 방해가 되는 경우도 있다. 예를 들어, 부정확한 사전지식을 가졌을 경우 아동은 새로운 정확한 지식을 학습했음에도 불구하고, 기존의 지식을 수정하거나 새로운 지식을 구성하는 것을 거부할 수 있기 때문이다(김금희, 2012). 그러나 교사는 아동의 사전지식이 옳지 않더라도 이를 수용해 주는 것이 필요하다.

2) 교 사

흔히 교육은 교사의 질을 넘지 못한다고 말한다. 이는 늘봄학교의 성공을 결정짓는 중요한 요인이 늘봄교사임을 뜻한다. 늘봄교사의 연령이나 경력, 학력뿐 아니라 전문성과 관련된 특성들은 교수학습의 과정과 결과에 많은 영향을 미친다. 늘봄교사의 유형과 배경은 다양하므로 늘봄학교에서는 개별 교사의 특성이 교수학습에 미치는 영향력은 더욱 크다고 할 수 있다.

(1) 교수효능감

늘봄교사는 아동을 가르치는 자신의 능력에 대하여 자신감을 느낄 필요가 있다. 교사가 아동을 가르치는 것을 편안해하지 않음을 아동이 알아차린다면 학습이 성공적으로 이루어지기 어렵고, 교사가 아동을 가르치는 데에 자신감을 가지고 있어야 아동도 학습에 대해 긍정적인 태도를 갖고 적극적으로 학습에 임할 수 있기 때문이다.

이와 같이 늘봄교사 자신의 교수 능력에 대한 자신감, 즉 교수효능감은 교사의 교수방법에 직접적인 영향을 미친다. 일반적으로 교수효능감이 높은 교사들은 자신이 아동에게 긍정적 영향을 미칠 수 있다고 인식하므로 성취에 대해 기대를 하고 지도하게 된다. 또한 수업을 계획할 때에도 아동을 포함시키는 등 민주적 의사결정을 하며, 아동의 내적 흥미와 자기주도학습의 발달을 지원하기 위해 탐구중심, 아동중심 교수 책략을 사용하는 경향이 있다. 이와 같은 아동과 긍정적인 관계 형성은 다양한 활동을 통해 긍정적 경험과 결과를 낳는다. 반면 교수효능감이 낮은 교사들은 아동의 반응을 기다리기보다는 답을 말해주며, 직접적인 강의나 교과서 읽기 등의 교사중심 책략을 사용하는 것으로 나타난다(박혜경, 2018; 한유미, 2003).

한편 교수효능감이 높은 교사 중에는 오히려 잘못된 강한 확신으로 인하여 교수실제에 문제를 일으킨다는 입장도 있다(조부경 · 서소정, 2001). 예를 들어, 자신이 가르치는 일에 대해 뭐든 잘 알고 있다는 신념이 지나치게 강한 경우 자신의 교수방법을 개선하려 하지 않을 수 있다. 이와 같이 교수효능감은 늘봄교사의 교수 능력에 개인차를 가져오는 중요한 변인으로 수업의 실제로 이어지므로 교수효능감을 효과적으로 길러줄 수 있는 기회가 제공되어야 한다.

[그림 5-4] 늘봄교사 역량강화를 위한 공모전

[그림 5-5] 늘봄학교를 주제로 한 학술대회

<Activity> 나의 교수효능감 측정하기

	전혀 그렇지 않다	그렇지 않다	보통이다	그렇다	매우 그렇다
1. 나는 학생들의 어려운 질문에도 잘 대답해 줄 수 있다.	①	②	③	④	⑤
2. 나는 수업한 학습내용에 대한 이해 정도를 측정할 수 있다.	①	②	③	④	⑤
3. 나는 학생들에게 적절한 질문을 할 수 있다.	①	②	③	④	⑤
4. 나는 학생 개개인의 수준에 맞게 수업을 진행할 수 있다.	①	②	③	④	⑤
5. 나는 다양한 평가방법을 활용할 수 있다.	①	②	③	④	⑤
6. 나는 학생들이 활동이나 수업에 대해 이해 못 할 때 다양한 방법과 사례를 제시할 수 있다.	①	②	③	④	⑤
7. 나는 학생들의 학습수준을 고려하여 교수학습지도안을 작성할 수 있다.	①	②	③	④	⑤

8. 나는 학업수준이 높은 학생들을 위해 적절한 수준의 학습 목표와 과제를 제시할 수 있다.	①	②	③	④	⑤
9. 나는 수업을 방해하는 학생들의 행동을 통제할 수 있다.	①	②	③	④	⑤
10. 나는 학생들이 즐거운 학교생활을 하는 데 긍정적인 영향을 미칠 수 있다.	①	②	③	④	⑤
11. 나는 학생들의 원활한 활동과 수업을 위해 학급관리를 잘할 수 있다.	①	②	③	④	⑤
12. 나는 학생들이 학급의 규칙을 잘 지키도록 할 수 있다.	①	②	③	④	⑤
13. 나는 수업을 방해하거나 시끄러운 학생들을 조용히 시킬 수 있다.	①	②	③	④	⑤
14. 나는 학급운영에 있어서 융통성을 발휘하여 필요시 대안적인 전략을 실행할 수 있다.	①	②	③	④	⑤
15. 나는 몇몇의 학생들에 의해 전체 수업이 방해되지 않도록 할 수 있다.	①	②	③	④	⑤
16. 나는 반항적인 학생들의 행동에 잘 대처할 수 있다.	①	②	③	④	⑤
17. 나는 학교생활 부적응학생을 다룰 수 있다.	①	②	③	④	⑤
18. 나는 학생들이 비판적 사고를 키울 수 있도록 도울 수 있다.	①	②	③	④	⑤
19. 나는 학업에 흥미가 부족한 학생들에게 동기를 부여할 수 있다.	①	②	③	④	⑤
20. 나는 학생들에게 학업을 스스로 잘 수행할 수 있다는 믿음을 줄 수 있다.	①	②	③	④	⑤
21. 나는 학생들의 학습활동에 긍정적인 영향을 줄 수 있다.	①	②	③	④	⑤
22. 나는 학생들의 창의력을 촉진할 수 있다.	①	②	③	④	⑤
23. 나는 학습에 어려움을 겪는 학생들의 이해력을 향상시킬 수 있다.	①	②	③	④	⑤
24. 나는 학생들이 학교생활을 잘할 수 있도록 부모와 상담하고 지원할 수 있다.	①	②	③	④	⑤

출처 : 김영해(2017).

(2) 교사의 인성

늘봄교사는 투철한 사명감을 가지고 있어야 한다. 즉, 사람을 가르치고 키우는 일이야말로 세상의 그 어떤 직업보다 즐겁고 보람된 일로 생각해야 한다. 아동을 가르치는 일에 소명의식을 가지고 임하는 교사라면, 아동의 학습과 발달을 기쁜 마음으로 지켜보고 그들을 가르치는 일에 열의를 보이게 마련이다. 늘봄교사의 열의는 아동의 학습에 강한 유인책이 되어서 아동의 발달을 지원하게 될 것이다. 그러나 교사의 열의는 아동의 발달수준이나 발달적 요구에 부응해야 한다. 교사의 열의가 과대할 경우 자칫 아동에게 교수 압력으로 비칠 수 있기 때문이다(이순형, 2007). 또한 교사가 아동의 발달수준에 대해 잘못된 믿음을 가지는 경우 불필요한 교수 행위를 하거나 꼭 필요한 학습을 생략하는 일이 발생할 수 있다. 예를 들어, 교사가 아동의 지식을 과소평가하는 경우에는 이미 알고 있는 것을 이중으로 가르치는 우를 범할 수 있고, 반대로 과대평가하는 경으에는 아동의 학습 기회가 상실될 수도 있다(Ziv & Frye, 2004, 윤복희, 2011 재인용).

따라서 늘봄교사는 수용적인 자세를 가지고 아동을 대해야 한다. 아동의 발달 특성을 정확히 이해하고 이들의 실수를 용인하는 인내심을 갖고 있어야 한다. 한마디로 교사는 성숙한 사람이어야 한다. 성급한 고사는 내적 변화에 의한 아동의 점진적인 인지발달을 지켜볼 여유가 없기 때문에 조급하게 학습을 강요할 수 있으며, 정서적으로 안정되지 못한 교사는 아동에게 혼란된 메시지와 정서적 자극을 주어 이들을 불안케 할 수 있다(이순형, 2007).

3) 교육환경

(1) 물리적 환경

오늘날 늘봄학교가 아동기의 중요한 환경으로 자리 잡게 되었다. 아동은 흥미와 호기심으로 주변 환경을 끊임없이 탐색하고, 구체물을 통해 알고자 하는 욕구를 채워나가는 존재이기 때문에 늘봄교실의 물리적 환경에 따라 아동의 학습과 발달은 달라질 수밖에 없다. 예를 들어, 물리적 공간이 협소하면 아동은 활동적인 신체놀이보다는 조용한 놀이를 택하게 되고, 소음으로 인해 교사의 말에 주의를 집중하기 어려울 것이다. 또한 아동의 흥미에 부합되는 다양한 그림책이 구비되어 있다면 아동은 자발적으로 책 읽기를 시도할 것이다.

물리적 환경을 구성할 때에는 가능한 안정되고 편안한 조건을 제공하고, 집단의 특정 요구, 연령에 따른 발달수준의 요구, 개별 아동의 요구 및 교육과정 특성에 따른 요구에 맞추어 계획·구성해야 한다. 실제로 물리적 환경이 좋은 기관에서 교육을 받는 아동은 언어나 인지적 기능뿐 아니라 사회적인 면에서도 뛰어나 사교적이고 감정이입이 잘되며 정서적으로 잘 적응하고 친사회적인 행동을 보이며, 또래와의 상호작용에서도 긍정적이고 적극적인 것으로 발견된다. 또한 물리적 환경이 좋을수록 교사와 아동 간의 상호작용도 다양하게 나타나므로(장현주, 2004), 물리적 환경은 교사와 아동 간의 상호작용을 통해 아동의 교수학습 활동에 간접적인 영향도 미친다.

늘봄학교는 전용교실을 활용하는 것이 바람직하지만, 활용 가능한 교실이 없는 경우 겸용교실을 이용한다. 겸용교실은 저학년 교실 등 일반교실 또는 도서실, 미술실, 음악실 등의 특별실을 활용하는 것을 말한다. 겸용교실은 시간대별로 달리 활용한다 하여도 서로 다른 공간환경 특성 때문에 돌봄기능뿐 아니라 일반교실의 기능도 저하시키는 경우가 있으므로 유의해야 한다. [그림 5-6]은 이질적인 시설이 한 공간에 혼재함으로써 산만해질 수 있는 겸용교실의 문제점을 가변형 가구와 공간구성으로 해결한 위례별 초등학교 사례이다(김소라, 2021).

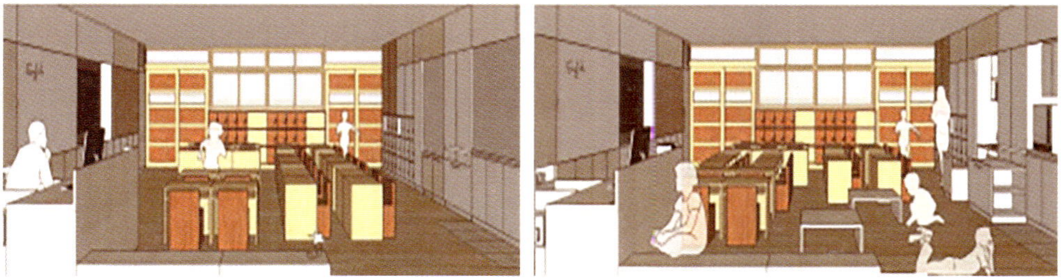

[그림 5-6] **가변형 돌봄교실 : 정규수업시간(좌), 돌봄시간(우)**

출처 : 김소라(2021).

이상과 같이 교실공간 구성, 각종 시설 및 설비, 교재 · 교구의 비치 및 제공 등 늘봄교실의 물리적 환경은 아동의 교수학습에서 중요한 기능을 한다.

(2) 인적 환경

인적 환경은 교사 대 아동 비율과 학급 규모 등 두 가지로 나누어 생각할 수 있다.

① 교사 대 아동 비율

교사 대 아동 비율은 교사 1인이 담당하는 아동의 수로서 교수활동을 강조하는 입장이며, 학급 규모는 학습자의 행동에 초점을 둔 입장이다. 일반적으로 교육현장에서는 효과적인 교수학습이 일어나기 위한 조건으로 교사 대 학생 비율을 제시하고 있다.

② 학급 규모

아동발달에 결정적인 요인은 교사 대 아동 비율이 아닌 학급 규모라는 주장이 대두되고 있다. 즉, 소규모 학급에서는 아동이 기다리거나 전이하는 데 드는 시간이 줄어들기 때문에 실제적인 교육활동 시간이 증가하고, 이로 인해 학습 밀도가 향상된다는 것이다. 예를 들어, 학급 규모가 작을수록 아동과 교사의 상호작용, 교사의 발표 기회 제공 및 아동의 발표 행동이 증가한다. 그리하여 교사들은 소규모 학급에서 좀 더 효과적인 교수활동이 이루어진다고 말한다.

반면 운영자들은 학급 규모를 줄이기보다 교사 대 아동 수의 비율을 낮추려 하는 경향이 있다. 그러나 30 : 2와 15 : 1의 교사 대 아동 비율은 비록 교사 1인이 상호작용하는 아동의 수는 동일할지라도 공간 밀도는 다르다. 특히 어린 아동의 경우에는 교실 안에서 많은 사람들의 움직임이나 소음에 의해 쉽게 놀래므로 학급 규모가 큰 것은 바람직하지 않다.

(3) 학습 상황

① 대집단 활동

대집단 활동은 학급 전체의 아동을 대상으로 교사가 동일한 학습내용을 동일한 속도와 동일한 방법으로 수업을 진행하는 것이다. 교사가 학습과제를 잘 조직하여 효과적으로 제시할 수 있으므로 단시간에 많은 지식과 기술을 습득하게 할 수 있다는 점에서 대집단 활동은 널리 사용되어 왔다. 늘봄학교의 경우에는 늘봄(방과후) 프로그램(초1 맞춤형 프로그램), 프로그램 운영형 아침늘봄, 단체활동형 오후늘봄 등이 대집단 활동에 속한다. 대집단 활동에서는 자신의 경험을 집단 앞에서 발표하고 친구의 이야기에 질문을 하거나 말을 첨가하는 등 반응을 하고, 협력적으로 작업을 수행하고, 새로운 정보를 사용하는 등 다양한 사회적 · 학문적 기술을 아동이 학습하고 연습할 기회가 제공된다. 또한 통계(예 우리 반 친구들의 생일 달)와 같이 대집단 활동으로 실시해야 효과적인 학습 주제나 내용도 있다. 한편 대집단 활동은 아동이 너무 많거나 이들의 흥미와 능력에 개인차가 큰 경우 교수학습의 효과가 크게 감소할 수 있다. 혼합연령 학급의 경우에는 교사의 세심한 배려가 더욱 필요하다. 아동이 능동적인 역할을 하기 힘들어 교사중심 수업이 되기 쉽다는 것도 단점으로 지적된다. 또한 교사의 입장에서는 성향이나 역량이 다양한 아동들의 반응을 수용하면서 활동을 진행해야 하는 능력이 필요하며, 이러한 상황은 교사들에게 부담으로 작용할 수도 있다.

② 소집단

소집단은 대개 4명에서 6명 정도이며, 학급에 교사가 2인 이상인 경우 효과적이며 그렇지 않은 경우에는 자원인사의 도움을 받는 것이 바람직하다. 공동의 욕구나 관심을 가진 아동이 자발적으로 소집단을 구성하기도 하며, 늘봄교사가 활동계획에 맞춰 의도적으로 소집단을 구성해 주기도 한다. 소집단 구성은 학년 초보다는 관찰이나 부모와의 의사소통을 통해 아동의 특성이 어느 정도 파악되는 3월 말경에 하는 것이 좋다. 동질적인 소집단보다 이질적인 소집단이 집단에 활력을 주고 학습 효과를 높일 수 있다. 따라서 소집단을 구성할 때에는 발달이 빠른 아동과 늦은 아동을 함께 같은 소집단에 배정하여 도움을 주고받을 수 있도록 하며, 공격적인 아동들은 서로 다른 소집단에 배정하여 주교사와 보조교사가 각 아동을 담당할 수 있도록 한다. 또한 소집단 구성 시 특히 고려해야 할 점은 활동성이 많은 아동을 한쪽으로 편중하지 않도록 하는 것이다. 발달이 빠른 아동들이 한 집단에 있게 되면 다른 집단의 활동이 위축될 수 있기 때문이다. 이와 같이 교사가 소집단의 규모와 구성원을 결정하는 경우에는 아동의 성별, 능력, 특성 등을 신중히 고려해야 한다.

소집단 상황에서 교사는 대집단에서보다 아동에게 좀 더 주의를 기울일 수 있고, 보다 많은 상호작용을 할 수 있다. 아동 역시 또래와 대화에 참여하고 협동적으로 문제를 해결할 기회를 갖게 되어 교사의 직접적인 지시가 감소하게 된다. 교사는 새로운 기술이나 개념을 도입하거나 아동이 최근 접한 기술과 개념을 강화할 수 있는 경험에 초점을 둔다.

[그림 5-7] 소집단 활동으로 진행되는 맞춤형 프로그램

③ 개별활동

개별활동은 아동 혼자 하는 활동을 말한다. 늘봄학교의 경우 단순 돌봄 유형 아침늘봄과 개인활동형 오후늘봄 등을 개별활동으로 볼 수 있다. 개별활동의 장점은 아동이 자신의 속도와 방식에 맞추어 학습할 수 있다는 것이다. 자신만의 학습 스타일에 따라 활동을 진행함으로써 아동은 자기주도적 학습 능력을 키울 수 있다. 또한 개별활동은 아동의 주의집중력을 기르고 독립적으로 문제를 해결하는 경험을 제공한다. 개별활동의 단점은 사회적 상호작용 기회가 줄어든다는 것이다. 이

는 아동의 사회성 발달에 부정적 영향을 미친다. 또한 교사의 입장에서는 모든 아동의 개별활동을 효과적으로 지도하는 데 어려움이 있다. 따라서 개별활동을 진행할 때 교사는 세심한 관찰과 적절한 지도를 제공해야 한다.

CHAPTER 06

늘봄(방과후)프로그램 운영 2 : 계획 및 평가

1. 수업계획

1) 수업계획의 의미

수업계획은 수업목표 달성에 필요한 구체적인 절차를 제시하는 것을 말한다. 수업이 효율적이지 못한 이유는 대개 장단기 계획의 부재 때문으로 지적된다. 늘봄학교와 같이 다변화된 교육현장에 적합한 교수학습의 계획은 교육의 방향과 질을 결정하는 주요한 요인이 될 수 있다(황윤세 · 강현석, 2007). 수업계획안은 활동의 목표, 활동자료, 활동방법 등을 기록하는 것이다. 수업계획안을 어떻게 작성하느냐에 따라 수업의 방향과 질이 달라진다. 수업계획안을 준비하면 실제 교수학습의 진행 상황에서 아동의 학습을 보다 효과적으로 촉진할 수 있다. 수업계획안은 일률적인 양식이 없다. 간략하게 작성하기도 하고, 세밀하게 작성하는 경우도 있다. 경험이 많은 늘봄교사의 경우 간략한 양식으로 작성할 수 있지만, 초임교사들은 가능한 한 세밀하게 작성하는 연습을 할 필요가 있다. 특히 모의수업이나 연구수업 등 보여지는 수업의 경우 수업계획안은 수업의 전 과정에 대한 흐름을 보여줌으로써 수업에 관한 피드백을 쉽게 받을 수 있게 해준다(정용부 · 오성숙, 2001).

2) 수업계획안 작성

(1) 교육목표

교육목표란 교수학습이 이루어지는 과정 중 또는 교수학습의 결과로서 산출되기를 희망하는 것을 진술한 것이다. 교육목표를 설정할 때에는 각급 학교의 교육목표와 마찬가지로 아동이 성장하여 살아갈 사회에서 구성원에게 요구하는 사회문화적 가치 및 태도, 아동이 성장하는 가정의 맥락, 아동의 개인적 특성, 그리고 아동들의 일반적인 발달 특성 및 이에 따른 과업을 고려해야 한다. 교육목표를 설정하는 것은 아동을 대상으로 하는 교육의 방향, 즉 교육과정의 영역, 내용, 방법, 평가의 방향을 설정하는 데 필요한 개념적 틀을 확립하는 것이므로 매우 중요하다.

따라서 교육목표를 어떻게 설정하느냐에 따라 수업의 방향이나 교수학습의 결과가 결정적으로 달라질 수 있다. 교사중심적으로 목표를 설정하면 활동도 그렇게 진행될 것이며, 아동중심적으로 목표를 수립한 경우에는 아동의 활발한 참여가 이루어질 것이다. 또한 너무 일반적이고 광범위하게 설정된 목표는 학습활동을 선택하기 위한 지침을 제공해 주지 못하며, 반대로 너무 구체적이고 협소하게 세워진 목표는 교사와 아동과의 활동의 가능성을 제한할 수 있다. 교육목표를 설정하고 작성할 때의 고려 사항은 다음과 같다.

① 교육목표의 설정

▮ 기간에 따른 교육목표의 설정

목표는 일반적이고 장기적인 목표에서부터 이를 달성하기 위한 보다 구체적 수준의 단기목표로 분류할 수 있다. 장기목표와 단기목표는 서로 무관한 내용이 아니라 긴밀한 연관성이 있어야 한다.

▮ 대상에 따른 목표 설정

대상에 따라 발달 특성과 발달적 요구가 다르므로 아동의 연령 또는 발달수준에 따라 목표가 설정되어야 한다. 예를 들어, 영아기에는 오감각을 통한 탐색이 중요한 의미를 갖기 때문에 대 · 소근육 활동과 별도로 독립적인 목표로 설정한다. 반면 초등학생의 경우 오감각을 통한 직접 경험과 놀이를 통한 학습이 중요하긴 하지만, 일반적인 신체운동 능력 발달과 관련된 목표로 함께 설정할 수 있다.

② 교육목표의 진술

▮ 아동중심의 교육목표

"빼기의 과정을 설명하기 위해 그림 카드를 사용한다."와 같은 교사중심적인 교육목표는 늘봄교사 자신에게 기대되는 행동을 효과적으로 담고 있기는 하지만, 이것은 아동이 빼기라는 교육목표에 도달하는 활동 중 하나에 불과하다. 따라서 늘봄교사가 무엇을 해야 하는지가 아니라 아동이 무엇을 해야 하는지에 초점을 두고 서술하는 아동중심의 교육목표가 바람직하다. 또한 교육목표에는 대개 주어가 없지만, 간혹 교사를 주어로 가정하고 목표가 진술된 경우가 있다. 이 경우 수업의 주도권을 교사에게 줌으로써 아동의 자율성을 저해할 위험이 있다. 따라서 아동을 주어로 가정하고 목표를 진술하는 것이 바람직하다.

- **나쁜 예** : (교사는) 명화를 즐겁게 감상하고 그림으로 표현하게 한다.
- **좋은 예** : (아동은) 동시를 즐겁게 감상하고 그림으로 표현한다.

▮ 적합한 학습결과를 기술하는 교육목표

목표를 기술할 때 교사는 대개 아동의 학습활동 자체보다 학습결과에 관심을 갖는데, 학습결과는 연속성 및 발달의 측면에서 적합성을 가져야 한다. 교육목표가 연속성의 측면에서 적합하기 위해서는 모든 선행 교육목표들이 이미 달성되었어야 한다. 따라서 새로운 교육목표를 세우기 전에 이에 필요한 선행 기술들을 갖추고 있는지 확인해야 한다. 발달적으로 적합한 교육목표는 중등학교 아동보다 늘봄학교 아동에게 특히 중요성을 갖는다.

▮ 분명하고 이해하기 쉬운 교육목표

교육목표는 특정 행동을 나타내는 동사와 목적어로 구성된 명확한 문장으로 진술해야 한다. 단어는 두 가지 이상의 의미로 해석되어서는 안 되며, 모든 사람에게 같은 의미로 해석되어야 한다. 그러나 교육목표를 지나치게 구체적으로 진술하면 테스트로 전락하게 된다. 또한 아동에게 딱 목표만큼만 달성하려는 마음을 갖게 만드는 부작용이 있을 수 있으므로 유의한다.

- **나쁜 예** : "2+1에 관심을 갖는다."
- **좋은 예** : "10 이내 수의 연산에 관심을 갖는다."
- **나쁜 예** : "사칙연산에 관심을 갖는다."

▌관찰 가능한 교육목표

학습결과를 평가하기 위해서는 학습결과를 관찰할 수 있어야 한다. 이를 위해서는 행동이나 행동의 최종 결과물을 관찰할 수 있는 동사를 사용하는 것이 도움이 된다. 또한 교육목표를 구성하는 동사뿐 아니라 목적어도 명확히 규정해야 할 필요가 있다. 예를 들어, "기후위기를 설명할 수 있다."는 기후위기의 실태, 기후위기가 인간에게 미치는 영향, 기후위기의 예방 방법 등등 여러 가지 해석이 가능하므로 "기후위기의 원인을 설명할 수 있다."로 정확히 진술해야 한다.

- **나쁜 예** : "기후위기를 설명할 수 있다."
- **좋은 예** : "기후위기의 ***원인***을 설명할 수 있다."

(2) 교육내용의 선정 및 조직

교육목표가 수립되면 다음 단계는 이를 달성하기 위한 구체적인 교육내용을 선정하고 활동을 조직하는 것이다. 즉, 어떠한 교육내용을 다룰 것인지, 교육내용을 얼마나 반복하고 수준을 어떻게 달리할 것인지, 어떠한 순서로 진행할 것인지, 아동들이 직접 활동하게 할 것인지 아니면 교사가 제시할 것인지 등을 결정해야 한다.

먼저 교육내용을 선정할 때에는 다음과 같은 기준들을 고려해야 한다.

〈표 6-1〉 교육내용 선정 기준

기준	설명
유의미성	아동교육 분야에서 기본적이고 본질적인 것이어야 한다.
타당성	아동이 반드시 학습해야 할 내용이 고르게 포함되어야 한다.
유용성	기관 이외의 실제 생활에서도 잘 활용될 수 있어야 한다.

학습가능성	아동이 학습할 수 있고 교사가 가르칠 수 있는 것이어야 한다.
경제성	아동이 경제적 방법으로 교육 경험을 할 수 있는 것이어야 한다.
내용의 내적·외적 관련성	위계적으로 조직되어 있어 서로 연관성이 있고 다른 학문 분야와도 관련지을 수 있어야 한다.
균형성	아동의 요구, 사회적인 요구, 부모와 가족의 요구, 교사나 학교의 요구 등이 균형 있게 고려되어야 한다.
사회 가치 적합성	왜곡된 사회 가치를 바로잡고 새롭고 바람직한 가치 창조에 적합한 것이어야 한다.

이상과 같이 선정된 주제에 내포된 개념은 한 가지 교과에 제한되기보다는 여러 가지 교과의 내용을 포함하는 경우가 대부분이다. 예를 들어, '우리나라'에서 다룰 수 있는 개념은 우리나라 사람들의 생활, 우리나라의 놀이와 예술, 우리나라의 역사, 우리나라의 자랑거리 등 여러 가지가 있을 수 있는데, 이 중 우리나라의 놀이와 예술에서 다루어지는 하위개념 중 하나로 '탈'을 선택했다고 가정하자. '탈'의 경우 모든 교과 영역에 걸친 활동들이 가능하다. 예를 들어, 탈에 대한 책 읽기(언어), 탈 그리기(미술), 탈을 종류별로 나눠보기(수학) 등이다.

선정된 각 교육내용에 해당되는 활동을 계획하되, 각 활동은 주제, 목표, 준비물, 활동방법, 사전 및 사후 활동, 유의점 등으로 구성한다. 활동을 조직할 때에는 다음과 같이 반복성, 연계성, 통합성 원리를 고려할 수 있다.

① 반복성

중요하다고 여기는 교육내용을 수직적으로 강조하는 것이다. 아동이 어떠한 기술을 습득하는 것이 목표라면, 이를 연습할 수 있는 기회를 지속적으로 또는 자주 제공하는 것이다. 단지 일회성의 활동을 통해 아동이 이러한 기술을 습득하기를 기대하기는 어렵기 때문이다.

② 연계성

교육내용을 단순히 반복하는 것이 아니라 세부적 의미를 폭넓게 이해하도록 하는 것이다. 예를 들어, 동일한 교육내용일지라도 4세에 비해 5세에서 수준 높은 토의 활동으로 심화, 확장할 수 있다. 이러한 면에서 유–초 연계가 중요한 의미를 갖는다.

③ 통합성

교육내용을 수평적으로 연관시키는 것이다. 이는 학습자를 전인적 인격체로 보고 발달영역별, 교과영역별, 흥미영역별로 통합하여 통합된 전체 경험 속에서 학습하도록 해준다. 아동교육에서는 통합성을 특히 중시해 왔다. 어린 아동일수록 미분화된 발달 특성상 각 발달영역이 서로 연관되어 있으며, 발달과 학습이 통합되어 일어나기 때문이다.

사례 한국과학창의재단 늘봄프로그램 수업계획안(사회·정서)

차시/ 전체 차시	5~6차시/ 30차시	주제	나와 다른 사람과 적절히 소통해요 (같이의 가치)
		소주제	가족의 다양성 : 우리 동네 이웃
학습 목표	• 다양한 가족의 형태가 있음을 알아본다. • 디지털 매체를 활용하여 자신의 생각을 만화로 표현해 본다.		
학습 자료	• 사랑이&행복이&소망이 이야기 자료, '스케치북' 앱이 설치된 태블릿 PC, 터치펜, TV		

단계	흐름	교수-학습활동	학습자료 및 유의점
도입	학습 분위기 조성	• 인사 나누기	
	문제 발견	• '가족'이란 무엇인가? - 학생들이 생각하는 '가족'이 무엇인지 이야기 나눈다. - 자신의 가족을 소개한다. • 학습 목표 안내하기 - 서로 다른 여러 가족의 형태에 대해 이야기 나눌 것임을 안내한다.	* 모둠별로 앉아 모둠 안에서 차례대로 자신의 가족에 대해 소개하도록 한다.
전개	개념과 원리 발견	• 다양한 가족의 형태 살펴보기 - 사랑이(조손), 행복이(한부모), 소망이(다문화)의 이야기를 들려준다.	* 사랑이, 행복이, 소망이 이야기 자료
	개념 정리	• 동화 내용 회상하기 - 인상 깊었던 점에 대해 이야기 나눈다. • 디지털 동화 만들기(스케치북 앱 활용) - 사랑이, 행복이, 소망이의 이야기 중 1개를 골라 디지털 4컷 만화를 만들어본다.	* 만화의 내용은 주인공에게 하고 싶은 말, 주인공이 겪었을 것 같은 일 등을 자유롭게 한다.
	정교화 및 설명	• 4컷 만화 발표하기 - 만화를 통해 이야기하고 싶었던 메시지를 함께 소개한다.	* TV화면에 띄워 앞으로 나와 소개하도록 한다.
정리	개념 적용	• 만화를 그려 본 소감 공유하기	* 아이들이 만든 4컷 만화를 모아 영상으로 제작해 둔다.
	차시 예고	• 차시 예고하기 - 조부모님의 이야기를 다룰 것임을 안내하고, 사전 활동지를 나누어 준다.	

2. 평 가

1) 아동에 대한 평가

(1) 관찰법

관찰법은 일상생활에서 나타나는 자연스러운 행동을 기록하는 평가방법을 말한다. 따라서 교수학습 과정의 자연스러운 일부분이므로 관찰은 실제 '평가'로 인식되지 않는 경우도 있다. 그러나 다른 평가방법에 비해 관찰은 아동의 발달수준을 보다 사실적으로 보여줄 수 있는 유용한 방법이다. 말이나 글을 통한 소통이 원활하지 않은 초등학교 저학년 아동에게 특히 적합하며, 비언어적 행동에 대한 정보도 제공한다는 점에서 그 유용성이 인정된다.

① 일화기록

일화기록은 아동의 특정 행동이나 태도의 변화를 있는 그대로 기술하는 방법으로 현장에서 가장 많이 사용되고 있다. 일화기록을 하기 위해서 늘봄교사는 관찰 상황이나 환경을 미리 설정할 필요 없이 아동을 관찰하여 중요하다고 생각되는 것을 그때그때 기록하면 된다. 따라서 아동이 우발적으로 표출하는 지식이나 행동을 기록하는 데 매우 유용한 방법이다. 일화기록에는 특별한 양식이 필요하지는 않지만 아동의 성명, 관찰자, 관찰 일시 및 장소, 사건 및 상황에 대한 요약, 그리고 아동이 어떤 말과 행동을 했는지가 구체적이고 간단명료하게 적혀 있어야 한다. 늘봄교사는 관찰 당시 일어난 상황에 대하여 전혀 모르는 사람도 이해할 수 있도록 관찰 내용을 객관적으로 기록해야 한다. 주관적 의미가 포함된 단어들을 사용하면 사실을 왜곡시킬 수 있으며, 주관적 해석의 가능성이 증가하기 때문이다. 일화에 대한 늘봄교사의 해석이나 평가는 따로 칸을 구분하여 기록한다.

② 체크리스트

체크리스트는 평가하고자 하는 행동을 미리 목록으로 작성한 후 각각의 행동이 나타나는지를 관찰하여 '예/ 아니요'로 표기하는 방법이다. 체크리스트에는 '분류 능력이 있다.'와 같은 포괄적인 문항보다는 '물에 뜨는 물체와 물에 가라앉는 물체의 이름을 말할 수 있다.'와 같이 관찰 가능하고 구체적인 문항을 사용해야 하며, 늘봄교사는 각각의 행동 목록에 대해 잘 이해하고 있어야 한다.

사례 체크리스트 : 경계선 지적 기능 선별 체크리스트(언어부진 영역)

문 항	예	아니요
1. 쉬는 시간에 다른 친구와 어울리지 못한다.		
2. 체육시간이나 단체활동 시 외톨이로 남아있는 경우가 있다.		
3. 체험 학습 등의 야외 활동 시 함께하는 친구가 없다.		
4. 모둠활동에서 소외된다.		
5. 친구들 사이에서 따돌림을 당한다.		
6. 친구를 사귀기 어려워하고, 사귄다고 해도 친구관계를 지속하기가 어렵다.		
7. 학교에서 친하게 지내는 또래가 거의 없다.		

출처 : 박현숙(2018).

③ 평정척도

평정척도는 체크리스트의 제한점을 보완하여 행동의 출현 유무뿐 아니라 행동의 질이나 발생 빈도에 따라 점수를 부과하는 방법이다. 체크리스트와 마찬가지로 평가하고자 하는 행동 목록이 미리 준비되어 있어야 한다. 한편 평정척도를 사용할 때에는 대개 중앙값에 점수를 주기 쉬우며, 관찰자의 성향에 따라 지나치게 높거나 낮은 점수를 주는 경향이 있다. 또한 가까이 위치한 문항끼리 비슷한 점수를 주는 오류에 빠지기도 쉽다. 따라서 평정척도를 사용할 때에는 늘봄교사는 객관적인 자세를 유지하는 것이 가장 중요하다.

사례 평정척도 : 초등학생의 무용 즐거움

	전혀 아니다	아니다	아닌 편이다	보통 이다	그런 편이다	그렇다	매우 그렇다
1. 나는 무용시간을 좋아한다.	①	②	③	④	⑤	⑥	⑦
2. 나는 무용을 상당히 잘 한다고 생각한다.	①	②	③	④	⑤	⑥	⑦
3. 나는 무용시간에 노력을 많이 한다.	①	②	③	④	⑤	⑥	⑦
4. 나는 무용을 잘 하는 것이 중요하다고 생각한다.	①	②	③	④	⑤	⑥	⑦
5. 나는 무용시간에 긴장을 한다.	①	②	③	④	⑤	⑥	⑦
6. 나는 무용시간에 매우 열심히 노력한다.	①	②	③	④	⑤	⑥	⑦
7. 나는 무용을 하는 것이 재미있다.	①	②	③	④	⑤	⑥	⑦
8. 나는 무용에 흥미를 가지고 있다.	①	②	③	④	⑤	⑥	⑦
9. 나는 무용시간을 통해 늘어난 내 실력에 만족한다.	①	②	③	④	⑤	⑥	⑦
10. 나는 무용시간에 무언가 부담을 느낀다.	①	②	③	④	⑤	⑥	⑦
11. 나는 무용시간에 불안하다.	①	②	③	④	⑤	⑥	⑦
12. 나는 무용시간이 무척 좋다는 생각이 든다.	①	②	③	④	⑤	⑥	⑦
13. 나는 무용수업 후 내 실력이 좋아졌다고 생각한다.	①	②	③	④	⑤	⑥	⑦
14. 내 무용 실력은 꽤 좋은 편이다.	①	②	③	④	⑤	⑥	⑦
15. 나는 무용을 잘 하지 못한다.	①	②	③	④	⑤	⑥	⑦

출처 : 최효진(2010).

(2) 면담법

관찰법이 아동의 행동을 자세히 살펴봄으로써 평가하는 것이라면, 면담법은 아동이 특정 개념을 정말로 이해했는가를 질문을 통해 직접 알아내는 방법이다. 늘봄교사와 아동 간의 직접적인 상호작용을 통해 이루어지는 면담으로 관찰로는 쉽게 얻기 어려운 정보를 수집할 수 있다. 아동에게 질문을 할 때에는 아동이 강요나 위협의 느낌을 받지 않고 늘봄교사가 자신의 활동에 정말로 관심을 가지고 있다고 느끼게끔 해야 한다. 즉, 비형식적이고 일상적인 대화와 같은 면담이 되어야지 질문 공세가 되어서는 안 된다.

면담은 면담 주제와 관련된 학습에 대한 아동의 관심을 높임으로써 학습동기를 유발할 수 있다. 면담은 읽고 쓰는 능력이 부족한 아동에게 적합한 방법이나 모든 아동이 면담 상황에 잘 반응하는 것은 아니며, 늘봄교사에게도 훈련이 필요한 평가방법으로서 다음과 같은 점들을 고려하는 것이 바람직하다(Treagust, Duit, & Fraser, 1996).

- 편안하게 시작하기

  면담에서 아동이 편안함을 느낄 수 있으려면 약간의 시간을 주어야 한다. 자연스러운 주제로 대화를 시작하고, 서먹서먹함을 없애기 위해 아동과 나란히 앉을 수도 있다.

- 대답을 유도하지 않기

  면담은 시험이 아님을 강조함으로써 아동이 있는 그대로의 생각을 말하게 한다. 때때로 아동은 예기치 않은 대답을 하는데, 이는 아동의 생각을 알 수 있는 귀중한 정보가 된다. 개방형 질문이 효과적이지만 아동이 당황해하면 단답형 질문으로 다시 물어보고, 두 유형의 질문을 적절히 조합해서 사용한다.

▮ 수용하고 격려하기

아동은 늘봄교사가 정답을 듣기 위해서 면담을 한다고 생각할 수 있다. 면담 동안 "이것에 대한 네 생각은…"과 같이 말하거나 고개를 끄덕이거나 미소를 보여줌으로써 있는 그대로의 생각을 말하게 한다. 주제에서 벗어난 말을 하더라도 중단시키거나 꾸짖기보다는 수용적으로 이끌어 주는 것이 바람직하다.

▮ 인내심을 갖고 기다리기

면담이 효과적으로 되는 데는 시간이 걸린다. 침묵이 흐르는 동안에 이야기를 계속하거나 서두르는 것은 도움이 안 된다. 침묵을 깨려면 "선생님은 네 생각에 흥미를 갖고 있어. 그러니까 천천히 생각을 해도 돼.", "다른 방법으로 물어볼게."라고 한다.

▮ 대답을 되짚어주기

아동의 대답을 주의 깊게 듣고 이전에 한 대답과 관련지어 질문한다. 예를 들어, "왕나비는 곤충이기 때문에 동물이 아니라는 거구나. 그런데 너는 아까 벼룩은 동물이라고 하지 않았니? 네 생각을 좀 더 말해볼래?"와 같이 아동이 전에 한 말을 정확히 되짚어주면 아동의 생각을 파악할 수 있다.

▮ 효과적으로 기록하기

아동의 반응을 빠르고 정확하게 기록한다. 면담 도중 "내가 적을 때까지 기다려 주겠니?"라고 자꾸 말하면 면담이 중단될 수 있다. 아동이 한 말을 모두 기억했다가 면담 후에 기록하는 것도 어려우므로 녹음기를 이용하는 것이 좋다. 녹음기는 교사가 아동의 말을 들을 때에는 감지하지 못했던 것까지 드러내 준다.

(3) 검사법

검사는 일정 시간 안에 객관적인 형식과 절차를 통해서 행동 특성을 측정하는 평가방법이다. 대표적인 검사법으로는 학습준비도 검사나 지능검사 등이 있다. 아동의 능력을 정확히 평가하기 위해서는 개별검사가 효과적이다. 그러나 표준화 검사의 결과 하나만으로 아동의 능력을 판단하는 것은 무리가 있으므로 다른 평가방법과 병행해서 사용하는 것이 바람직하다.

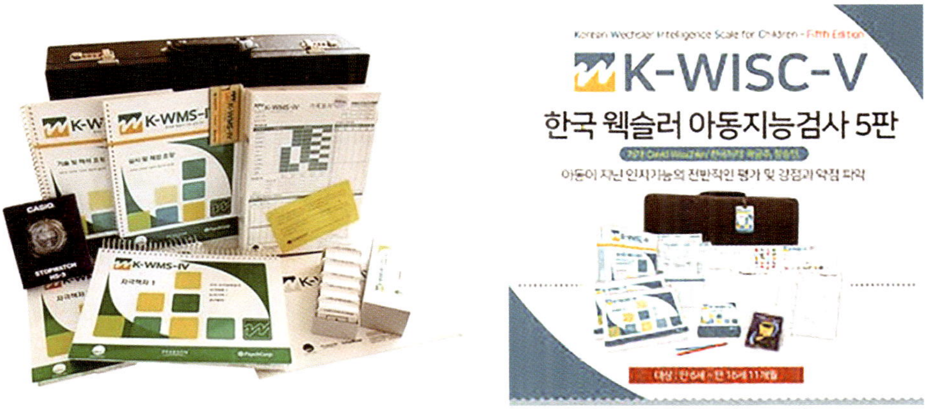

[그림 6-1] **아동용 지능검사 : K-ABC 검사, 웩슬러 검사**

(4) 실험법

실험법은 인과관계를 밝히기에 적합한 방법으로, 주로 프로그램의 효과를 검증하는 데 사용된다. 예를 들어, 아침늘봄(독립변인)이 아동의 자기주도학습에 효과적인지를 밝히고자 한다면, 아침늘봄을 시작하기 전에 아동의 자기주도학습태도를 검사한다(사전검사). 그리고 한 학기 아동이 아침늘봄에 참여한 후 다시 자기주도학습태도를 검사한다(사후검사). 만약 사전검사 점수에 비해 사후검사 점수가 올랐다

해도 이는 아침늘봄 때문이 아니라 6개월이라는 시간을 통한 아동의 자연스러운 성숙의 결과일 수 있다. 따라서 실험법에서는 아침늘봄에 참여하는 집단(실험집단)과 그렇지 않은 집단(통제집단)을 둔다. 이 두 집단은 독립변인(아침늘봄 참여 여부) 외에 다른 특성(연령, 성별 구성, 학교 등)은 동일하게 구성한다. 따라서 통제집단에 비해 실험집단 아동 점수의 상승 폭(사후검사–사전검사)이 현저히 크다면 아침늘봄(독립변인)은 아동의 자기주도학습태도(종속변인)에 효과적이라고 볼 수 있다.

사례 **실험법 : 아침늘봄이 아동의 자기주도학습태도에 미치는 영향**

	〈사전검사〉	〈프로그램 : 6개월〉	〈사후검사〉
〈실험집단〉 (OO초 1학년 1반)	자기주도학습태도 80점	아침늘봄 (매일 2시간)	자기주도학습태도 92점
〈통제집단〉 (OO초 1학년 2반)	자기주도학습태도 81점		자기주도학습태도 85점

(5) 작품 수집법

아동의 활동 결과물을 지속적 · 체계적으로 수집하면 아동의 지식 수준을 파악할 수 있는 좋은 평가 자료가 된다. 활동 결과물이 입체물인 경우에는 사진으로 찍어서 수집할 수 있으며, 작품의 제목과 날짜, 주변 상황을 메모하고 작품에 대한 늘봄교사의 의견을 첨부해 두면 차후 작품을 평가할 때 정확한 진단을 할 수 있다. 또한 작품 수집은 가정과의 연계를 강화하는 데에도 효과적으로 활용될 수 있다. 예를 들어, 아동의 작품을 가정에 보내거나 부모초청일에 아동의 작품들을 전시할 수 있으며, 가정에서 연계활동을 해보도록 하고 그 결과물을 수집할 수 있다. 체계적인 작품 수집이 이루어지기 위해서는 다음과 같은 사항을 고려할 수 있다(한유미, 2003).

▮ 작품 수집의 원칙을 세우기

어떤 작품 샘플(최상의 것/ 전형적인 것/ 두 가지 모두)을 수집할 것인지, 그리고 얼마나 자주 수집할 것인지 정한다. 교사의 지시에 의한 작품에는 아동의 개성이 잘 드러나지 않으므로 고정된 스케줄에 집착하지 말고 아동의 자발적인 작품을 수집하는 것이 좋다.

▮ 작품 샘플에 대한 아동의 의견을 첨부하기

"이 작품을 어떻게 만들었니?", "이 작품에서 어떤 점이 마음에 드니?", "다르게 할 걸 하는 생각이 드는 것은 무엇이니?", "이런 작업을 또 해보고 싶니?" 등과 같은 질문을 할 수 있다.

▮ 작품 샘플에 교사의 의견을 첨부하기

작품을 누가 주도했는지(교사/ 아동), 작품이 아동에게 비약적인 성취인지, 아동이 새로운 상황에서 개념을 작품에 적용하거나 확장하고 있는지 등을 기록한다.

2) 교사에 대한평가

(1) 교사의 자기평가

늘봄교사는 대개 평가하는 위치에 있으므로 자신에 대한 평가는 생각하지 않는 경향이 있다. 그러나 평가는 아동에게만 행하는 것이 아니며 교사 자신에 대한 평가도 필요하다. 아동에 대한 평가와 더불어 수업 계획과 환경 구성 및 자료의 준비, 교수방법 등을 평가하고, 그 결과를 다음 활동에 반영함으로써 교수활동을 개선시킬 수 있다. 교사의 자기평가의 예를 들면 다음과 같다.

사례 교사의 평가 : 과정중심평가 반영 수준

분석지표	분석기준	
1. 성취기준을 바탕으로 평가계획을 작성하였는가?	1점	평가계획에서 학년 성취기준 그리고 그것의 도달 여부를 판단할 수 있는 평가과제를 제시하지 않음
	2점	평가계획에서 학년 성취기준의 도달 여부를 판단할 수 있는 평가과제를 제시함
	3점	평가계획에서 학년 성취기준의 도달 여부를 판단할 수 있는 평가과제와 평가기준을 제시함
2. 핵심(교과)역량을 바탕으로 평가계획을 작성하였는가?	1점	평가계획에서 학습내용과 관련된 핵심(교과)역량을 제시하지 않음
	2점	평가계획에서 학습내용과 관련된 핵심(교과)역량과 이를 반영한 평가과제를 제시함
	3점	평가계획에서 학습내용과 관련된 핵심(교과)역량, 이를 반영한 평가과제 그리고 평가기준을 제시함
3. 다양한 평가방법(지필평가, 프로젝트평가, 포트폴리오평가, 관찰평가, 면담평가, 구술평가, 자기평가, 동료평가 등)을 활용하여 평가를 실시할 수 있도록 계획하였는가?	1점	평가계획에서 학습내용과 학생의 특성을 고려하지 않고 전체 단원에 걸쳐 단일한 평가방법을 제시함
	2점	평가계획에서 학습내용과 학생의 특성을 고려하여 단원별로 적합한 평가방법을 제시하였으나 각 단원 내 1개의 평가방법만을 제시
	3점	평가계획에서 학습내용과 학생의 특성을 고려하여 각 단원 내 2개 이상의 평가방법을 제시
4. 학생들의 변화에 대한 정보를 지속적으로 수집할 수 있도록 계획하였는가?	1점	1회의 평가만이 계획됨
	2점	동일한 성취기준의 도달 수준에 대해 진단평가, 형성평가, 총괄평가 등을 포함하여 2회의 반복평가가 계획됨
	3점	동일한 성취기준의 도달 수준에 대해 진단평가, 형성평가, 총괄평가 등을 포함하여 3회 이상의 반복평가가 계획됨

5. 학생의 학습 결과물과 학습의 과정을 확인할 수 있도록 계획하였는가?	1점	평가계획에서 학생의 학습 결과물에 대한 구체적인 평가계획이 제시되지 않음
	2점	평가계획에서 학생의 학습 결과물에 대한 평가방법 또는 채점방법 또는 분석방법 등을 포함한 구체적인 평가계획이 제시됨
	3점	평가계획에서 학생의 학습 결과물과 학습의 과정에 대한 평가방법(수행평가, 프로젝트, 포트폴리오 등) 또는 채점방법 또는 분석방법 등을 포함한 구체적인 평가계획이 제시됨
6. 피드백을 계획하였는가?	1점	평가계획에서 피드백 계획을 제시하지 않음
	2점	평가계획에서 평가결과 활용에 대한 방향성을 제시함
	3점	평가계획에서 평가결과 활용에 대한 구체적인 방법을 제시함

출처 : 추연구·김병룡(2020).

(2) 학부모의 교사 평가

현재로서는 늘봄교사에 대한 학부모 평가는 대개 만족도 조사 정도이므로 교원평가의 경우를 살펴보기로 한다. 교원평가 영역은 크게 수업 준비, 수업 실행, 평가 및 활용, 수업만족도 등의 수업지도 영역과 자녀의 학교생활 만족도, 담임의 학급경영 만족도 등의 학생지도 영역으로 나누어진다. 교원평가는 교장, 교감뿐 아니라 학부모에 의해서도 이루어질 수 있다. 예를 들어, 다음 사례와 같이 자녀의 담임의 학급경영에 대한 만족도를 학부모들이 평가하는 것이다. 늘봄교사의 경우에도 이와 같은 방식의 평가가 이루어질 수 있다.

사례 학부모의 교사 평가 : 담임의 학급경영 만족도 조사지표(초등 1~3학년)

조사지표		만족도				
		매우 그렇다	그렇다	보통이다	그렇지 않다	매우 그렇지 않다
1	담임선생님은 기본학습(말하기, 읽기, 쓰기, 셈하기 등) 능력을 길러주기 위하여 노력한다고 생각하십니까?					
2	담임선생님은 수업 중 발표를 골고루 하도록 배려한다고 생각하십니까?					
3	담임선생님은 학생을 공정하게 지도하기 위해서 노력한다고 생각하십니까?					
4	담임선생님은 칭찬과 격려 등을 통하여 학습에 대한 관심과 자신감을 높여주고 있다고 생각합니까?					
5	담임선생님은 자녀의 교과학습활동을 꾸준히 지도하신다고 생각하십니까?					
6	담임선생님은 자녀의 학급활동에 관한 내용(알림장, 전화상담, 안내문 등)을 잘 안내해 주십니까?					
7	담임선생님은 학생들의 기본생활습관과 올바른 인성함양을 위해 노력하고 있다고 생각하십니까?					
8	담임선생님은 자녀가 학급에서 친구들과 잘 어울려 생활할 수 있도록 배려하신다고 생각하십니까?					
9	담임선생님은 교육적으로 적절한 언어를 사용하신다고 생각하십니까?					
10	담임선생님은 학생들에게 적절한 과제를 제시하고 확인하신다고 생각하십니까?					

※ 위의 조사 내용 이외에 담임선생님의 학급경영과 관련된 학부모님의 의견을 아래 빈칸에 자유롭게 써주시기 바랍니다.

출처 : 교육과학부(2008).

CHAPTER

7

늘봄(돌봄)프로그램의 운영

1. 돌봄과 돌봄자의 중요성

1) 돌봄의 개념 및 중요성

돌봄의 사전적 의미는 관심을 가지고 보살핌으로, 병자, 노인, 어린이 등 돌봄을 필요로 하는 모든 사람을 대상으로 한다. 사회복지 분야에서의 돌봄은 개인을 위한 지지적 혹은 촉진적 행위로 상호조화를 강조하며, 의료간호 분야에서의 돌봄은 대상자의 건강 수준 향상을 위해 영향을 미치는 행위로서 좀 더 전문성이 요구된다(김민정, 2015). 교육학적 관점에서 그동안 '돌봄은 교육이 아니다', '돌봄은 전문적인 교육의 공간인 학교에 적합하지 않은 비전문적인 것이다', '돌봄은 교육활동을 보조 또는 지원하는 것이다'라는 등 교육과 돌봄의 구별짓기 및 위계화 경향이 있었다(장인하, 2024). 그러나 사실 돌봄과 교육은 분리하기 어렵다. 학교는 배움을 목적으로 하지만 돌봄을 분리해서 생각하기 힘들며, 돌봄과 교육의 본질은 동등하기에 필연적으로 통합해야 한다. 이는 유보통합을 향해 나아가고 있는 새로운 시대의 패러다임이기도 하다. 이와 같이 이제는 돌봄을 교육과 보육의 이념적이고 분절적인 경계를 넘어 보다 확장된 개념으로 접근해야 한다(김병만, 2023).

'관심을 가지고 보살핌'이라는 사전적 정의를 가진 '돌봄(care)'은 단순하게 누군가를 돌봐준다는 표면적인 의미를 뛰어넘어 누구나 보살핌의 대상이 되며, 돌봄을 받을 수 있어야 함(남기민, 2023)을 의미한다. 또한 돌봄은 단순히 육체적인 관리나 감독을 넘어서, 온전한 관심과 배려를 통해 상호 간의 관계를 형성하고 유지하는 과정이다. 돌봄의 본질은 아동의 발달과 안녕에 대한 지속적인 관심과 책임을 내포하고 있다. 이를 위해 돌봄의 개인적인 책임뿐만 아니라 가족과 사회 구성원 간의 상호 의존적인 관계를 형성하며, 사회적 유대감과 상호 도움을 실천하는 사회적 책임에 노력을 기울일 필요도 있다. 따라서 돌봄은 단순히 개인적인 문제를 넘어서, 사회적 가치를 가지고 사회의 안정과 발전에 필수적인 요소 중 하나인 것이다(이황순, 2024).

2) 초등학교와 돌봄

주로 영유아기나 노인기를 중심으로 돌봄에 대한 논의가 이루어졌지만, 공공성 차원에서 돌봄을 이해하고 기본 권리로 본다면, 초 · 중 · 고등학교에서도 돌봄이 실천될 필요가 있다. 공공성은 학교가 공교육 기관으로서 가진 공적 책무에서 출발해야 한다. 이러한 점에서 돌봄은 학교의 주요 책무인 학생들의 배움과 성장을 위해 필요한 전제조건이라 할 수 있다. 따라서 돌봄을 특정 집단에만 베푸는 시혜적인 관점으로 이해하는 것이 아니라, 교육적 의미에서 모든 학생에 대한 연민, 사랑과 기대를 중심으로 이해해야 한다. 바로 이것이 학교교육과 돌봄이 연결되는 중요한 지점이다. 또한 학교는 학생이 평등을 경험하는 공간이어야 한다는 점에 근거하여 돌봄을 이해할 필요가 있다. 이는 학교에서 돌봄을 통해 평등을 경험함으로써 아이들이 공부하고 탐색하는 행위가 비로소 자유로워지고 이를 바탕으로 미래 사회의 변화가 가능하다는 주장(Masschelein & Simons, 2020)과 연결된다. 즉, 돌봄은 교육복지와 같은 개념으로서 불평등 해소에 궁극적 목적이 있다. 정리하면 학교교육의 목표는 넓은 차원에서 돌봄과 연결되어 학교교육을 통해 모든 학생들이 '할 수 있음'을 평등하게 경험할 수 있게 하는 것이 필요하다. 결국 돌봄은 학교교육과의 긴밀한 관계 속에서 학생의 배움과 성장이 일어날 수 있는 토대로 작동되어야 하며, 이러한 점에서 학교교육에서 돌봄의 의미는 [그림 7-1]과 같이 제시할 수 있다.

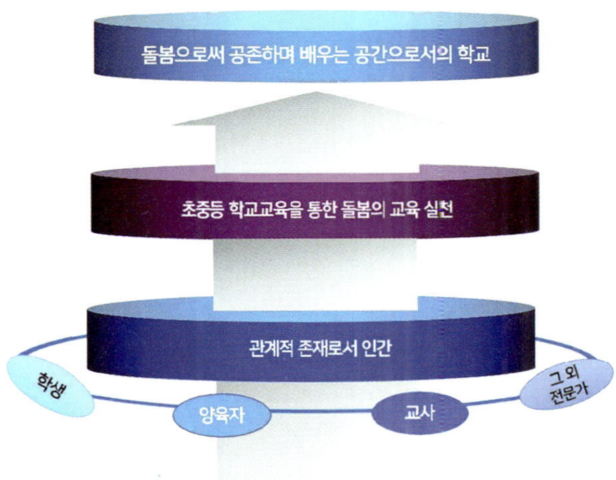

[그림 7-1] 학교교육에서의 돌봄

출처 : 권순정(2022).

이와 같이 시대를 막론하고 돌봄은 모든 인간에게 필요한 것이다. 특히 초등학생과 같이 성인이 되기 이전 의존의 시기에 누군가의 돌봄을 받지 않는다면, 인간은 생존하거나 성장할 수 없게 된다. 특히 초등학교 1학년은 유치원이나 어린이집에 비해 하교시간이 빠른 반면 아동 스스로 학원을 가기는 어려워서 돌봄 부담을 호소하는 부모가 많으므로 돌봄이 절실히 필요하다.

한편 돌봄과 함께 언급되는 보육의 사전적 의미는 어린아이를 돌보아 기른다는 것으로 주로 영유아를 대상으로 하는 기관에서 교육과 보호의 통합 개념으로 사용되었다. 초등학교에서의 돌봄은 보육과 다른 대상을 지니며 요구되는 내용도 다소 차이가 있다(김민정, 2015). 이에 초등학교 아동의 발달적 특성과 가족의 요구에 부합한 다양한 늘봄(돌봄)프로그램을 운영할 필요가 있다. 초등학생을 대상으로 한 돌봄의 중요한 목적 중의 하나는 아동이 건강하고 행복한 여가를 안전한 보호 속에서 누릴 수 있도록 배려하는 것이다. 따라서 아동에게 만족감을 주는 레크리에이션 활동에 상당한 비중을 준다.

초등돌봄의 역사가 긴 북유럽에서는 초등돌봄시설을 레크리에이션 센터 또는 레저 클럽으로 부른다. 이는 흥미로운 여가생활을 통한 아동의 욕구충족이 초등돌봄의 중요 요소임을 시사한다. 결론적으로 늘봄(돌봄)프로그램은 학교교육이 아닌 가정교육의 연장이며, 지역사회 공동체 서비스의 성격을 띠고, 초등학교 아동의 성장과 발달에 관한 전문가에 의해서 운영되는 프로그램이다. 또한 여타의 학령기 아동 대상 프로그램과 달리 행복한 여가활동을 누리는 아동의 권리를 보장하려는 성격을 갖는다(남궁선혜, 2010). 학습에만 치우치거나 실내 활동 중심의 프로그램은 장시간 학교에 있는 아동에게 부담이 될 수 있고, 활동적인 아동의 욕구를 충족하지 못할 수 있다. 따라서 늘봄(돌봄)프로그램은 안전한 보호, 전인적 성장, 행복 추구에 초점을 두어야 한다.

3) 늘봄전담사의 업무

일반교육과정에서 교사의 역할이 중요하듯이 늘봄(돌봄)프로그램에서 늘봄전담사가 미치는 영향은 매우 크다고 볼 수 있다. 늘봄전담사의 전문성은 늘봄전담사 자신뿐만 아니라 아동에게 영향을 미치고, 늘봄교실의 질적 개선도 이끌어 낼 수 있기 때문에 이들의 전문성을 확보하는 것이 중요하다. 이를 위해 늘봄전담사 대상 연수나 관련 프로그램, 늘봄교실 기반 시설이 확충되어야 하며, 늘봄전담사가 속한 공동체에서도 늘봄전담사에 대한 사회적 지지를 높여야 한다(김도기, 2023). 이들의 역량에 따라 프로그램의 질이 좌우되다 보니 이들의 전문성이나 직무 및 직무만족 등에 관한 관심이 높아지고 있다.

늘봄전담사는 기존 초등돌봄교실의 돌봄전담사를 의미한다. 늘봄전담사의 전신인 돌봄전담사의 핵심과업은 〈표 7-1〉과 같다. 이처럼 초등돌봄교실에서는 돌봄전담사의 과업 범위는 매우 넓고, 특히 행정업무영역 과업이 높은 비중을 차지했었다. 그러나 늘봄학교 도입에 따라 행정업무는 늘봄실무직원에게 많이 이양되고, 늘봄(돌봄)프로그램 계획 · 운영이나 늘봄교실 운영 · 관리가 늘봄전담사의 주요 역할이 되었다.

〈표 7-1〉 돌봄전담사(늘봄전담사의 전신)의 핵심과업

책 무	과 업
A. 운영계획 수립 및 평가	A-4. 연간 운영계획안 수립하기 A-5. 급·간식 안전계획 및 식단표 작성하기 A-6. 주간·월간계획안 작성하기 A-7. 안전교육계획 및 안전귀가계획 수립하기 A-8. 돌봄교실 만족도 조사 및 평가·환류하기
B. 프로그램 운영	B-3. 주기적 프로그램 편성 및 운영하기 B-7. 프로그램 활동 공개 및 만족도 조사하기
C. 학생관리	C-1. 학생 개인별 일정 확인 및 관리하기 C-2. 학생 출결 및 이동사항 확인하기 C-3. 기초학력 파악 및 학습지원하기 C-4. 숙제확인 및 지도하기 C-5. 급식 및 간식 제공하기 C-6. 건강 상태 확인하여 조치 취하기 C-7. 특이체질 및 식품알레르기 학생 파악하기 C-8. 귀가 지도하기 C-9. 담임교사와 학생지도 협의하기
D. 기본생활습관지도	D-1. 생활예절 지도하기 D-2. 교우관계 지도하기 D-3. 위생생활 지도하기 D-4. 안전생활 지도하기 D-5. 놀이활동 지도하기 D-6. 영양교육 및 편식 지도하기
E. 역량관리	E-1. 교육청 주관 역량강화 연수 참여하기
F. 행정업무	F-1. 교육청 및 지자체 공문서 작성·관리하기 F-2. 목적경비·수익자부담경비 관리 및 집행결과 공개하기 F-3. 저소득층 지원 학생 파악 및 집행하기 F-4. 강사비 및 재료비 품의하기 F-5. 매식업체 선정하기 F-6. 교구·소모품 품의 및 구입하기 F-9. 급식 보존식 관리하기

	F-10. 일일돌봄활동일지 작성하기 F-11. 귀가관리대장 작성하기 F-12. 상담일지 기록하기 F-13. 돌봄교육지침 파악하기
G. 가정연계활동	G-1. 학생의 발달 특성 파악하기 G-2. 학생의 내적 및 외적 환경 파악하기 G-3. 학부모 오리엔테이션 및 간담회 하기 G-4. 학부모 전화상담 및 면담하기 G-5. 가정통신문 작성·배부하기 G-6. 학부모와 주기적으로 정보 교환하기
H. 보조인력관리	H-2. 방과후 프로그램 활동 강사 관리하기 H-3. 외부 프로그램 강사 관리하기
I. 시설·환경관리	I-1. 실내외 환경 구성하기 I-2. 교실 정리 정돈하기 I-3. 급·간식 기구 위생 관리하기 I-4. 기자재 및 물품 관리하기 I-5. 교실 시설물 안전점검 하기 I-6. 교실 실내외 제반 시설 관리 및 보수하기
J. 지역사회연계활동	J-5. 위기발생 시 인근 경찰서 및 지구대에 협조 요청하기 J-6. 지역사회 아동서비스센터와 연계 활동하기

출처 : 오시영(2017).

2. 늘봄(돌봄)프로그램의 유형

늘봄(돌봄)프로그램은 [그림 7-2]와 같이 운영시간에 따라 아침늘봄, 오후늘봄, 저녁늘봄, 연계형늘봄, 방학 중 늘봄 등으로 나뉜다.

〈표 7-2〉 시간대별로 활용 가능한 늘봄프로그램

<table>
<tr><th>구분</th><th>7:00~</th><th>12:00~</th><th>~13:00</th><th>~14:00</th><th>~15:00</th><th>~16:00</th><th>~17:00</th><th>~20:00</th></tr>
<tr><td rowspan="8">1,2
학년</td><td rowspan="11">아침
늘봄</td><td colspan="6">오후늘봄</td><td rowspan="11">저녁
늘봄</td></tr>
<tr><td colspan="6">맞춤형 프로그램 → 하교</td></tr>
<tr><td colspan="6">맞춤형 프로그램 → 늘봄교실 → 하교</td></tr>
<tr><td colspan="6">늘봄교실 (※ 기존 돌봄) → 하교</td></tr>
<tr><td colspan="6">맞춤형 프로그램 → 늘봄교실&늘봄(방과후)프로그램 → 하교</td></tr>
<tr><td colspan="6">맞춤형 프로그램 → 늘봄(방과후)프로그램 → 하교</td></tr>
<tr><td colspan="6">연계형늘봄&늘봄(방과후)프로그램 → 하교</td></tr>
<tr><td colspan="6">늘봄(방과후)프로그램 (※ 기존 방과후) → 하교</td></tr>
<tr><td rowspan="3">3~6
학년</td><td colspan="6">늘봄(방과후)프로그램 (※ 기존 방과후) → 하교</td></tr>
<tr><td colspan="6">늘봄교실&늘봄(방과후)프로그램 → 하교</td></tr>
<tr><td colspan="6">늘봄교실 (※ 기존 돌봄) → 하교</td></tr>
</table>

출처 : 교육부 외(2024).

2024년 현재 초1학년, 그리고 2025년부터는 초2학년도 맞춤형 프로그램 2시간을 무료로 운영하고, 나머지 학년들은 기존 돌봄과 방과후 프로그램을 선택할 수 있다. 따라서 활용 가능한 유형은 '아침늘봄, 오후늘봄, 저녁늘봄'을 기본으로 하고, 늘봄(방과후)프로그램에 참여하면서 늘봄교실을 이용하지 못하는 학생을 위한 연계형늘봄(기존 방과후 연계 돌봄), 방학 중 늘봄으로 운영할 수 있다.

아침늘봄

대 상	이른 등교로 정규수업 이전 늘봄서비스가 필요한 초등 1~6학년
운영 장소	늘봄전용교실 또는 특별실
학급 편성	학급당 20명 내외로 편성 권장
운영 시간	정규수업 전, 학교 여건에 다라 탄력적 운영 가능
프로그램	학교 여건에 따라 활동 구성(독서, 체육 활동, 화훼 등)

오후늘봄

대 상	• 1~2학년에서 전 학년 점차 확대, 학교별 여건 고려 • 맞벌이가정·저소득층가정·한부모가정·다자녀가정·다문화가정·담임추천대상자 등의 학생
운영 장소	늘봄전용교실 또는 겸용교실
학급 편성	학급당 20명 내외로 편성 권장
운영 시간	시·도여건 및 늘봄수요 등을 고려하여 방과 후부터 17시 (또는 19시) 까지 운영 권장 (수요가 없는 경우 운영 시간 조정 가능)
프로그램	1개 이상(매일 또는 주 5회 내외) 특기적성 프로그램 제공

저녁늘봄

대 상	오후늘봄 및 연계형늘봄 참여 학생 중 추가 늘봄서비스가 필요한 학생
운영 장소	늘봄전용교실 또는 겸용교실
학급 편성	학급당 20명 내외로 편성 권장(참여 인원이 5명 이하인 경우에는 지역 돌봄기관과의 연계 운영 방안 강구)
운영 시간	17시(또는 19시)~20시, 학고 여건에 따라 탄력적 운영 가능
프로그램	개인 및 단체활동, 자율활동으로 프로그램 구성

연계형늘봄

대 상	늘봄(방과후) 프로그램에 참여하면서, 늘봄교실을 이용하지 못하는 학생 *늘봄(방과후) 프로그램에 참여하지 않는 학생이라도 늘봄서비스가 필요한 시간 동안 입급 가능
운영 장소	늘봄전용교실 또는 겸용교실
학급 편성	학급당 20명 내외로 편성 권장
운영 시간	방과 후~17시, 학교 여건에 따라 탄력적 운영 가능
프로그램	봉사·지원 인력을 활용, 늘봄학교활동 및 자율활동 관리

방학 중 늘봄

대 상	학기 중 늘봄교실 참여 학생 또는 신규 참여 희망 학생
운영 장소	늘봄전용교실 및 겸용교실, 연계형 늘봄교실
학급 편성	학급당 20명 내외로 편성 권장
운영 시간	학기 중 운영 시간과 동일(수요와 여건에 따라 조정)
프로그램	늘봄(방과후) 프로그램 연계

[그림 7-2] **늘봄(돌봄)프로그램 유형**

출처 : 교육부 외(2024).

1) 아침늘봄

아침늘봄은 정규수업 이전 이른 등교 학생에게 안전한 돌봄서비스를 제공하는 것이다. 부모의 출근 등으로 아침 시간 돌봄이 필요한 초등 1~6학년 희망 학생으로, 수요가 많은 경우 맞벌이가정, 저소득층가정 또는 저학년 학생을 우선 선정한다. 학년 구분 없이 운영 가능하며, 운영인력으로 외부강사를 채용하거나 자원봉사자를 위촉한다. 주로 미술이나 체육활동 등 정규수업에 지장을 주지 않는 '프로그램 유형' 또는 독서 등 개별 학생이 자율적으로 활동하는 '단순 돌봄 유형'으로 진행될 수 있다. 아침늘봄은 〈표 7-3〉과 같이 단위학교에서 주도적으로 운영할 수 있지만, 〈표 7-4〉와 같이 지역의 기관이 학교로 찾아가 운영하는 것도 가능하다.

〈표 7-3〉 단위학교 주도형 아침늘봄 운영 내용(예시)

구 분	운영 내용
목적	• 이른 등교 학생의 조기 등교 후 안전한 돌봄서비스 제공
대상	• 이른 등교로 정규수업 이전 늘봄서비스가 필요한 초등 1~6학년 희망 학생 ※ 수요가 많은 경우 맞벌이가정 또는 저학년 학생 우선 선정
시간	• 07:00 ~ 09:00 ※ 수요자 및 학교 여건에 따라 탄력적 운영 가능
장소	• 늘봄전용교실, 유휴교실, 특별실 등 활용
학급편성	• 학교의 여건에 따라 학급당 20명 내외 또는 단위학교 학급당 학생수 반영 편성 ※ 학년 구분 없음
늘봄인력	• 교육기부자(퇴직교원 등), 학부모, 자원봉사자, 외부강사 등

	1 프로그램 운영형	2 단순 돌봄형
운영유형	• 아침늘봄교실 프로그램 운영 (예 신체활동, 미술활동, 코딩 등)	• 학생 자율활동 등 단순 아침늘봄 운영 (예 독서 등 개별 자율활동)
	• 간편식(완제품) 제공 ※ 간편식 기준금액은 해당 지역청 예산편성 지침 참고	
업무지원	• 강사 채용, 자원봉사자 위촉 지원, 행정업무 지원, 위탁업체 선정 및 계약 지원 등 ※ 지역별 늘봄지원센터의 역할에 따라 달라질 수 있음	
단체활동	• 음악줄넘기, 북아트, 전래놀이, 생활체육, 창의로봇, 악기연주, 요리, 연극, 학부모와 함께하는 체험활동, 인성프로젝트, 안전교육 등	

출처 : 교육부 외(2024).

〈표 7-4〉 학교·지역사회 협력형 아침늘봄 운영 내용(예시)

구 분		운영 내용
개요		• 학교와 지역의 협력을 바탕으로 지역기관이 학교로 찾아가 특색 있는 프로그램을 직접 기획·운영하는 마을늘봄학교
기간(시간)		• 20○○년 3월~20○○년 2월 (월~금 7:50~8 50) (60분, 주5회) (준비시간 10분, 정리시간 10분, 수업시간 40분 포함하여 총 60분)
내용		• 기관(단체) 주관의 특색프로그램 기획·운영으로 아침시간 배움과 돌봄 제공
방법		• 교육관련 비영리 기관 및 단체 대상으로 사업 운영기관 공고 및 선정
예산		• 기관(단체)에서 직접 예산 집행 및 정산
기관별 역할	기관(단체)	• 학교로 찾아가는 마을늘봄학교 공모 신청 • 학교로 찾아가는 마을늘봄학교 프로그램 운영계획 • 강사 선정 및 계약 • 프로그램 홍보 및 안내 • 학생 모집 및 선정 • 프로그램 운영 및 강사관리 • 만족도 조사 실행
	교육(지원)청	• 학교로 찾아가는 마을늘봄학교 계획 수립 및 공모 • 기관 선정 및 운영 지원 – 업무협약 및 담당자 연수 – 기관 및 학교 연계 지원 – 운영비 교부 및 운영 지원 – 운영 점검 및 모니터링 – 만족도 조사 및 설문 안내

	단위 학교	• 성범죄 경력 및 아동학대관련범죄 전력 조회 • 학교운영위원회 심의 • 등교 안전지도를 위한 안전관리 인력 배치(배움터지킴이 활용 등) • 홍보 및 기타 사항 협조

출처 : 교육부 외(2024).

2) 오후늘봄

오후늘봄은 정규수업 이후 오후 5시(또는 7시)까지 학부모 수요 및 학교 여건에 따라 탄력적으로 운영하는 것이다. 초등돌봄은 오후돌봄 위주로 팽창했으며, 늘봄학교가 도입된 현재에도 아침늘봄이나 저녁늘봄에 비해 참여 인원이 많다(김민정, 2015). 맞벌이가정 · 저소득가정 · 한부모가정 · 다자녀가정 등의 학생을 중심으로 운영하며, 운영인력은 늘봄전담사이다. 오후늘봄은 학년의 특성 및 학교 여건에 따라 다양한 방식으로 진행되지만, 아침돌봄과 마찬가지로 대개 다음 두 가지 방식으로 운영된다.

▌단체활동

- 외부강사 및 교원에 의해 운영되는 예체능, 창의성 신장을 위한 특기적성 프로그램(예 음악줄넘기, 북아트, 전래놀이, 생활체육, 창의로봇, 악기연주, 재미있는 요리, 연극, 학부모와 함께하는 체험활동, 인성프로젝트, 안전교육 등)
- 매일 1개 이상 또는 주 5회 내외 무상 운영
- 교과학습 프로그램 운영은 지양하되 학교 내외의 다양한 시설이나 장소에서 수행

*「즐겁고 신나는 초등돌봄 놀이활동」(교육부 · 한국교육개발원, 2016) 활용

개인활동

- 개인적 · 자율적으로 늘봄전담사, 늘봄봉사인력 등의 지원 · 관리하에 행하는 활동(예 숙제하기, 일기쓰기, 독서하기, 그림그리기, 글쓰기, EBS 시청 등)

오후늘봄의 운영 내용과 프로그램 편성 · 운영의 예를 들면, 〈표 7-5〉와 〈표 7-6〉과 같다.

〈표 7-5〉 오후늘봄 운영 내용(예시)

구 분	운영 내용
목적	• 맞벌이가정 자녀 등 돌봄이 필요한 학생에게 안전한 돌봄 제공
대상	• 초등 1~2학년 위주에서 초등 전 학년으로 점차 확대 ※ 맞벌이가정, 저소득층가정, 한부모가정, 다자녀가정, 다문화가정, 담임추천대상자 등의 학생을 중심으로 운영 ※ 학부모 수요 및 학교 여건에 따라 대상 학년 선정
시간	• 정규교육과정 종료 ~ 17:00(또는 19:00)까지 운영 권장 ※ 수요자 및 학교 여건에 따라 탄력적 운영 가능(방학, 재량휴업일 포함) ※ 늘봄전담사와 합의를 통해 근무시간 조정 및 연장 근로 가능
장소	• 늘봄전용교실 및 겸용교실
학급편성	• 학교의 여건에 따라 학급당 20명 내외로 또는 단위학교 학급당 학생수 반영 편성
늘봄인력	• 늘봄전담사
운영내용	• 개인활동, 단체활동 프로그램 운영 • 1일 1개 이상 단체활동 프로그램 운영
업무지원	• 강사 채용, 자원봉사자 위촉 지원, 행정업무 지원, 프로그램 위탁업체 선정 및 계약 지원 ※ 지역별 늘봄지원센터의 역할에 따라 달라질 수 있음

출처 : 교육부 외(2024).

〈표 7-6〉 오후늘봄 프로그램 편성·운영 내용(예시)

구분 \ 요일	월	화	수	목	금
13:00~13:40	정규수업	정규수업	맞춤형 늘봄, 돌봄교실 또는 늘봄(방과후) 프로그램 참여	정규수업	맞춤형 늘봄, 돌봄교실 또는 늘봄(방과후) 프로그램 참여
13:40~13:50	이동 및 쉬는 시간				
13:50~14:30	맞춤형 늘봄, 오후돌봄 또는 늘봄(방과후) 프로그램 참여	맞춤형 늘봄, 오후돌봄 또는 늘봄(방과후) 프로그램 참여	맞춤형 늘봄, 오후돌봄 또는 늘봄(방과후) 프로그램 참여	맞춤형 늘봄, 오후돌봄 또는 늘봄(방과후) 프로그램 참여	맞춤형 늘봄, 오후돌봄 또는 늘봄(방과후) 프로그램 참여
14:30~14:40	이동 및 휴식				
14:40~15:20	개인활동(간식 포함)				
15:20~15:30	이동 및 휴식				
15:30~16:10	(단체활동) 북아트	(단체활동) 창의로봇	(단체활동) 음악줄넘기	(단체활동) 쿠킹클레이	(단체활동) 오카리나
16:10~16:20	이동 및 휴식				
16:20~17:00	(개인활동) 안전교육 DVD 시청	(개인활동) 숙제하기/일기쓰기	(개인활동) 숙제하기/일기쓰기	(개인활동) 숙제하기/일기쓰기	(개인활동) 숙제하기/일기쓰기
17:00~17:10	쉬는 시간				
17:10~17:50	(개인활동) 개별 놀이활동, 숙제하기, 자기주도적 활동(독서, 그림그리기, 글쓰기)				

3) 저녁늘봄

저녁늘봄은 돌봄공백 해소 및 학부모 양육 부담 경감을 위해 오후돌봄이 끝나는 5시(또는 7시) 이후 8시까지 탄력적으로 운영하는 것이다. 오후늘봄 및 연계형늘봄에 참여한 학생 중 추가 돌봄이 필요한 학생이 3일 전 사전신청하면 이용할 수 있다. 저녁늘봄은 수요가 많지 않아 개별 학교에서 단독 운영하기보다 〈표 7-8〉과 같이 지역공동 돌봄방식이 이용되기도 한다. 또한 저녁돌봄 수요가 소수이고, 학교 간 접근성이 용이한 지역에서는 거점형 늘봄센터를 구축하여 인근학교 간 돌봄 수요에 공동 대응할 수 있다. 따라서 저녁늘봄은 늘봄전담사나 자원봉사자뿐 아니라 지역 늘봄기관 인력 등이 참여할 수 있다.

〈표 7-7〉 **저녁늘봄 운영 내용**(예시)

<table>
<tr><th>구 분</th><th colspan="2">운영 내용</th></tr>
<tr><td>목적</td><td colspan="2">• 안전한 저녁늘봄서비스 제공으로 돌봄공백 해소 및 학부모 양육 부담 경감</td></tr>
<tr><td>대상</td><td colspan="2">• 초등 1~6학년
※ 수요가 많을 경우 학교 여건에 따라 대상 학년, 대상 학생 조정 가능함</td></tr>
<tr><td>시간</td><td colspan="2">• 17:00(또는 19:00) ~ 20:00까지 운영
※ 수요자 및 학교 여건에 따라 탄력적 운영 가능</td></tr>
<tr><td>장소</td><td colspan="2">• 늘봄전용교실 및 겸용교실, 프로그램 운영에 따른 특별실 등</td></tr>
<tr><td>학급편성</td><td colspan="2">• 학교의 여건에 따라 학급당 20명 내외로 편성
※ 참여 인원이 5명 이하인 경우에는 지역 늘봄기관과의 연계 운영 방안 강구</td></tr>
<tr><td>늘봄인력</td><td colspan="2">• 자원봉사자, 늘봄전담사, 퇴직교원, 지역 늘봄기관 인력 등</td></tr>
<tr><td rowspan="2">운영유형</td><td>1 단위학교형</td><td>2 거점학교형</td></tr>
<tr><td>• 수요가 많은 학교의 운영유형
- 쉼과 놀이 중심의 단순 돌봄
- 수요자 중심의 프로그램 운영
- 석식 제공 및 과제, 개인 취미활동 등</td><td>• 수요가 소수이고, 학교 간 접근성이 용이한 지역에서 운영
- 거점형 늘봄센터를 구축하여 인근학교 간 돌봄 수요에 공동 대응 등</td></tr>
</table>

	③ 지역연계형	④ 복합형
	• 지역 늘봄협의체 및 늘봄기관 간 협력을 통해 지역아동센터 등에서 운영이 가능한 경우 - 지역 늘봄기관의 늘봄교실 및 늘봄프로그램 제공, 예산 연계 운영 가능	• 희망 시간대 및 가용 인프라에 따른 선택형으로 운영
안전관리	• 학생 귀가 시 학부모 동행 귀가 원칙, 대리자(성인) 사전 지정제 실시 • 시설안전 등 안전관리 시스템, 응급상황 대책 등 안전관리계획 수립 철저 (인근 경찰서 및 지구대 협조, 안전교육, 비상벨, 화상인터폰, 이동경로 센서등 설치)	

출처 : 교육부 외(2024).

〈표 7-8〉 ○○지역 동네방네 늘봄프로그램 운영 사례(예시)

구 분	운영 내용
개요	• 지역, 학교, 마을이 저녁늘봄서비스 수요를 공동 대응하는 모델 • 학교 밖 지역 공간을 활용한 프로그램 중심 늘봄(돌봄)프로그램 확대
대상	• 초1~3학년(시범학교와 교육지원청과 협의된 지역 공간 주변에 사는 학생)
시간	• 주중 14:00~18:00 ※ 수요자 및 학교 여건에 따라 탄력적 운영 가능
장소	• 학교, 마을학교, 지역 늘봄기관, 청소년 공간, 아파트 등 지역 공간
학급편성	• 1개소별 20명 내외
운영방법	• 마을학교 및 지역 늘봄기관과 연계하여 저녁늘봄 운영 지원 • 지역의 청소년 공간을 활용한 저녁돌봄 운영 • 농어촌 지역 농번기 시기 한시적 저녁늘봄 등 지역 상황에 맞는 늘봄(돌봄)프로그램 운영
늘봄인력	• 자원봉사자, 늘봄전담사, 퇴직교원, 지역 늘봄기관 인력 등

기관별 역할	1 주민자치회, 지자체	4 지역연계형
	• 주민자치센터 학습실, 아파트 커뮤니티센터 등 공간 제공, 안전관리 협조	• 학교 연계 가능한 지자체, 주민자치회 공간 발굴 및 별도 계획 수립 추진 • 학교, 교육지원청, 주민자치회, 아파트입주자대표회와 업무협약 추진 • 봉사인력 선발 및 배치(안전관리 등) • 지역대학 연계 프로그램 필수 개설 • 아동학대 및 폭력예방교육 운영(필수) • 안전사고 대응 체계 마련
	2 지역대학 및 문화예술단체 등	
	• 문화, 예술, 체육, 디지털 중심 운영 프로그램 개발 및 운영	
	3 학교	
	• 학생 안내 및 모집 • 프로그램 컨설팅 • 범죄경력 조회 협조	
안전관리	• 학생 귀가 시 학부모 동행 귀가 원칙, 대리자(성인) 사전 지정제 실시 • 관리봉사인력, 경비 용역 등을 활용하여 학생 안전관리 방안 마련	
운영내용	(아래 표 참조)	

시간	월	화	수	목	금
13:30~14:00	이동, 인사, 출석확인				
14:00~15:20	대학연계 (예술)	대학연계 (체육)	대학연계 (디지털)	대학연계 (예술)	대학연계 (디지털)
15:20~16:00	간식 및 휴식(간식 무상지원)				
16:00~17:20	레고	보드게임	대학연계 (체육)	레고	보드게임
17:20~18:00	학생 개인별 활동/ 귀가 시간				

출처 : 교육부 외(2024).

4) 연계형늘봄

연계형늘봄은 늘봄학교 프로그램 간 틈새를 활용한 쉼 · 놀이 중심의 돌봄을 제공하는 것이다. 대상은 늘봄(방과후)프로그램에 참여하면서 오후늘봄을 이용하지 않는 학생이며, 늘봄(방과후)프로그램에 참여하지 않더라도 필요 시간만큼 비용을 지불하면 이용할 수 있다. 운영시간은 방과 후에서 오후 5시까지로 학교 여건 및 수요에 따라 탄력적으로 운영된다. 운영인력은 늘봄전담사가 아니라 교육기부, 자원봉사, 교원 등 다양한 인력이다. 오후늘봄과의 차이는 간식 및 급식을 제공하지 않는다는 점과 무상 프로그램이 아니라는 점이다.

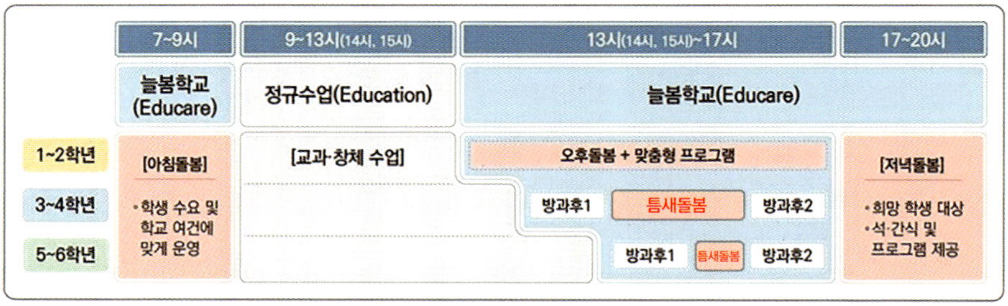

[그림 7-3] **틈새돌봄**

출처 : 교육부 외(2024).

〈표 7-9〉 **연계형늘봄 운영 내용**

구분	운영 내용
목 적	• 늘봄학교 프로그램 간 틈새를 활용한 쉼·놀이 중심의 돌봄 제공
대상	• 초등 1~6학년 ※ 학교 여건에 따라 늘봄(방과후)프로그램 미참여 학생이라도 틈새시간 동안 연계돌봄 필요 시 입급 가능
시간	• 방과후 ~ 17:00까지 운영 ※ 수요자 및 학교 여건에 따라 탄력적 운영 가능
장소	• 늘봄전용교실 및 겸용교실(일반교실, 도서관, 특별실 등)
학급편성	• (정원형) 시간대별 이용 인원(20명 내외)을 고르게 분산하여 정원 관리 • (개방형) 일반교실보다 큰 공간에서 인원 제한 없이 출결 및 안전관리
늘봄인력	• 자원봉사자 등

	[1] 늘봄학교 및 틈새활동	[2] 자율활동
운영유형	• 봉사인력이 출석 확인 후 늘봄학교 프로그램이나 틈새 프로그램 참여 • '하루하루 스스로 채워가는 포근한 틈새시간' 자료집 활용(교육부·한국교육개발원, 2017)	• 늘봄(방과후)프로그램에 참여하지 않는 시간에는 과제, 독서 등 개별활동
학생관리	• 출석부, 관리 일지를 통해 학생 입·퇴실 및 안전관리 • 개별 학생 관리카드 활용 권장 : 수업 종료 시간, 늘봄학교 프로그램 참여, 연계형늘봄 이용 시간, 하교시간 등 기재	
간식 및 급식	• 별도의 간식 등은 제공하지 않으나 필요에 따라 개별 지참	
기타	• 늘봄(방과후)프로그램이 운영되지 않는 학기말, 저량휴업일, 각종 재해 및 재난 발생 시 등에도 늘봄서비스를 공백 없이 운영할 수 있도록 방안 마련 • 교육기부 프로그램 활용, 인근 지역사회를 활용한 교육활동 장소나 프로그램 강사 지원, 늘봄(돌봄)프로그램과 연계 운영 등 권장	
운영예시	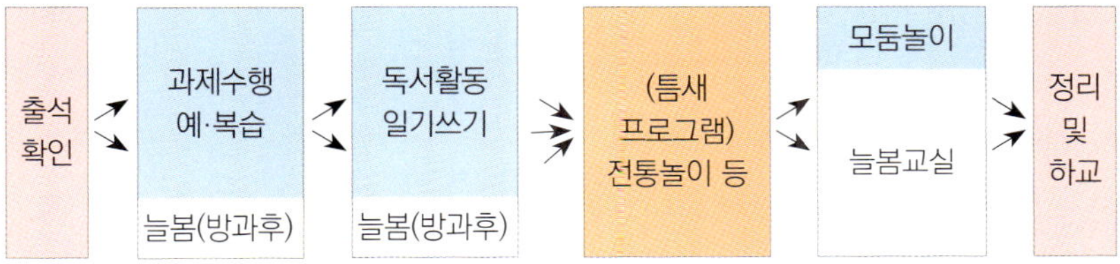	
업무지원	• 자원봉사자 위촉 지원, 지역연계 프로그램 지원 등 ※ 지역별 늘봄지원센터의 역할에 따라 달라질 수 있음	

출처 : 교육부 외(2024).

5) 방학 중 늘봄

방학 중 돌봄이 필요한 학생들의 돌봄공백 해소 및 만족도를 높이기 위한 것이다. 이용 대상은 학기 중에 오후늘봄 및 연계형늘봄에 참여한 학생 또는 방학 중 신규로 돌봄이 필요한 학생들이다. 운영시간은 학기 중 운영시간과 동일한 오전 9시~오후 5시까지이지만, 시작 시간과 종료 시간은 학부모의 수요와 학교의 여건을 바탕으로 조정할 수 있다. 방학 중 늘봄은 충분한 수요조사와 신규 대상 학생이 누락되지 않도록 해야 한다. 운영인력은 늘봄전담사나 외부강사뿐 아니라 자원봉사자 등 다양하며, 학교 외부체험프로그램을 실시하는 경우 교사 동행이 원칙이다 (김도기, 2023). 방학 중 늘봄 운영 내용은 〈표 7-10〉과 같다.

〈표 7-10〉 방학 중 늘봄 운영 내용

구 분	운영 내용
목적	• 방학 중 돌봄이 필요한 학생들의 돌봄공백 해소 및 만족도 제고
대상	• 초등 1~6학년 ※ 학교 여건을 고려하여 학기 중에 오후늘봄 및 연계형늘봄에 참여한 학생 또는 방학 중 신규로 돌봄이 필요한 학생 등
시간	• 09:00 ~ 17:00까지 운영 권장 ※ 수요자 및 학교 여건에 따라 탄력적 운영 가능 ※ 늘봄전담사와 합의를 통해 근무시간 조정 및 연장 근로 가능
장소	• 늘봄전용교실 및 겸용교실 등
학급편성	• 학교의 여건에 따라 학급당 적정 규모로 편성
늘봄인력	• 늘봄전담사, 자원봉사자, 학부모, 대학생, 외부강사 등
운영내용	• 자유놀이 및 자기주도적 프로그램, 단체 무상 프로그램 등 • 교육기부 및 지역사회 연계 프로그램, 학생중심 체험활동 등

CHAPTER

8

늘봄교사의 상호작용

1. 상호작용의 의미와 중요성

아동은 일상적인 등교 인사에서부터 시작하여 간식 및 식사, 수업, 늘봄학교 프로그램 등 일과를 통해 교사와 상호작용한다. 아동과 늘봄교사의 상호작용은 교사가 아동을 진정시키기 위해 쓰다듬거나 안아주거나 뽀뽀를 하는 등의 신체적 상호작용에서부터 과학실험 중인 아동을 격려하거나 개방적 질문을 하는 등의 언어적 상호작용에 이르기까지 다양한 형태로 일어난다. 이러한 다양한 상호작용을 통해 늘봄교사는 아동의 개별적 특성을 이해하고, 신체, 인지, 언어, 사회, 정서 등 모든 측면의 발달이 이루어지기 위해 적합한 경험을 제공할 수 있다. 한편 늘봄교사는 이러한 상호작용을 교사가 아동의 요구에 일방적으로 반응하는 관계로 이해하기 쉽다. 그러나 '상호작용'이라는 말 그대로 상호작용은 늘봄교사에게도 성숙한 인간으로 성장할 수 있는 중요한 계기가 될 수 있다.

늘봄교사는 아동이 주변 환경을 이해하고 태도와 가치관을 습득하는 데 영향을 미치는 중요한 존재이다. 또한 아동의 건전한 발달과 효과적인 학습을 위해서는 늘봄교사의 교수전략 못지않게 늘봄교사와 아동의 상호작용이 중요하다. 교사가 상황마다 발달적·개별적으로 적절하고 민감한 반응을 제공한다면, 자존감이 높아진 아동은 학습에 주도적으로 참여하고, 이에 따라 교실의 분위기도 안정될 것이다. 또한 늘봄교사와의 긍정적인 상호작용은 교사에 대한 기본적 신뢰감을 갖게 하고, 이를 바탕으로 또래들과 긍정적인 인간관계를 형성하게 하며, 이후의 다른 사람들과의 대인관계를 맺는 데 필요한 기술을 습득하게 한다. 따라서 바람직한 상호작용을 이해하고 실천하는 것은 매우 중요하다.

상호작용 방법은 다양하며 교사마다 주로 사용하거나 선호하는 상호작용이 있다. 한 가지 방법에 의존하는 것은 효율적이지 않으므로 늘봄교사는 가능한 한 많은 상호작용을 숙지하고, 학습 상황이나 학습 주기, 학습 목표, 그리고 개별 아동의 특성에 따라 가장 적절한 상호작용을 선택해서 사용해야 한다(Copple & Bredekamp, 2006).

2. 학습 주기에 따른 상호작용

Bredekamp와 Rosegrant(1992)는 [그림 8-1]과 같은 학습 주기 모델을 제시했다. 첫 단계는 사람, 사물 및 사건에 대해 '인식'하는 단계이고, 다음 모든 감각을 이용하여 '탐색'하는 단계를 거쳐 일반화된 개념으로 '탐구'하는 단계, 마지막으로 학습 내용을 목적을 가지고 사용하거나 새로운 상황에 적용하는 '활용' 단계이다. 이러한 경험은 다음 학습을 위한 기초가 된다. 학습 주기에 따라 교사의 역할은 다르게 전개될 수 있다.

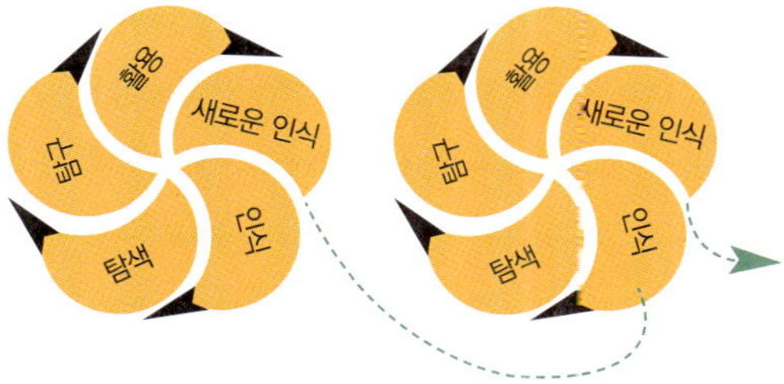

[그림 8-1] 학습 주기

출처 : Bredekamp & Rosegrant(1992).

1) 인식 단계

아동이 다양한 사물이나 상황에 관심을 가지고 호기심을 느끼는 단계이다. 선정된 주제에 대해 아동이 인식을 하도록 늘봄교사는 주제와 관련된 학습 변인들을 의식하여 주제와 관련된 교실 환경을 구성하고, 관련된 다양한 자료를 준비한다. 늘봄교사는 아동이 주제를 인식하고 흥미와 관심을 갖도록 새로운 사물이나 사건, 사람 등을 이야기나 그림 등을 통해 소개함으로써 아동의 흥미를 유발한다. 예를 들어, 특히 관찰하기(예 "~가 보이니?")와 관련된 발문을 사용할 수 있다. 또한 이 단계에서 늘봄교사는 아동의 현재 지식 수준을 평가할 수 있다. 아동은 주제와 관련된 경험들을 말하거나 글로 표현하고 여러 가지 활동을 통해 서로의 경험을 공유하게 된다. 이때 늘봄교사는 아동의 경험에 반응적인 태도를 보여야 한다.

2) 탐색 단계

아동이 인식한 것의 특성과 구성요소를 오감각을 통해 자유롭게 관찰, 비교하면서 알아가는 단계이다. 또한 아동은 문제를 해결하기 위해 여러 가지 방법을 고안하거나 여러 방법들의 장단점을 비교해 보는 등 다양한 해결 전략을 탐색할 수 있다. 탐색, 정보 수집, 발견 등의 행동을 통해 아동은 주제에 대해 개인적인 의미를 구성하게 된다. 늘봄교사는 아동이 학습에 관련된 여러 기능들을 충분히 활용하여 자유롭게 탐색할 수 있도록 충분한 시간과 기회를 제공해 주어야 한다. 또한 아동의 생각 등을 수용하고 이들의 탐색을 격려, 촉진하면서 주로 관찰, 비교, 측정, 분류 등과 관련된 질문을 하고, 아동이 교사의 질문에 대해 다양한 측면에서 생각해 보도록 격려한다.

3) 탐구 단계

아동이 이전 단계에서 탐색을 통해 개인적이고 개괄적으로 이해했던 것을 실험해 보거나 타인의 생각 또는 객관적 현실에 비추어 비교해 봄으로써 객관적이고 일반적인 개념으로 변환하는 단계이다. 따라서 탐구하고자 하는 질문에 대한 문제 정의와 정보 수집, 그리고 문제해결 방법을 위한 구체적인 계획이 필요하다. 늘봄교사는 아동이 이해한 것을 구체화할 수 있도록 돕도록 안내하고(예 왜 그런 것 같니? 어떻게 생각하니?), 아동이 개념을 자연스럽게 연관시킬 수 있도록 추론, 관계, 분류와 관련된 발문(예 "왜 돌맹이가 가라앉았을까?)을 할 수 있으며, 아동이 요청할 때 적절한 정보를 제공해야 한다. 또한 이 단계에서 아동은 다른 아동과 의사소통하고, 추리와 증명을 하며, 문제해결 과정을 표상하기도 하므로 늘봄교사는 아동들 간의 상호작용을 격려하고, 아동의 주도권을 존중하면서 이들의 인지적 갈등이나 호기심을 일으키는 질문을 할 수 있다.

4) 활용 단계

학습 주기의 마지막 단계로 활용 단계는 아동이 개념을 구체화하고 학습한 것을 여러 가지 목적으로 사용하거나 새로운 상황에 적용해 보는 단계이다. 새로운 상황에 적용하고 새로운 가설을 설정할 수 있어야 새로운 학습 주기로 진입할 수 있다. 늘봄교사는 아동이 주제와 관련하여 학습한 새로운 개념들을 일상생활이나 새로운 상황에 적용할 수 있는 기회를 제공해 주고, 아동의 활동을 격려해 주어야 한다. 이 단계에서 늘봄교사는 적용, 의사소통, 표상과 관련된 질문을 주로 사용할 수 있다.

〈표 8-1〉 학습 주기에 따른 아동의 행동과 교사의 역할

구 분	아동의 행동	교사의 역할
인식	• 경험하기 • 참여하기 • 흥미 느끼기 • 다양한 변인 인식하기 • 지각하기	• 환경 구성하기 • 새로운 물체, 사건, 사람을 소개하여 의식할 수 있는 기회 제공하기 • 문제 제공이나 질문에 의해 흥미 유발하기 • 아동의 흥미 또는 공유한 경험에 반응하기 • 관심 표시하기
탐색	• 관찰하기 • 자료 탐색하기 • 정보나 자료 수집하기 • 구성요소 알아내기 • 이해한 것 구성하기 • 발견하기 • 창조하기 • 규칙 적용하기 • 개인적 의미 창출하기	• 관찰을 촉진·조장하기 • 탐색 기회를 확장·지원하기 • 적극적인 탐색 기회 제공하기 • 놀이로 확장하기 • 아동의 활동 묘사 및 기술하기 • 개방적 질문하기 • 아동의 사고를 존중하기 • 아동의 실수를 수용하기 • 실수를 통해 발견하게 하기
탐구	• 실험하기 • 설명하기 • 조사하기 • 초점 맞추기 • 타인의 생각과 비교하기 • 일반화하기 • 선수학습과 관련시키기 • 관습적 법칙체제에 적용해 보기	• 아동 스스로 이해한 것을 개념화하도록 돕기 • 주의집중 하도록 안내하기 • 보다 핵심적인 질문하기 • 요청 시 필요한 정보 제공하기 • 아동이 경험과 지식을 관련지을 수 있도록 돕기

활용	• 다양항 방법으로 학습 경험하기 • 다양한 매체로 학습내용 재표상하기 • 새로운 상황에 적용해 보기 • 새로운 가설을 반복 적용하여 지식 창조하기	• 실생활에 적용할 수 있는 매체나 기제 만들기 • 아동이 새로운 상황에 적용해 보도록 돕기 • 학습한 내용을 적용할 수 있는 의미 있는 상황 제공하기

출처 : NAEYC & NAECS/SDE(1991).

3. 지시적-비지시적 상호작용

Bredekamp와 Rosegrant(1995)는 상호작용을 지시적인 것에서부터 비지시적인 것에 이르기까지 여덟 가지로 제시했다. 인정하기와 모델되기는 비지시적인 상호작용, 촉진하기, 지지하기, 비계설정하기는 중재적 상호작용, 함께 구성하기, 시범 보이기, 지시하기는 지시적인 상호작용에 해당한다. 각 상호작용의 목적과 효과가 무엇이며, 학습 목표에 어떻게 기여하는지를 이해하면, 늘봄교사는 자신의 행위를 점검하고 개선할 수 있다.

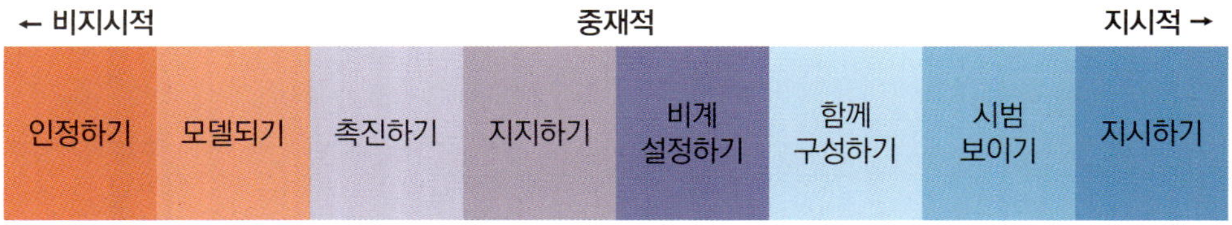

[그림 8-2] Bredekamp & Rosegrant(1995)의 상호작용 전략

(1) 인정하기

인정하기(acknowledge)는 아동의 참여가 지속되도록 늘봄교사가 아동의 행동에 관심이나 긍정적인 격려를 제공하는 것이다. 늘봄교사가 아동이 한 말을 반복해서

말해주거나 아동의 요청에 동의해 주거나 혹은 고개를 끄덕여주는 것 등이 이에 속한다.

(2) 모델되기

모델되기(model)는 늘봄교사가 바람직한 행동을 아동에게 직접 보여주는 것으로 암시적 또는 명시적 형태로 이루어질 수 있다. 예를 들어, 암시적 모델되기는 질서와 안전을 가르치기 위해 교사 자신이 일상생활에서 아동에게 그런 행동을 실천해 보이는 것이다. 명시적 모델되기는 올바른 화장실 사용법을 알려주는 경우와 같이 과제의 시작과 진행 시 꼭 필요한 정보나 힌트, 조언, 코칭 등을 통해 모델이 되어주는 것으로 다소 지시적인 성격을 띤다.

(3) 촉진하기

촉진하기(facilitate)는 아동이 준비되었을 때 다음 단계로 진행할 수 있도록 일시적으로 도와주는 것을 말한다. 즉, 보다 높은 수준의 기능을 성취하는 데 필요한 도움을 잠시 제공하는 것이다. 예를 들어, 아동이 균형 감각을 습득할 때까지 늘봄교사가 두발자전거 뒤를 잠시 잡아주는 것이 이에 해당한다.

(4) 지지하기

지지하기(support)는 촉진하기와 비슷하지만, 늘봄교사의 개입 정도에 차이가 있다. 촉진하기에서는 아동이 좀 더 주도권을 갖고 있고, 지지하기에서는 아동과 교사가 함께 주도권을 갖는다. 교사가 자전거 뒤를 잡아주는 예에서 촉진하기는 아동이 교사에게 이제 손을 놓으라는 메시지를 보내는 것이며, 지지하기는 손을 놓을 시점을 아동과 교사가 함께 결정하는 것이다.

(5) 비계설정하기

비계설정하기(scaffold)는 단계적 지지하기라고도 하며, 도전적인 활동을 준비하거나 아동이 현재의 능력 이상의 것을 할 수 있도록 도움을 제공하는 것을 말한다. 비계설정 초기에는 늘봄교사가 많은 도움을 주지만 점차 아동이 늘봄교사의 도움 없이 목표를 성취할 수 있게 되면서 아동에게로 책임이 옮겨간다.

(6) 함께 구성하기

함께 구성하기(co-construct)는 비계설정하기보다 좀 더 지시적인 것으로서 문제나 과제에 대하여 늘봄교사가 아동과 함께 협동적으로 작업하거나 배우는 것이다. 함께 구성하기에서는 늘봄교사와 아동이 모두 학습자인 동시에 교수자가 된다.

(7) 시범 보이기

시범 보이기(demonstrate)는 아동이 결과를 관찰할 수 있도록 늘봄교사가 행동을 실제로 보여주는 것이다. 따라서 늘봄교사가 능동적인 참여자이고 아동은 관찰자가 된다. 예를 들어, 늘봄교사가 아동에게 바람개비를 빨리 돌아갈 수 있게 하는 방법(부채질, 뛰기)을 직접 보여주는 것이다. 이 전략은 활동이 확실히 잘못된 방향으로 흐르고 있거나 위험한 경우에 적합하다.

(8) 지시하기

지시하기(direct)는 가장 지시적인 유형으로, 아동에게 행동의 방향을 구체적으로 제시하거나 명령하는 것을 말한다. 이 전략은 과제가 반드시 특정한 방법으로 수행되어야 할 때 사용하는 것이 효과적이며, 시행착오 없이 학습이 이루어질 수 있도록 늘봄교사는 가능한 한 지시를 명확히 해야 한다. 예를 들어, 요리책에 나온 순서대로 반죽을 만들어 보게 하는 것이다.

4. 발문을 통한 상호작용

발문은 언어적 상호작용의 대표적인 것으로 교육적 상황에서 아동의 사고를 촉진하고 다양한 상황에 대해 생각해 보는 계기를 제공한다.

1) 발문의 개념 및 중요성

질문과 발문은 물어본다는 점에서는 같지만, 질문은 대개 모르는 사람이 아는 사람에게 물어보는 것이고, 발문은 교사가 학생들의 학습활동을 조성해 나가기 위해 던지는 문제제기를 말한다. 또한 질문은 답을 얻으면 그것으로 충분하지만, 발문은 다양한 측면에서 생각해 보게 하거나 학습자 스스로 적극적 사고를 통해 깨달음을 얻게 하기 위한 수준 높은 물음으로 볼 수 있다(김현자 · 한성심 · 임미선, 2015). 따라서 늘봄교사는 발문이 갖는 유용성과 학습 가치를 인식하여 적절히 활용해야 한다.

발문은 흔히 어떤 주제와 관련된 흥미나 호기심을 불러일으키거나 주의를 집중시키고, 아동의 적극적 참여를 유도하기 위해 사용된다. 발문을 통해 늘봄교사는 아동의 사고와 감정에 대해 진정한 관심을 표현할 수 있으며, 늘봄교실 모든 아동들의 참여가 존중되는 교수학습 상황을 만들 수 있다. 발문에 참여함으로써 아동은 정보를 이해하고 추론 능력이 증진될 뿐 아니라 다른 아동의 반응에 대해 숙고하거나 견해를 밝히는 능력이 개발될 수 있다.

2) 발문의 유형

(1) 인지 수준에 따른 발문

Bloom(1956)은 발문을 인지 수준의 복잡도를 기준으로 6개의 주요 범주, 지식(knowledge), 이해(comprehension), 적용(application), 분석(analysis), 종합(synthesis), 평가(evaluation)로 구분하였다. 이들 여섯 가지는 누적적 · 위계적 관계가 있으며, 지식, 이해, 적용 발문은 낮은 수준의 발문(일상적 사고력), 분석, 종합, 평가의 발문은 높은 수준의 발문(창의적 사고력)에 해당한다(김태은, 2019).

〈표 8-2〉 Bloom(1956)의 인지 수준에 따른 발문

구분	초점	동사	예
지식	암기, 정보의 재인이나 회상	-기억하다 -열거하다	"쥐가 소년에게 무엇무엇을 달라고 했니?"
이해	아이디어의 조직, 정보의 해석, 번역	-설명하다 -예를 들다	"소년이 쥐에게 왜 쿠키를 줬을까?"
적용	문제해결, 세부사항 사용, 원리	-발견하다 -예증하다	"소년이 쥐에게 물을 주지 않았으면 어떻게 되었을까?"
분석	기본 조직 찾기, 전체를 구성요소로 나누기	-구별하다 -분류하다	"책에서 나온 쥐랑 실제 쥐랑 차이점은 무엇이니?"
종합	언어적이든 물리적이든 새로운 것을 만들어 내기 위해 아이디어를 조합	-구성하다 -창조하다	"소년이 쥐가 아니라 고양이를 가졌다면 어떻게 이야기가 달라졌을까?"
평가	문제에 대한 판단, 격차나 불일치의 해결	-평가하다 -주장하다	"너는 쥐가 소년에게 계속 무엇인가를 달라고 하는 것이 옳다고 생각하니?"

(2) 구체-추상적 사고에 따른 발문

Carner(1963)에 의하면 늘봄교사가 아동에게 어떠한 사고를 기대하느냐에 따라 발문에 사용되는 의문사가 달라질 수 있다. 먼저 구체적 사고를 유발하기 위해서는 누가, 무엇을, 언제, 어디와 같은 의문사를 사용하여 발문하며, 추상적 사고를 유발하기 위해서는 왜 또는 어떻게 등의 의문사로 발문한다. 창의적 사고를 유발하기 위한 발문은 '만약~라면'과 같은 식으로 정답을 요구하지 않는 형태를 보인다.

〈표 8-3〉 Carner(1963)의 사고 유형에 따른 발문

구 분	의문사	예
구체적 사고 유발 발문	누가, 무엇을, 언제, 어디	"숲속에서 무슨 일이 일어났니?"
추상적 사고 유발 발문	왜, 어떻게	"백설공주와 신데렐라는 어떻게 다르니?"
창의적 사고 유발 발문	만약~라면	"네가 백설공주라면 어떻게 했겠니?"

(3) 개방-폐쇄 사고에 따른 발문 유형

Blosser(1973)는 먼저 폐쇄적 발문과 개방적 발문으로 구분하였다. 폐쇄적(closed) 발문은 예/ 아니요 또는 단답형으로 답하는 것이며, 다시 인지 기억적 발문과 수렴적 발문으로 나뉜다. 인지 기억적 발문은 이미 보거나 들은 사실을 단순히 회상하는 것으로, 깊은 수준의 사고를 요구하지 않는다. 수렴적 사고 발문은 정답에 도달하기 위해 정보를 분석할 것을 요구한다.

개방적(open) 발문은 정답이 광범위한 경우이며, 아동의 흥미를 자극하고 통찰력이나 태도, 지식과 이해를 증진하기 위해 사용된다. 개방적 질문 중 확산적 발문은 상당한 수준의 사고를 요하는 발문으로 아동에게 창의적인 대답을 하게 되며, 늘봄교사도 학습내용을 충분히 알지 못하면 효과적으로 대처하기 어렵다. 평가적

발문은 사실(fact)보다도 가치(value)의 문제와 관련된 것으로 판단이나 선택, 의견 표명을 요구한다(정희경 · 신동희, 2021).

〈표 8-4〉 Blosser(1973)의 사고에 따른 발문 유형

구분		초점	대답	예
폐쇄적 발문	인지 기억적 발문	사실의 재생	예/ 아니요 또는 단답형	"나무들 그림자 방향이 같니 다르니?"
	수렴적 발문	정보의 분석과 통합		"우리가 겨울일 때 여름인 나라도 있을까?"
개방적 발문	확산적 발문	창의적 사고	정해진 답이 없고 자유로움	"여름과 겨울에 온도가 차이가 나는 이유는 뭘까?"
	평가적 발문	가치 인식 및 정의적 문제		"여름이 왜 더운지 알아보기 위해서 어떤 방법이 효과적일까?

3) 발문의 방법

발문을 할 때에는 다음과 같은 점을 고려해야 한다.

- 구체적이고 간결한 발문

  한 번에 하나씩만 묻고, 아동이 이해하기 쉽도록 명확한 단어와 단순한 문장으로 발문을 한다. 그래야만 재발문이나 반복을 피할 수 있다.

- 아동의 지적 수준에 적합한 발문

  고등정신능력의 신장을 위해서는 상위 수준 발문이 효과적이지만, 실패할 경우 자존감이 저하될 수 있다. 일상생활 경험과 관련된 발문이 좋으며, 그림 자료나 손인형 등 매체를 활용하는 것도 도움이 된다.

■ 모든 아동에게 고르게 발문

많이 알고 대답을 잘하는 아동을 기준으로 진행하면 안 되며, 특정 아동을 지명하여 발문하는 것도 좋지 않다. 아동들을 잘 관찰하여 무엇인가 말하려는 신호에 민감하게 반응한다.

■ 손을 들고 대답하게 하지 않기

답을 모르면서도 계속 손을 드는 아동도 있고, 다른 아동이 먼저 손을 들면 생각할 마음이 없어질 수도 있기 때문이다.

■ 다양한 발문 유형

한 가지 발문 유형에 의존하기보다 높은 수준의 발문과 낮은 수준의 발문이 균형을 이루어 성숙한 아동과 미성숙한 아동 모두 참여할 수 있게 한다.

■ 발문에 대해 충분히 생각할 시간

자기 생각을 정리할 수 있도록 시간을 제공해야 한다. 낮은 사고 수준의 발문에서는 3~4초, 높은 사고 수준의 발문에서는 15초 정도 기다려주는 것이 좋다.

이와 같은 발문 방법뿐 아니라 아동의 응답에 대한 늘봄교사의 반응은 아동의 학습 의욕에 영향을 미친다.

■ 진지하게 들어주기

아동이 어떠한 응답을 하든지 진지하게 들어준다. 아동이 응답을 못하거나 잘 못했을 때에도 긍정적으로 수용하고 끝까지 들어준다. 발문을 이해하지 못한 경우에는 다른 말로 쉽게 발문을 해서 정확한 답변을 유도한다.

▮ 더 생각할 기회를 주기

아동의 응답이 옳은 경우에도 첫 번째 응답을 받아들이지 않는다. 다른 아동에게 먼저 아동의 응답에 대해 어떻게 생각하는지 말하게 한다.

▮ 다 같이 생각할 기회를 주기

예기치 않은 어려운 질문의 경우 전체 아동에게 돌려 다 같이 생각해 보는 기회를 갖는다. 또한 교사도 답을 모를 경우 솔직하게 말하고 대안을 함께 찾아보는 것도 좋다.

5. 아동을 존중하는 상호작용

1) 말할 권리를 존중하는 상호작용

① 아동의 말 특성 이해하기

아동의 말은 성인과 질적으로 다른 발달 특성을 가지고 있다. 늘봄교사는 아동의 불완전한 말을 인내하기보다 이해해야만 아동의 말할 권리를 보장할 수 있다. '인내(patience)'는 고통을 참는 것을 말하는 것으로서 어느 순간 고함을 지르거나 적절치 않은 단어나 어조를 사용할 위험성을 내포하고 있다. 그러나 아동의 말의 특성을 '이해(understanding)'하면 늘봄교사는 스트레스 없이 효과적으로 대화할 수 있다(Weber, 2003). 예를 들어, 호기심이 많아 수시로 질문하는 아동의 특성을 이해한다면, 늘봄교사는 귀찮아하거나 짜증내지 않고 성의 있게 대답해 줄 것이다. 또한 아동이 말을 이해하거나 표현하는 능력이 부족함을 이해하는 늘봄교사는 아동의 눈높이에 맞게 자세를 낮추고 쉬운 단어와 문장으로 천천히 말하며, 아동이 부정확한 말투로 말하더라도 정확한 말로 바꾸어 말해주거나 완성된 문장으로 다시 말해줄 것이다(안경자 외, 2013).

② 아동의 말에 귀 기울이기

늘봄교사는 아동의 목소리에 귀를 기울여야 할 필요가 있다. 또한 아동에 대한 존중을 나타내기 위해 늘봄교사는 아동이 말할 때 진심 어린 태도로 관심을 보이며, 아동의 말을 인정하고 따뜻한 말과 신체적 접촉, 수용의 눈빛 등 언어적 · 비언어적으로 상호작용해야 한다. 이러한 적극적 경청을 통해 교사와 아동 간에 양방향적 의사소통이 이루어지게 된다.

- "○○가 먹고 싶지 않구나."
- "너도 ○○을 하고 싶었는데 다른 걸 하게 되어 속상했구나."
- "○○가 정말 맛있나 보구나. ○○를 잘 먹으니까 선생님도 기분이 좋네."

③ 교사의 주도권을 줄이고 질문하기

일반적으로 늘봄교사는 어떤 아동에게든지 언제라도 말을 할 수 있고, 혹은 침묵으로 일관하거나 아동의 말을 저지할 수 있다. 또한 늘봄교사는 대답할 아동을 지명할 수도 있다. 그러나 이와 같이 교사가 주도권을 쥐고 있는 '수업형(lesson)' 대화에서 아동 스스로가 자발적으로 대답하는 '토론형(discussion)' 대화로 전환될 때 아동을 존중하는 소통이 이루어지게 된다. 수업형 대화에서 교사는 자신이 알고 있는 것을 질문하고 아동의 대답을 평가하지만(테스트를 위한 질문), 토론형 대화에서는 교사가 자신의 비중을 축소하면서 진정성 있는 질문을 한다(Cadzen, 1998).

④ 아동의 대답 기다려주기

늘봄교사는 질문을 하고도 효율과 속도에 급급해서 아동의 대답을 기다리지 못하고 자기가 묻고 자기가 답을 하는 경우가 있다. 즉, 계획된 수업목표를 달성하기 위하여 기다리지 못하고 조급한 마음에 설명을 제공하는 것이다(진권장, 2008). 그러나 특히 개방형 질문의 경우 아동은 생각을 정리할 시간이 필요하다. 이러한 시간을 충분히 주면 말을 많이 하지 않던 아동도 말을 시작하고 자신의 생각을 나타낼 뿐 아니라 자신의 생각이 중요하다는 느낌을 갖게 된다(Martin, 2001). 늘봄교사의 경우에도 대화의 오류가 감소하고, 질문의 양은 줄지만 질적으로 향상된 질문을 하게 된다(Cadzen, 1998).

- "~라면 무슨 일이 일어날까?"
- "어떻게 그런 생각을 하게 되었는지 말해보렴."
- "네 생각을 설명해 볼래?"

⑤ 아동의 대답에 평가적 표현 줄이기

간혹 늘봄교사는 아동의 말이나 행동을 도덕적으로 판단하고, 이에 따라 아동 자체에 대해서도 도덕적 판단을 내린다. 아동을 존중하는 의사소통을 하기 위해서는 아동의 말이나 행동을 '잘못(misbehavior)'이라기보다 '실수(mistaken behavior)'로 받아들이고(Weber, 2003), 위협이나 비난, 비교, 무시 등의 말투를 자제해야 한다. 심지어 "맞아", "잘했어" 등의 긍정적 평가조차 아동의 대답이 늘봄교사의 판단을 받는다는 암시를 줄 수 있으므로 신중하게 해야 한다. 따라서 아동에게 "고맙다"라고 간단히 말하거나 미소나 끄덕임 같은 비언어적인 반응을 보이는 것이 좋다(Martin, 2001). 다음은 간혹 발견되는 교사의 잘못된 반응의 예이다(한국보육진흥원, 2013).

- “너 왜 우니. 누가 너한테 뭐라 했니?”
- “바보처럼 그것도 못하니? ㅇㅇ 좀 봐라 얼마나 점잖니?”
- “남 참견하지 말고 너 하는 것이나 잘해라.”

⑥ 긍정어 사용하기

부정어나 통제어보다 긍정어를 사용하는 것이 바람직하다. 아동은 자신의 관심을 중지하고 주의를 다른 곳으로 돌리기 어렵고, 하지 말라는 지시나 통제를 받으면 그 행동을 중지하고 대신 무엇을 할지 금방 생각해 내기가 힘들다. 예를 들어, 전시물을 만지고 있는 아동에게 “만지지 마.”라고 말하면 아동은 만지는 행동을 중단하고 무엇을 해야 할지 빨리 판단하기 어렵다. 대신 “눈으로만 보자.”라고 하면 손으로 만지는 대신 눈으로 봄으로써 새로운 행동을 선택해야 하는 인지적 부담은 줄고, 자신의 관심과 흥미는 유지할 수 있다.

- ***부정어*** : “깨물지 말자.”, “친구랑 싸우지 말자.”
- ***긍정어*** : “입안에는 먹을 것만 넣자.”, “친구랑 사이좋게 지내자.”

⑦ 적절하게 칭찬하기

흔히 교사는 칭찬을 많이 해야 한다고 하지만, 칭찬할 때에도 주의할 필요가 있다. 예를 들어, 특정 아동만 계속 칭찬하는 것은 옆에 있는 아동의 자존감을 떨어뜨릴 수 있다. 따라서 늘봄교사는 칭찬의 효과와 적절한 사용 방법을 이해하고 있어야 한다. 아동의 기분을 북돋워 주는 데 사용하기보다 아동의 행동을 안내해 주는 역할을 하도록 한다. 일반적인 칭찬 어휘를 사용하는 것보다 구체적인 행동을 격려하는 것이 효과적이다(한국보육진흥원, 2013).

- ***일반적인 칭찬*** : "참 착하구나.", "훌륭해."
- ***구체적인 행동 격려*** : "........을 잘 정리했구나. 고맙다."

⑧ 설명과 선택권 제공하기

아동이 교사에게 비협조적일 때에도 늘봄교사는 아동을 존중해야 한다. 예를 들어, 아동이 옷 갈아입는 것을 싫어하더라도 "코트 없이 나가기에는 바깥 날씨가 너무 추워."라는 식으로 옷 입는 것이 중요함을 이유를 들어 설명해야 한다. 또한 아동이 수용할 수 있는 대안을 제공하고 선택하도록 하는 것도 좋다. 예를 들어, "코트를 입고 싶지 않으면 그냥 교실에 있어도 돼." 혹은 "빨간 옷을 입을까 파란 옷을 입을까 골라볼래?"와 같은 질문이 가능하다. 이와 같이 아동에게 선택권을 주면 아동은 자신이 힘이 있다고 느끼게 된다(Gonzalez-Mena, 2002).

2) 말하지 않을 권리를 존중하는 상호작용

① 침묵이 부정적이라는 인식 버리기

아동의 말하기 발달을 돕는 교사의 역할만 강조되어 왔을 뿐 아동의 침묵을 긍정적으로 보아야 한다고 하는 경우는 흔치 않다. 또한 아동의 말할 권리를 강조하다 보면 침묵이라는 아동의 또 다른 중요한 권리가 무시될 위험이 있다. 예를 들면, 아동이 말을 하지 않는 경우 수줍음, 괴로움, 삐침, 우울함 때문이라고 부정적으로 해석한다. 심지어 침묵을 아동을 또래로부터 격리하는 처벌이나 통제 수단으로 사용하는 경우도 있다(예 생각하기 의자). 그러나 아동의 삶에서 침묵은 긍정적 측면이 있다. 우리의 아동기를 되돌아보면 말을 하라고 강요받지 않았을 때 편안했던 기억이 있을 것이다. 따라서 아동의 침묵이 부정적인 것만은 아님을 인식하고, 이들의 말하지 않을 권리를 존중해야 한다.

② 혼자 조용히 있는 시간과 공간 제공하기

교실에서는 악기와 같이 시끄러운 소리와 활동적인 놀이를 하는 아동들의 움직임이 흔히 관찰된다. 이는 지극히 정상적인 현상으로서 아동에게 자극을 제공하고 언어적 · 사회적 기술을 발달시킨다. 그러나 단지 '그 자리에 있기'만을 원하는 아동들도 있다. 이러한 아동들은 혼자 있는 것을 싫어하지 않으며, 오히려 생각과 프라이버시, 자율성, 독립성을 추구하기 위해 혼자만의 장소를 찾는다. 레지오 에밀리아에서는 이런 아동을 위한 공간을 중요시한다(Strozzi, 2001). 특히 오랜 시간 늘봄학교를 이용하는 아동의 경우에는 장시간의 집단생활에서 벗어나 혼자 조용히 쉬는 시간이 필요하므로 이러한 공간을 충분히 제공해야 한다.

③ 억지로 말 시키지 않기

일반적으로 교사는 침묵하는 아동으로 하여금 말을 하도록 만드는 것이 자신의 역할이라고 생각하며, 놀이에 몰두하는 아동에게 끊임없이 질문하려는 경향이 있다. 그러나 아동의 놀이와 직접적 관련이 없는 질문은 아동의 놀이를 심화시키기는커녕 놀이를 중단시킬 위험이 있다. 따라서 아동에게 말을 시키지 말고, 그냥 지켜보기만 하다가 아동이 놀이를 그만두었을 때 관련된 질문을 하는 것이 바람직하다(한유미, 2010).

CHAPTER

09

늘봄학교 프로그램 운영 실무

1. 늘봄프로그램 운영계획

늘봄학교는 17개 시 · 도교육청 및 각 학교의 상황과 여건에 맞게 탄력적으로 운영되는 프로그램으로, 방과 후 학생들에게 돌봄과 다양한 학습 기회를 제공하는 것을 목표로 한다. 학부모의 양육 부담을 줄이고 개별화된 교육과 돌봄 지원을 통한 창의적인 인재를 육성하기 위해 학생, 학부모의 요구를 반영한 특색 있는 프로그램을 선정하여야 한다. 늘봄프로그램 운영 업무는 [그림 9-1]과 같이 진행되므로 이에 따라 운영계획을 하되, 해당 시 · 도교육청이 진행하는 유형을 참고하여 계획한다(예 서울형늘봄, 충남형늘봄, 경남형늘봄 등).

단계	[준비]	[검토·심의]	[선정·계약]	[운영]	[평가·환류]
내용	수요조사 및 운영계획 →	업체위탁 선정 계획 심의(자문) →	전자입찰 (심사) 또는 수의계약 →	수강 신청 프로그램 운영 →	운영 평가
주관	학교	학교운영 위원회	학교	위탁업체	학교

[그림 9-1] **프로그램 운영 업무 흐름도**

출처 : 교육부 외(2024).

1) 학생 및 학부모 수요조사

늘봄학교 홍보 및 안내자료를 사전에 제공한 후 학부모를 대상으로 프로그램 수요조사를 진행하며 대상자를 선정한다.

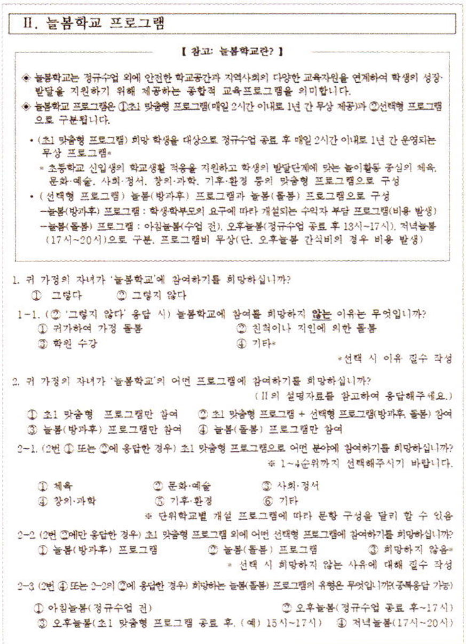

Ⅱ. 늘봄학교 프로그램

【 참고: 늘봄학교란? 】

◈ 늘봄학교는 정규수업 외에 안전한 학교공간과 지역사회의 다양한 교육자원을 연계하여 학생의 성장·발달을 지원하기 위해 제공하는 종합적 교육프로그램을 의미합니다.

◈ 늘봄학교 프로그램은 ①초1 맞춤형 프로그램(매일 2시간 이내로 1년 간 무상 제공)과 ②선택형 프로그램으로 구분됩니다.

- (초1 맞춤형 프로그램) 희망 학생을 대상으로 정규수업 종료 후 매일 2시간 이내로 1년 간 운영되는 무상 프로그램*
  - * 초등학교 신입생의 학교생활 적응을 지원하고 학생의 발달단계에 맞는 놀이활동 중심의 체육, 문화·예술, 사회·정서, 창의·과학, 기후·환경 등의 맞춤형 프로그램으로 구성
- (선택형 프로그램) 늘봄(방과후) 프로그램과 늘봄(돌봄) 프로그램으로 구성
  - –늘봄(방과후) 프로그램 : 학생·학부모의 요구에 따라 개설되는 수익자 부담 프로그램(비용 발생)
  - –늘봄(돌봄) 프로그램 : 아침늘봄(수업 전), 오후늘봄(정규수업 종료 후 13시~17시), 저녁늘봄(17시~20시)으로 구분, 프로그램비 무상(단, 오후늘봄 간식비의 경우 비용 발생)

1. 귀 가정의 자녀가 '늘봄학교'에 참여하기를 희망하십니까?
   ① 그렇다 ② 그렇지 않다

1-1. (② '그렇지 않다' 응답 시) 늘봄학교에 참여를 희망하지 않는 이유는 무엇입니까?
① 귀가하여 가정 돌봄 ② 친척이나 지인에 의한 돌봄
③ 학원 수강 ④ 기타*
*선택 시 이유 필수 작성

2. 귀 가정의 자녀가 '늘봄학교'의 어떤 프로그램에 참여하기를 희망하십니까?
(Ⅱ의 설명자료를 참고하여 응답해주세요.)
① 초1 맞춤형 프로그램만 참여 ② 초1 맞춤형 프로그램 + 선택형 프로그램(방과후, 돌봄) 참여
③ 늘봄(방과후) 프로그램만 참여 ④ 늘봄(돌봄) 프로그램만 참여

2-1. (2번 ① 또는 ②에 응답한 경우) 초1 맞춤형 프로그램으로 어떤 분야에 참여하기를 희망하십니까?
※ 1~4순위까지 선택해주시기 바랍니다.
① 체육 ② 문화·예술 ③ 사회·정서
④ 창의·과학 ⑤ 기후·환경 ⑥ 기타
※ 단위학교별 개설 프로그램에 따라 문항 구성을 달리 할 수 있음

2-2 (2번 ②에만 응답한 경우) 초1 맞춤형 프로그램 외에 어떤 선택형 프로그램에 참여하기를 희망하십니까?
① 늘봄(방과후) 프로그램 ② 늘봄(돌봄) 프로그램 ③ 희망하지 않음*
* 선택 시 희망하지 않는 사유에 대해 필수 작성

2-3 (2번 ④ 또는 2-2의 ②에 응답한 경우) 희망하는 늘봄(돌봄) 프로그램의 유형은 무엇입니까?(중복응답 가능)
① 아침늘봄(정규수업 전) ② 오후늘봄(정규수업 종료 후~17시)
③ 오후늘봄(초1 맞춤형 프로그램 종료 후, (예) 15시~17시) ④ 저녁늘봄(17시~20시)

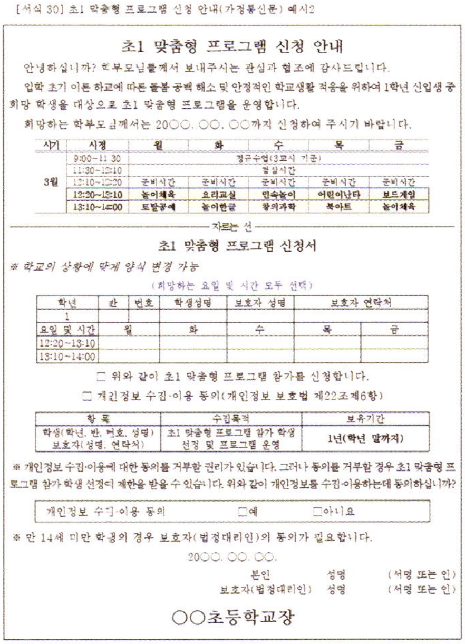

[서식 30] 초1 맞춤형 프로그램 신청 안내(가정통신문) 예시2

초1 맞춤형 프로그램 신청 안내

안녕하십니까? 학부모님들께서 보내주시는 관심과 협조에 감사드립니다.

입학 초기 이른 하교에 따른 돌봄 공백 해소 및 안정적인 학교생활 적응을 위하여 1학년 신입생 중 희망 학생을 대상으로 초1 맞춤형 프로그램을 운영합니다.

희망하는 학부모님께서는 20○○. ○○. ○○까지 신청하여 주시기 바랍니다.

시기	시정	월	화	수	목	금
3월	9:00~11:30	정규수업(3교시 기준)				
	11:30~12:10	점심시간				
	12:10~12:20	준비시간	준비시간	준비시간	준비시간	준비시간
	12:20~13:10	놀이체육	요리교실	민속놀이	어린이난타	보드게임
	13:10~14:00	토탈공예	놀이한글	창의과학	북아트	놀이체육

자르는 선

초1 맞춤형 프로그램 신청서

※ 학교의 상황에 맞게 양식 변경 가능

(희망하는 요일 및 시간 모두 선택)

학년	반	번호	학생성명	보호자 성명	보호자 연락처
1					

요일 및 시간	월	화	수	목	금
12:20~13:10					
13:10~14:00					

☐ 위와 같이 초1 맞춤형 프로그램 참가를 신청합니다.

☐ 개인정보 수집·이용 동의(개인정보 보호법 제22조제6항)

항목	수집목적	보유기간
학생(학년, 반, 번호, 성명) 보호자(성명, 연락처)	초1 맞춤형 프로그램 참가 학생 선정 및 프로그램 운영	1년(학년 말까지)

※ 개인정보 수집·이용에 대한 동의를 거부할 권리가 있습니다. 그러나 동의를 거부할 경우 초1 맞춤형 프로그램 참가 학생 선정에 제한을 받을 수 있습니다. 위와 같이 개인정보를 수집·이용하는데 동의하십니까?

개인정보 수집·이용 동의	☐예	☐아니요

※ 만 14세 미만 학생의 경우 보호자(법정대리인)의 동의가 필요합니다.

20○○. ○○. ○○.

본인 성명 (서명 또는 인)
보호자(법정대리인) 성명 (서명 또는 인)

○○초등학교장

[그림 9-2] **참여희망 기초조사 내용과 신청 안내 예시**

출처 : 교육부 외(2024).

2) 늘봄프로그램 운영계획 수립

학생 및 학부모 수요조사가 끝나면 〈표 9-1〉에 제시된 내용을 참고하여 늘봄프로그램 운영계획을 수립한다.

〈표 9-1〉 늘봄프로그램 계획 수립 내용

- 프로그램 편성 계획(개설 프로그램명, 운영시수, 상사료, 심사료, 폐강기준 등)
- 늘봄(방과후)프로그램 강사 선정계획(선정방법, 심사기준, 재계약 기준 등)
- 업체위탁 운영 여부 검토 등(소위원회 구성 여부 등)
- 학생관리계획(학기별, 방학 중 안전관리계획 포함)
- 사회 재난이나 자연 재난 시 프로그램 운영 여부 등에 관한 계획(학사일정과 연계한 다양한 방법-실시간 쌍방향, 온·오프라인 연계 등)의 운영 등
- 교재 및 재료 선정계획
- 홍보, 평가, 회계 관리계획
- 기타 단위학교에서 필요하다고 인정되는 사항 등

출처 : 교육부 외(2024) 재구성.

3) 늘봄프로그램 운영계획 심의

학교운영위원회 자문을 거쳐 운영계획을 확정하고, 운영에 필요한 급·간식 업체, 프로그램 위탁 및 계약 여부, 강사 채용 여부 등을 심의한다.

2. 늘봄프로그램 편성

1) 늘봄프로그램 선택

(1) 늘봄학교 맞춤형 프로그램의 경우

매일 2시간 무상 제공되는 맞춤형 프로그램은 한국과학창의재단에서 운영하는 늘봄학교 사이트(https://afterschool.kofac.re.kr/main)에서 신청 가능하며, 〈표 9-2〉 중에서 선택할 수 있다.

〈표 9-2〉 늘봄학교 맞춤형 프로그램 분야

프로그램	내 용
체육	운동과 체력, 건강한 생활습관, 안전한 활동, 스포츠 유형과 표현 등
문화·예술	음악 연주와 감상, 미적 체험과 표현, 문예 창작, 연극, 영화·사진 등
사회·정서	사회와 언어, 건강과 안전, 명상, 마음알기 등
창의·과학	AI·디지털, 기술과 생활, 지구와 우주, 과학과 사회, 수학적 사고 등
기후·환경	생태, 기후위기, 기후행동, 공동체성, 지속가능성 등

출처 : 교육부 외(2024) 재구성.

(2) 별도 신청 프로그램의 경우

사교육과 차별화되고 경쟁력 있는 프로그램 마련을 위해 미래사회 역량 함양, 진로탐색 등의 프로그램에 대한 개인위탁을 공지하여 선정하거나 늘봄학교 사이트(https://afterschool.kofac.re.kr/main) 안의 별도 신청 프로그램 탭에서 선택이 가능하다.

〈표 9-3〉 늘봄학교 별도 프로그램 예시

분야	유형	예시
체육·문화·예술 프로그램	놀이형 체육활동 프로그램	 술래잡기 놀이형  콩주머니 놀이형  공몰기 놀이형 놀이형 체육활동 프로그램 예시
	학생이 문화·예술활동의 과정에 참여하는 프로그램	 지역자원연계형  공연·전시형  융합형(무용+디자인) 프로젝트형 문화·예술활동 프로그램 예시
AI·디지털 프로그램	미래사회 대비 역량 함양을 위한 미래교육 신수요 프로그램 확대	 드론  코딩  로봇 미래교육 신수요 프로그램 예시
	디지털 역량 함양을 위한 민관협력 디지털새싹 프로그램	
진로체험 프로그램	지역사회 진로체험기관을 활용하여 체험할 수 있도록 지원	  
기초학력 프로그램	늘봄학교의 연계나 통합으로 운영되는 '기초학력 증진 프로그램'	
	예 1학년을 위한 '늘봄한글, 늘봄수학', '늘봄키다리샘' 프로그램	

출처 : 교육부 외(2024); 충청남도교육청; 디지털새싹 홈페이지.

2) 늘봄프로그램 시간표 편성

〈표 9-4〉를 참고하여 각 학교의 여건과 상황을 고려하여 학교운영위원회 심의를 거친 후 시간표를 편성한다.

〈표 9-4〉 늘봄학교 시간표 유형(우수 모델)

구분		유형	내용
학생 수요 맞춤형 운영 모델	편성/ 시간	맞춤형 + 늘봄 (돌봄/ 방과후) :	학생들의 개별 요구와 필요를 반영하여 맞춤형 프로그램과 늘봄 돌봄/ 방과후 프로그램을 통합한 시간표
		아침 + 맞춤형 + 선택(추가/ 저녁)	아침, 맞춤형 프로그램과 추가적인 선택 프로그램(저녁 시간 포함)을 포함한 시간표
		맞춤형 → 귀가	맞춤형 드로그램 후 학생들이 귀가하는 형태의 시간표
특색 있는 프로그램 편성·운영 모델	장소/ 내용	외부기관 연계형	학교 외두기관과 협력하여 운영하는 프로그램
		거점센터형	특정 거졷센터 중심으로 운영되는 프로그램
		학교특색 연계형	학교의 특색을 반영하여 운영하는 프로그램
지역사회 인프라 연계 모델	프로그램	참여 선택형	학생들이 프로그램을 선택적으로 참여하는 방식
		분반 참여형	학생들이 반으로 나누어 참여하는 프로그램
		전문기관 활용형	전문기관의 자원을 활용하여 운영하는 프로그램
지역·학교 규모에 따른 운영 우수 사례별 모델	학교 규모	대규모 (도시형-과밀)	대규모 도시에서 과밀 문제를 고려한 운영방식
		적정규모(중소도시)	중소도시에서 적정 규모에 맞춘 운영방식
		소규모(농산어촌형)	소규모 농산어촌 지역에 적합한 운영방식

출처 : 2024년 1학기 늘봄학교 우수 모델 시간표 선정(안) 재구성 방과후돌봄정책과.

사례 2024년 1학기 늘봄학교 우수 모델 시간표 모델 : 학생 수요 맞춤형 운영 모델 (서울 아현초)

▸학교현황: 665명(33학급) ※초1학년 104명(6학급)
▸학교분류: ▵ 대도시(동지역) ▵ 대·중규모
▸운영특색: ① 외부기관 및 강사를 활용한 맞춤형 프로그램으로 전문성 제고
※ 숙명여자대학교(세상의 모든 리듬), 행복한학교재단(창의융합과학)
② 학생 수요 조사 결과를 반영하여 학생이 선택 참여하는 늘봄1반, 2반 편성·운영
③ 학생 수요에 따라 늘봄 유형을 다양하게 운영

맞춤형+늘봄(돌봄)	맞춤형+늘봄(방과후)	맞춤형+늘봄(돌봄)+늘봄(방과후)	맞춤형만	합계
18명	19명	10명	12명	총 49명

<서울 아현초 늘봄1반 시간표>

구분			월	화	수	목	금	비고
아침늘봄			아침 늘봄(돌봄) / 학급별 아침활동 초1~6, 07:30~09:00					
정규수업		교과/창체	교과/창체	교과/창체	교과/창체	교과/창체	교과/창체	
오후늘봄	①	프로그램			책놀이 논술		창의융합과학	
		대상 시간			초1 13:00~13:40		초1 13:00~13:40	
	②	프로그램	아트공예	세상의 모든 리듬	책놀이 논술	아현 축구	창의융합과학	
		대상 시간	초1 13:50~14:50	초1 13:50~14:50	초1 13:50~14:50	초1 13:50~14:50	초1 13:50~14:50	
	③	프로그램	아트공예	세상의 모든 리듬	독서·시청각동화	아현 축구	늘봄 (방과후)	
		대상 시간	초1 14:50~15:50	초1 14:50~15:50		초1 14:50~15:50		
		급/간식	간식 및 휴식 (15:00~15:30)					
		선택	숙제하기, 그림그리기, 한자쓰기, EBS 시청 등 (15:30~17:00)					
저녁늘봄	④		자유선택놀이, 정리정돈, 귀가(하교지도) (17:00~19:00)					

<서울 아현초 늘봄2반 시간표>

구분			월	화	수	목	금	비고
아침늘봄			아침 늘봄(돌봄) / 학급별 아침활동 초1~6, 07:30~09:00					
정규수업		교과/창체	교과/창체	교과/창체	교과/창체	교과/창체	교과/창체	
오후늘봄	①	프로그램			보드게임 인성놀이		기초연산	
		대상 시간			초1 13:00~13:40		초1 13:00~13:40	
	②	프로그램	세상의 모든 리듬	아현축구	보드게임 인성놀이	싱크아트 종이접기	기초연산	
		대상 시간	초1 13:50~14:50	초1 13:50~14:50	초1 13:50~14:50	초1 13:50~14:50	초1 13:50~14:50	
	③	프로그램	세상의 모든 리듬	아현축구	독서·시청각동화	싱크아트 종이접기	늘봄 (방과후)	
		대상 시간	초1 14:50~15:50	초1 14:50~15:50		초1 14:50~15:50		
		급/간식	간식 및 휴식 (15:00~15:30)					
		선택	숙제하기, 그림그리기, 한자쓰기, EBS 시청 등 (15:30~17:00)					
저녁늘봄	④		자유선택놀이, 정리정돈, 귀가(하교지도) (17:00~19:00)					

출처 : 2024년 1학기 늘봄학교 우수 모델 시간표 선정(안). 방과후돌봄정책과.

3) 지역연계 활용

늘봄프로그램은 지역사회의 자원을 활용해 교육의 질을 높이고, 학교와 지역사회 간 협력을 강화하여 맞춤형 교육 서비스를 지원할 수 있다. 이러한 지역연계는 단순한 협력을 넘어, 학생들의 교육적 경험을 풍부하게 하고, 지역사회와의 관계를 강화하는 데 중요한 역할을 하며, 지역사회의 발전과 학생들의 미래에 긍정적인 영향을 미칠 수 있다. [그림 9-3]에 제시된 지역 유관기관과의 연계, 지역사회 자원과의 연계, 교육공동체의 협력을 통한 연계 등 세 가지 중에서 여건에 맞는 유형을 선택하여 연계하면 된다.

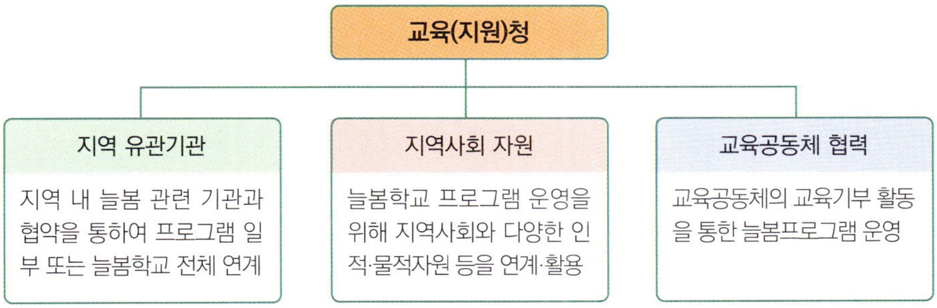

[그림 9-3] 지역연계가 가능한 자원

출처 : 교육부 외(2024).

① 지역 유관기관과의 연계

시 · 도교육청은 유관기관 관계자들을 중심으로 '지역늘봄협의체'를 구성하거나 기관과 MOU를 체결하여 지역과 함께 운영을 지원하고 다양한 지역자원을 활용하고 있다. 〈표 9-2〉에 제시된 구체적인 방법들을 참고로 연계방법을 계획한다.

〈표 9-5〉 지역 유관기관 연계 운영 사례

구분	내용
① 지역연계 늘봄서비스 운영 사례	• 우리동네 키움센터 운영 - 시청-교육청 간 '온종일 돌봄체계 구축 업무협약' 체결 - 돌봄교실 대기 학생이 많은 자치구 내 시설(상가, 단독주택 등)을 리모델링하여 돌봄 공간으로 활용하고 학부모·주민 재능기부·마을공동체가 참여 • 미래형 돌봄교실(교육지원청-마을 협력 모델) - 주민 강사를 활용, 지역의 아이를 참여 학부모가 직접 가르치고 돌보는 교육공동체 형성을 통해 자생적인 평생학습마을 조성 • 돌봄 자람터를 인구밀집으로 돌봄수요 급증 지역에 우선 설치·운영(3개소) - 지역사회 자원 연계 재능기부 프로그램 운영
② 지자체의 활용가능교실을 이용한 사례	• 특징 : 지자체가 지역 내 초등학교(2개교)와 협약을 통해 활용가능교실을 이용, 돌봄시설로 리모델링하여 본교 및 인근 초등학교 학생에게 돌봄서비스를 제공 • 운영시간 : 오후늘봄 운영시간(~17시) 이후부터 19시까지 운영 • 지원내용 : 인근 초등학교 학생 이동을 위한 차량 지원, 저녁급식 제공 등

출처 : 교육부 외(2024).

사례 지역 유관기관 연계 운영

학교 밖으로 나간 늘봄학교… 거점센터에서 악기 배우고 반려견 산책

서울시는 시가 보유한 학교 밖 돌봄 인프라인 '구로거점형 우리동네키움센터'를 활용한 '학교 밖 늘봄학교'를 운영한다고 밝혔다. 서울시가 보유한 돌봄자원과 일선 학교 현장을 직접 연계해 늘봄학교 프로그램을 운영하는 전국 최초의 시도다.

출처 : 구로거점형 키움센터

② 지역사회 자원과의 연계

지역 문화센터, 도서관, 체육시설, 대학 등 다양한 지역 기관과 협력하여 학생들에게 다양한 프로그램을 제공한다. 이러한 협력은 학생들이 지역사회의 자원을 활용할 수 있는 기회를 제공할 뿐만 아니라, 지역사회의 문제를 이해하고 해결하는 경험을 통해서 책임감과 실질적인 경험을 쌓을 수 있도록 돕는다. 〈표 9-6〉에 제시된 기관 중 연계 가능한 기관을 선택하여 구체적인 프로그램을 계획한다.

〈표 9-6〉 **지역 프로그램 활용 예**

기관·단체	프로그램
대학교(평생교육원)	• 늘봄프로그램, 진로직업교육, 현장체험 등
박물관, 유물전시관, 농(어산)촌 전시관	• 박물관 전시물 관람, 전시회 및 우물전 개최, 역사문화체험 운영, 농수산물 재배 및 수확 체험 등
문화회관, 예술회관, 문화원, 수목원	• 예체능(무용, 미술, 음악) 교실 운영, 음악회 및 전시회 관람, 동아리 경연대회 개최, 악기 연주 및 학습 지원, 학교별 연주발표회 개최 등
경찰, 소방서, 도서관 및 관공서	• 교통안전교육, 불조심 및 물놀이 사고 예방법, 예체능 활동 지원, 독서프로그램 등

출처 : 교육부 외(2024).

사례 **지역사회 자원 연계**

김포 고촌아트홀 늘봄공유학교, 문화 · 예술시설 활용…
미래 아티스트 '쑥쑥' [꿈꾸는 경기교육]

김포시는 지역 문화시설인 고촌아트홀을 거점으로 삼고 기관 특색을 반영한 늘봄공유학교를 운영하고 있다. 음악 전공 전문 강사진이 트럼펫, 호른 등 금관악기와 콘트라베이스 등 현악기를 비롯해 마림바, 팀파니, 비브라폰 등 학교에서 다루기 힘든 타악기류도 함께 가르친다.

출처 : 고촌아트홀

③ 교육공동체의 협력을 통한 연계

교육공동체는 교육과정 및 수업 모델 등 교육활동에 함께 참여하는 교사, 학생 등이 이루는 네트워크로, 교육의 질을 높이고 학생들의 전인적 성장을 지원하기 위해 다양한 구성원들이 협력하는 것을 의미한다. 이 공동체는 일반적으로 학생, 교사, 학부모, 지역사회 구성원, 전문가 및 외부기관 등으로 구성된다. 다양한 지식과 경험을 가진 구성원들이 참여하여 여러 시각과 아이디어를 공유함으로써, 학생들에게 다양한 경험을 제공하고 사회적 · 정서적 · 인지적 능력을 균형 있게 발전시킬 수 있다. 〈표 9-7〉과 같이 재능기부를 할 인적자원을 발굴하여 연계한다.

〈표 9-7〉 인적자원 활용 운영 사례

유 형	사 례
학부모 재능기부	• 특기적성 강사 자격증을 가진 학부모를 활용한 프로그램 운영 • 학부모 자원봉사를 활용한 저녁돌봄 프로그램 운영
봉사자 및 재능기부	• 시립도서관의 학부모가르치미 무료봉사 활용 : 주 1회 2영역(독서, 한자) 지도 • 책읽어주기 봉사단 활용(독서교육실시 등) • 재능기부자 활용(창의미술 및 미술치료 등) • ○○교향악단에서 오케스트라 프로그램 운영을 위한 강사 재능기부

출처 : 교육부 외(2024).

사례 재능기부

늘봄학교 일일강사로 나선 송미령 장관

송미령 농림축산식품부 장관이 8일 충남 천안시 가람초등학교를 방문, 늘봄학교 재능기부를 위한 일일강사로 나서 치즈만들기 체험을 하고 있다.

출처 : 농림축산식품부.

3. 늘봄교실의 운영

1) 늘봄교실 환경

늘봄교실은 전용교실(유휴공간이 있는 경우)과 겸용교실(유휴공간이 없는 경우)로 구분된다. 유휴공간이 없어 겸용교실로 사용해야 하는 경우 안전을 고려하여(과학실

제외) 저학년 교실, 도서실, 미술실, 음악실, 예절실 등의 특별실을 리모델링하여 사용할 수 있다. 정서적 안정을 도모할 수 있도록 가정환경과 같은 편안하고 아늑한 교육환경을 조성한다. 학습을 병행할 수 있는 교재와 교구를 구비하고, 학생 안전지도와 안전시설 관리, 비상벨, 인터폰, 소화기, 대피시설 등의 학생안전보호시스템을 구축해야 한다.

장시간 보호가 필요한 학생을 위해 교육활동실과 독서 코너를 설치하고, 간식 및 급식은 직접 조리보다 완전품이나 매식을 권장하며, 급식 위생 안전과 화재 예방에 철저히 신경 써야 한다. 학교 상황에 따라 간식 및 급식 업체를 이용할 수 있으며, 이를 위해 냉장고, 식기세척기, 싱크대, 살균소독기 등을 구비하는 것이 좋다. 그 외 늘봄교실 구축을 위한 권장 시설 설비는 〈표 9-8〉과 같다.

〈표 9-8〉 늘봄교실 권장 시설 설비

구분	내용
권장 시설 설비	• 바닥 난방, 세면대, 주방, 조리대, 상하수도, 시설 개인 사물함, 이불장, 침구, 냉난방기, 공기청정기, 교구장, 냉장고, 보존식 냉동고, 책상 및 의자, 각종 교육기자재 등

출처 : 초등돌봄교실 길라잡이(2024).

(1) 전용교실

[그림 9-4] 온돌이 설치된 전용교실(좌)과 설치되지 않은 전용교실(우)

출처 : 울산 신복초등학교 홈페이지(좌), 천안수곡초등학교(우)

(2) 겸용교실

[그림 9-5] **도서관을 활용한 겸용교실**

출처 : 강산이엔지 홈페이지(좌), 명산초등학교 홈페이지(우)

(3) 전용교실과 겸용교실 병행 운영

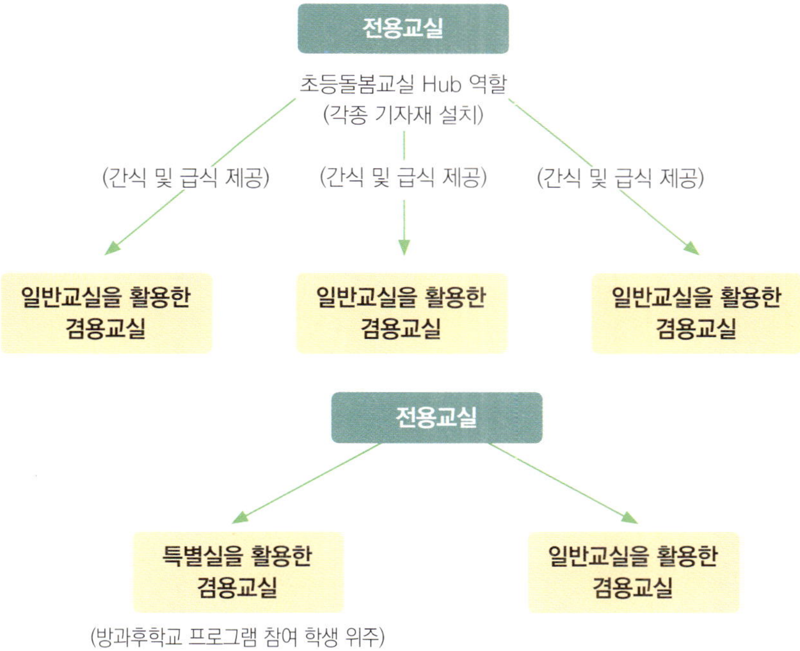

[그림 9-6] **전용교실과 겸용교실(일반교실)을 병행하여 운영할 경우(예시)**

출처 : 초등돌봄교실 길라잡이(2024).

2) 늘봄전담사의 업무

늘봄전담사는 늘봄교실의 원활한 운영과 관리를 위해 학생 돌봄 및 관리, 늘봄교실 관련 행정업무 추진, 늘봄(돌봄)프로그램의 기획 및 운영, 예산 관리, 간식 및 급식 서비스 제공, 하원 지도, 학부모 전달 사항 안내 등 기타 늘봄교실과 관련된 제반 업무를 수행하여야 한다. 이들이 관리하여야 하는 서류로는 보조인력 일지, 출석부, 늘봄학교 귀가 및 이용 서약서, 늘봄프로그램 월간계획안 등이 있다.

프로그램 보조인력 일지	출강부 및 학생 출석부	귀가 및 이용 서약서

초1 맞춤형 프로그램 보조인력 일지/기록지

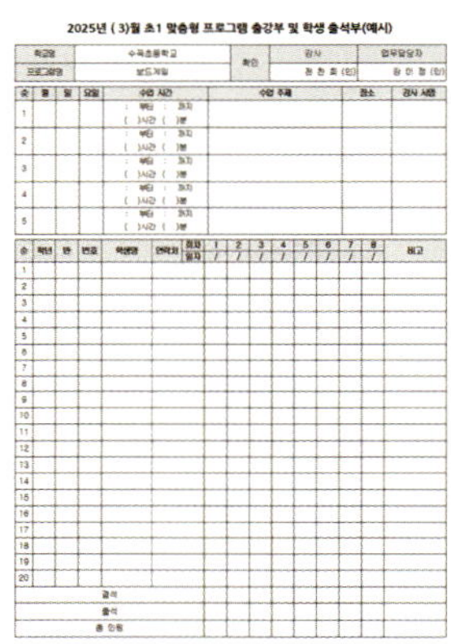

2025년 (3)월 초1 맞춤형 프로그램 출강부 및 학생 출석부(예시)

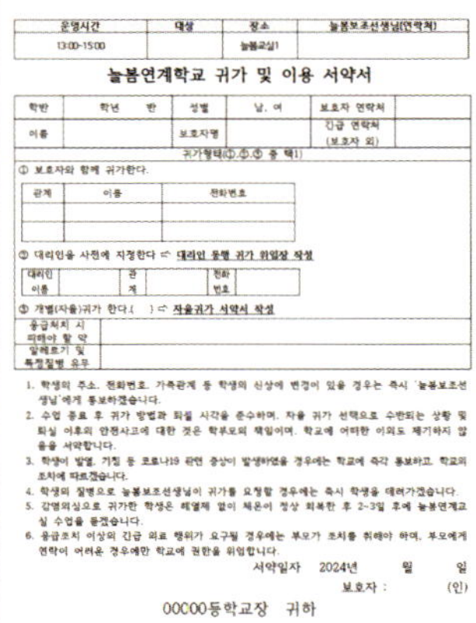

늘봄연계학교 귀가 및 이용 서약서

[그림 9-7] 늘봄전담사가 처리해야 할 서류 예시

4. 늘봄학교 운영 평가 및 환류

1) 운영평가

운영평가는 늘봄학교의 만족도를 향상시키고 효과적인 지원 방향을 수립하기 위해 다양한 의견을 수렴한다.

〈표 9-9〉 **평가 방법 및 내용**

평가방법	평가내용
자체점검·평가	• 계획 수립, 운영 개선, 예산 확보 및 예산 집행, 늘봄학교 지원 등
전문가 평가	• 외부전문가(늘봄학교 전문가, 교원, 지방자치단체·유관기관 등)에 의한 사업 운영 결과 분석
성과보고회	• 늘봄학교 운영 우수사례 성과 나눔 및 공유의 장 마련 - 박람회, 전시회, 워크숍 등 다양한 방법으로 운영 가능 예 2023 늘봄학교·교육기부박람회
만족도 조사	• 늘봄학교 운영 지원 만족도 조사 - 늘봄학교 계획 수립, 실행, 평가 등 운영 전반

출처 : 교육부 외(2024).

2024학년도 초1 맞춤형 프로그램 만족도 조사

안녕하십니까?
본 설문은 ○○교육청에서 늘봄학교 초1 맞춤형 프로그램에 참여한 여러분들을 대상으로 프로그램 만족도를 조사하여 앞으로의 개선 방향을 모색하고자 실시하는 것이 오니 성실한 답변 부탁 드립니다.
답변은 학생과 상의하여 체크해 주시기 바랍니다.
감사합니다.

2024. ○. ○.

1. 자녀가 **재학하는 초등학교의 소재 지역**은?

교육 지원청	○○ / ○○ / ○○ / ○○ / ○○ / ○○ / ○○ / ○○ / ○○ / ○○ / ○○

2. 자녀가 **재학하는 초등학교명**은? (   )
※ (예시) "○○초", "○○○○초" 형식으로 작성

3. **초1 맞춤형 프로그램 운영 전반**에 대하여 만족하십니까??
① 매우 만족한다 ② 만족한다 ③ 보통이다 ④ 불만족이다 ⑤ 매우 불만족이다

4. **초1 맞춤형 프로그램 운영 시간**에 대하여 만족하십니까?
① 매우 만족한다 ② 만족한다 ③ 보통이다 ④ 불만족이다 ⑤ 매우 불만족이다

5. **초1 맞춤형 프로그램 구성**에 대하여 만족하십니까? (학생들이 재미있게 참여하였나요?)
① 매우 만족한다 ② 만족한다 ③ 보통이다 ④ 불만족이다 ⑤ 매우 불만족이다

6. **초1 맞춤형 프로그램에 활용된 교재(교구 및 재료)**에 대하여 만족하십니까?
① 매우 만족한다 ② 만족한다 ③ 보통이다 ④ 불만족이다 ⑤ 매우 불만족이다

7. **초1 맞춤형 프로그램 운영 환경**에 대해 만족하십니까?
① 매우 만족한다 ② 만족한다 ③ 보통이다 ④ 불만족이다 ⑤ 매우 불만족이다

8. **초1 맞춤형 프로그램이 자녀의 학교 적응에 도움이** 되었습니까?
① 매우 도움이 된다 ② 도움이 된다 ③ 보통이다 ④ 도움이 안된다 ⑤ 전혀 도움이 안된다

9. **초1 맞춤형 프로그램이 학부모 돌봄 부담을 줄이는데 도움이** 되었습니까?
① 매우 도움이 된다 ② 도움이 된다 ③ 보통이다 ④ 도움이 안된다 ⑤ 전혀 도움이 안된다

10. **초1 맞춤형 프로그램이 사교육비를 줄이는데 도움이** 되었습니까?
① 매우 도움이 된다 ② 도움이 된다 ③ 보통이다 ④ 도움이 안된다 ⑤ 전혀 도움이 안된다

11. 다음에 **초1 맞춤형 프로그램과 유사한 프로그램이 있다면 참여**하시겠습니까?
① 참여한다 ② 참여하지 않는다 ③ 잘 모르겠다

12. **초1 맞춤형 프로그램 운영에 대한 의견이나 건의사항**이 있으시면 작성해 주시기 바랍니다.

감사합니다

[그림 9-8] **맞춤형 프로그램 학부모 만족도 조사**

출처 : 교육부 외(2024).

2) 운영결과 환류

학부모 만족도 조사를 통한 평가를 통해 학교 운영의 투명성을 높이고, 학생과 학부모의 요구를 반영한 다음 학기 맞춤형 프로그램을 개발한다. 이를 위해서 설문조사 결과 보고서를 작성하면 프로그램 운영실태를 파악하고 늘봄학교 운영을 내실화 · 활성화하는 데 도움이 된다.

〈표 9-10〉 설문조사 결과 첨부 내용(예시)

<table>
<tr><th colspan="3">설문조사 결과 분석 첨부 내용(예시)</th></tr>
<tr><td rowspan="2">설문 목적 및 근거</td><td colspan="2">추진 근거</td></tr>
<tr><td colspan="2">설문 목적</td></tr>
<tr><td rowspan="2">설문조사 개요</td><td colspan="2">설문 개요</td></tr>
<tr><td colspan="2">설문 문항 구성</td></tr>
<tr><td rowspan="10">설문지 조사 결과 분석</td><td rowspan="5">운영 만족도</td><td>'운영 전반' 만족도</td></tr>
<tr><td>'운영 시간' 만족도</td></tr>
<tr><td>'프로그램 구성' 만족도</td></tr>
<tr><td>'교재(교구 및 재료)' 만족도</td></tr>
<tr><td>'운영 환경' 만족도</td></tr>
<tr><td rowspan="4">운영 효과</td><td>자녀의 학교적응에 도움 여부</td></tr>
<tr><td>학부모 돌봄 부담 경감 여부</td></tr>
<tr><td>사교육비 경감 도움 여부</td></tr>
<tr><td>재참여 의사 여부</td></tr>
<tr><td colspan="2">의견이나 건의 사항</td></tr>
<tr><td rowspan="2">개선 방안 및 향후 계획</td><td colspan="2">맞춤형 프로그램 정비 및 개선 방안</td></tr>
<tr><td colspan="2">향후 계획</td></tr>
</table>

출처 : 교육부 외(2024) 재구성.

Part 3

늘봄아동의 지도

CHAPTER

10

늘봄학교 생활지도

1. 생활지도의 개념 및 영역

1) 생활지도의 개념 및 필요성

생활지도는 영어 'guidance'에서 유래하는데, 이는 '지도하다', '안내하다', '조언하다', '이끌다' 등의 의미를 가지고 있다(강문희, 2012). 생활지도는 다른 사람과 더불어 생활하는 방법과 자기 삶의 주체로서 살아가는 방법을 배우는 과정이다. 단순히 행동을 통제하는 것을 넘어서서 아이들이 자기 가치관을 세우고 실천하면서 몸과 영혼의 성장을 복돋을 수 있는 의미 있는 체험이어야 한다(우리교육, 2009). 또한 생활지도는 개인이 자신의 문제를 인식하고, 이를 해결하기 위한 이해와 통찰 능력을 키워 안정적이고 통합된 성장을 이루도록 돕는 중요한 기능이기도 하다(신혜영 외, 2017).

우리 속담에 '세 살 적 버릇이 여든까지 간다'라는 말이 있듯이, 생활습관은 어렸을 때부터 형성되므로 아동기에 이르기까지 좋은 습관을 기를 수 있도록 지도하는 것은 매우 중요하다(강문희, 2012). 일시적인 교육으로 이루어지는 것이 아니라 일상생활 속에서의 바른 행동과 습관을 통해 이루어진다. 생활습관 교육은 규칙과 타인을 인식하기 시작하는 시기부터 시작되어 지속적으로 이루어져야 하며, 인지적인 방법보다는 정의적인 방법으로 이루어지도록 해야 한다. 바른 생활습관을 가지고 있다는 것은 결국 한 개인의 자아실현에 다가서는 지름길이고, 한 국가를 일등 국가로 만드는 지름길이기도 하다(신혜영 외, 2017). 따라서 생활지도는 단순히 학업성취를 넘어 학생들의 전인적 성장을 도모하는 중요한 교육적 활동이라 할 수 있다. 초등학교 저학년(1~3학년)은 학교생활에 적응하고 기본적인 생활습관을 형성하는 중요한 시기로서, 늘봄교사는 아동의 학업뿐 아니라 학교에서 소홀히 다룰 수 있는 아동의 사회 · 정서발달과 신체발달, 그리고 개인의 특기를 발견하는 것까지 관심을 갖고 지도해야 한다(김매희 외, 2008).

2) 기본생활습관

기본생활습관이란 개인이 생활의 기본이 되는 것을 익혀서 습관화하는 것으로, 관습과 전통 속에서 계승된 사회규범과 원리에 따라 행동할 뿐만 아니라 살아가면서 직면하게 되는 다양한 삶의 양식에 적응하며 행동을 하도록 돕는 것을 말한다(이원영 · 방인옥 · 박찬옥, 1993). 기본생활습관 중 개인생활, 사회생활, 늘봄학교 생활 등 다양한 생활 영역에 대한 지도 내용 및 방법은 〈표 10-1〉과 같다.

〈표 10-1〉 기본생활습관 지도 내용 및 방법

영 역	내 용
개인생활	• 정직한 마음가짐을 갖도록 한다. • 타인에게 폐를 끼치지 않도록 한다. • 얼굴표정, 걸음걸이, 옷차림 등 기본적인 몸가짐의 중요성을 지도한다. • 아름다움을 느끼고 찾으려는 생활 태도를 가르친다(정직한 생활, 밝고 명랑한 생활).
사회생활	• 대인관계에서의 예절을 지도한다. • 공공규칙을 알고 실천할 수 있도록 지도한다. • 약속 지키기, 바른 인사법, 친구에 대한 예절, 전화 예절 등을 지도한다. • 사람이 많이 모인 곳에서의 예절과 공공시설을 아끼는 생활이 습관화되도록 한다.
늘봄학교 생활	• 늘봄교실 입실 시간 준수 및 결석 시 사전 연락한다. • 늘봄교실 밖을 나갈 때 반드시 늘봄전담사에게 알린다. • 친구들과 사이좋게 지낸다. • 주변 정리 정돈을 잘한다. • 놀이를 할 때 규칙을 잘 지킨다. • 다른 친구에게 피해를 주지 않는다. • 안전하게 생활한다.

출처 : 교육부 외(2024a); 신혜영 외(2017).

3) 숙제지도

숙제란 사전적 기본 의미에서는 학교에서 배운 것의 복습과 예습 및 과외 학습을 목적으로 내주는 과제이다. 일반적으로 오후 늘봄교실에는 개인활동으로 숙제를 하는 시간이 마련되어 있다. 많은 부모들이 자녀가 늘봄학교에서 숙제를 마치고 오기를 기대하므로 숙제지도는 늘봄전담사의 중요한 역할이다.

(1) 숙제를 싫어하는 이유

숙제를 좋아하는 아이들은 많지 않다. 숙제를 싫어하는 이유는 다양하다. 먼저 숙제의 양이 너무 많은 경우, 암기나 반복학습을 요구하는 지루한 숙제일 경우, 그리고 숙제의 수준이 자신의 능력보다 너무 쉽거나 어려운 경우 등 숙제 자체에 원인이 있을 수 있다. 둘째, 숙제하는 것보다 노는 것을 더 좋아하는 경우, 학습 능력이 부족하여 숙제하는 데 어려움이 있는 경우, 그리고 메모하는 습관이 없어 숙제가 있다는 사실을 잊어버리는 경우 등 아동의 성향에서 비롯된 것일 수 있다. 셋째, 가정환경이 숙제를 할 여건이 되지 않거나 숙제에 대한 도움을 받을 성인이나 자료가 없는 경우 등 가정환경의 문제일 수 있다. 마지막으로 교사가 숙제 검사를 하지 않거나 교사의 피드백이 없는 등 교사가 문제인 경우도 있다. 따라서 늘봄교사는 먼저 아동이 어떠한 이유로 숙제를 하지 않으려고 하는지를 정확히 파악하고 그에 따른 적절한 지도를 해야 한다.

(2) 숙제 지도방법

숙제지도를 할 때 교사가 유의하여야 할 사항을 살펴보면 다음과 같다(조인숙 외, 1998).

- 숙제를 하고자 하는 학습 분위기를 조성한다.
- 숙제를 스스로 해결하는 방법을 알도록 한다. 직접적인 답을 제시하기보다 숙제하는 절차와 방법을 가르친다.
  - 숙제가 무엇인지, 무엇을 요구하는지 파악하기
  - 제출 시간, 혹은 숙제에 요구되는 시간에 맞추어 당일과 주중, 혹은 주말에 할 숙제로 나누어 계획 세우기
  - 숙제 계획표를 만들어 스스로 해결하고 체크하기
  - 숙제에 필요한 자료와 진행 방법에 대해 교사와 의견을 나누거나 스스로 계획하기
  - 정해진 시간에 숙제를 하기

- 모르는 것은 교사와 함께 의논하기
- 계획대로 숙제를 하는 아동은 칭찬을 해주어 자율적으로 숙제하는 습관 기르기

- 숙제를 해결하기 위해 자료를 어떻게 이용할 것인지에 대해 지도한다.
- 숙제를 완전히 해결했는지 여부를 점검한다.

4) 성교육

성교육은 남녀의 특성과 역할을 이해하고 성에 대한 고정관념이나 편견을 갖지 않도록 함으로써 성에 관한 올바른 태도를 갖고 행복한 삶을 살도록 하는 것이다. 또한 일상생활을 통한 인간교육이고, 인간 존중 정신에 입각한 전인교육이라고 할 수 있다. 늘봄전담사는 어릴 때부터 성에 대해 올바른 태도를 가질 수 있도록 도와주어야 한다.

(1) 성교육의 목표

초등학교 아동의 성교육은 단순한 대답이 아닌 구체적으로 설명해 주는 것이 좋다. 아동에게 성적 발달과정을 설명해 주며, 2차 성징에 대한 지도도 필요하다. 초등학교 성교육은 체계적인 교과학습이 가능해지는 것을 감안하여 교과활동과 특별활동, 지적학습과 정의적 학습의 균형을 도모하면서 각 발달단계에 적합한 지식을 제공하는 한편, 올바른 성 의식과 상호존중하는 태도를 지니게 하는 것을 목표로 한다(김매희, 2008).

(2) 성교육 지도방법

- 학교 성교육 표준안의 전체 맥락을 이해하고 양성평등의 관점을 유지한다.
- 각 학생의 개인차를 존중하여 학생들을 지도하며, 학교 성교육 표준안에 따라 성에 대한 다가치(생산적 가치, 쾌락적 가치, 인격적 가치) 교육을 통한 건강한 성 가치관 형성을 지도한다.
- 담당교사 개인의 성 가치관이 아닌, 국가수준 성교육 표준안의 범위에서 지도한다.
- 외부강사(외부기관)를 초빙하여 성교육을 실시하는 경우에도 성교육 표준안 범위에서 교육이 이루어지도록 한다(경상북도교육청, 2024).

5) 교우관계

교우관계는 학급의 또래 친구와 가지는 인간관계(강현진, 2014)로, 구체적으로 학급 내에서 둘 이상의 아동이 서로 간의 믿음과 애정을 갖고 친밀함을 유지하는 상호 의존적 관계로 정의된다(김지은, 2012). 늘봄학교에서는 친구와 지내는 시간이 길어짐에 따라 교우관계 지도가 늘봄교사의 중요한 역할이 되고 있다.

(1) 교우관계의 중요성

인간관계에서의 경험이 만족스럽고 성공적일 때 자신과 타인을 잘 수용하며 주위 환경 및 사회적 환경 가운데서 안정감 있게 성장할 수 있다(신현근, 2003). 아동기의 대표적 인간관계인 교우관계는 늘봄아동에게 특히 중요하다. 첫째, 교우관계는 학교생활 적응을 위한 사회성 발달을 가져오고 이는 학업 향상으로 이어진다(Piaget, 1965). 둘째, 자기가 속한 사회나 조직에 대해 소속감과 남다른 애정을 느끼게 되고, 일상적인 일에 있어 칭찬이나, 인정받을 수 있다는 긍정적인 심리적 경험을 한다(박미경, 2006). 셋째, 교우관계를 통해서 긍정적 경험(친밀감, 신뢰, 친사회적 행동, 자기수용 등)과 부정적 경험(갈등, 질투, 경쟁, 분노 등)을 하면서 타인과의 관계 적응 기술을 익힐 수 있다.

(2) 교우관계 지도방법

- 친구와 함께 어울릴 수 있도록 늘봄교실에서 다양한 프로그램을 통해 다양한 기회를 만들어준다.
- 친구에게 너무 집착하지 않도록 조언을 해준다.
- 친구의 말에 공감하고, 잘 들어주는 자세를 가지도록 지도한다.
- 친구와 갈등이 생겼을 때 자신의 잘못한 점을 솔직하게 말할 수 있도록 한다.
- 경기나 놀이를 할 때 이기는 것보다 친구와 함께 어울려 놀이하는 과정을 즐길 수 있도록 지도한다.
- 고자질은 자연스러운 현상이지만 상대방인 친구에게 도움이 되는 말인지 한 번 더 생각하고 말할 수 있도록 지도한다(서울특별시교육청, 2024).

2. 안전지도

1) 안전지도의 개념 및 중요성

아동은 발달 특성상 강한 호기심으로 환경이 주는 자극물에 대하여 매우 민감하게 반응하며 충동적인 행동을 하게 된다. 또한 아동은 주의집중 시간이 짧으며 보다 구체적인 행동을 하려고 애쓰는 경향이 있어서 순간적으로 사고를 유발하게 된다(신혜영 외, 2017). 학교는 교육의 장으로서 무엇보다 안전이 우선되어야 하며, 인간 생명의 존엄성에 바탕을 둔 안전의식으로 미래사회의 주인공인 학생들이 신체적 · 정신적인 손상 없이 건강한 교육활동을 하도록 돕는 것이 무엇보다 중요한 책무 중의 하나이다.

학교 내 안전사고 발생현황을 보면 시간대별로는 휴식시간(43.4%), 체육시간(28.7%) 순으로 높은 비중을 차지하고 있고, 발생원으로는 학생 부주의(98%)가 절대적인 비율을 차지하고 있는 것으로 나타났다(교육부 외, 2024). 돌봄교실의 전담사는 학교안전교육 7대 표준안을 바탕으로 하는 안전교육을 통하여 학생들의 불안전한 행동을 줄일 수 있도록 지도할 수 있다.

2) 안전지도의 내용

(1) 실내안전

학교안전공제중앙회(2024)에 따르면, 초등학교는 다른 학교군보다 '교실'에서의 안전사고 발생 비율이 높은 편이므로 교실 내 안전사고 발생 경감을 위한 노력이 필요하다.

- ***교실에서 안전하게 생활하는 방법*** : 우리 교실 내 나와 친구들을 다치게 할 수 있는 물건이나 장소를 찾아보고, 교실에서 하지 말아야 할 행동을 발표해 본다.
- ***문틈 끼임 사고 예방하기*** : 우리 주변에서 끼임 사고가 발생할 수 있는 곳을 알아보고 끼임 사고가 일어나면 안 되는 이유와 다치지 않을 방법에 대해 알아본다.
- ***화장실 안전하게 사용하기*** : 화장실은 교사의 눈을 피할 수 있는 개별 공간이므로, 학생들의 장난이 심해지는 곳이기 때문에 화장실에서 다칠 수 있는 사례에 대해 알아보고 다치지 않는 방법에 대해 알아본다.

- ***계단*** : 계단을 오르내릴 때 손잡이(난간)를 잡고 다니며, 주머니에 손을 넣은 채 계단을 오르내리지 않는다. 계단을 오르내리면서 책·핸드폰을 보거나 이어폰을 끼고 음악을 듣지 않는다.

- ***복도*** : 복도에서 뛰거나 장난하지 않고 오른쪽으로 조용히 걸으며, 교실에서 나오는 친구와 부딪히지 않도록 주의한다. 바닥에 물기가 있거나 미끄러운 경우 천천히 조심해서 걷는다.

- ***책걸상*** : 책상에 걸터앉아 지나가는 친구들 발을 걸거나 위험한 장난을 하지 않는다. 의자에 앉으려는 친구의 의자를 몰래 빼거나 의자를 뒤로 지나치게 젖히는 장난을 하지 않는다(울산광역시교육청, 2015).

(2) 급·간식지도

늘봄학교는 학교운영위원회 심의(자문)를 통하여 학생에게 간식 및 급식을 제공할 수 있다. 학생의 수요와 영양적 균형을 반영하고, 메뉴 선정 및 업체 계약 시 학생의 건강과 안전을 우선 고려한다. 급식은 매식(買食) 원칙으로 하되, 학교의 여건에 따라 조리할 경우 안전관리를 철저하게 한다. 주기적으로 간식 및 급식 모니터링을 실시하고, 그 결과를 개선에 반영한다. 간식은 당일 섭취하며, 학교 외부로 반출할 수 없다. 영양의 균형을 고려한 간식 및 급식계획을 월 단위로 작성하여 운영하고, 간식의 경우 고칼로리 메뉴는 지양한다. 급식실에서는 다음과 같은 안전행동을 지도한다(교육부, 2022).

- 식사 전에 손을 씻는다.
- 뜨거운 국을 잘못 다루면 다른 사람에게 엎질러 화상을 입힐 수 있으므로, 식판을 들 때에는 항상 주의해야 한다.
- 식사할 때 숟가락이나 젓가락을 가지고 장난치지 않는다.

- 음식물을 바닥에 흘리지 않도록 주의하며, 음식물을 바닥에 흘렸을 때에는 바닥을 치운다.
- 생선뼈나 떡 등의 음식물을 먹을 때에는 목에 걸릴 수 있으므로 조심히 먹는다.
- 식사를 마친 후에는 자신이 앉았던 의자를 정리하고 다른 사람과 부딪치지 않게 주변을 살피며 천천히 걸어 나와 먹고 남은 음식을 처리한다(교육부, 2017).

(3) 귀가지도

초등학교 저학년 늘봄교실은 하교시각이 일정하지 않다. 학교 수업이 끝나고 늘봄교실에 들어서면서부터 그곳의 수업이 시작되며, 아동은 그 순간부터 매일의 일과표에 따라 규칙적인 생활을 해야 한다. 따라서 늘봄교실의 전담사는 엄격한 귀가관리를 통해 아동의 이탈을 막고 안전한 교육에 임해야 한다(김종선, 2006).

- 보호자 동행귀가를 원칙으로 하되, 보호자가 동행하여 귀가할 수 없는 경우 보호자가 지정한 대리자(성인)와 동행하여 귀가할 수 있도록 한다.
- 귀가관리대장을 구비하여 보호자 이외의 대리 귀가 동행자는 반드시 보호자 동의 후 귀가조치를 해야 한다.
- 학생 개인별 관리카드 작성 및 안전 귀자 일지를 작성한다.
- 수시 귀가 시 배움터지킴이의 협조를 받아 안전한 귀가지도를 실시한다.
- 차량 이용 시 반드시 승하차 도우미와 동승한다.
- 학교 인근 경찰 지구대와 협조하여 학생 귀가 시간 순찰을 강화한다(교육부 외, 2024b).

(4) 교통안전

보행자 교통사고의 경우 보호장비가 없는 상태에서 차량과 충돌하기 때문에 큰 외상이 발생할 수 있으므로 다음과 같은 내용을 지도한다.

- ***안전하게 횡단보도 건너기*** : 신호등이 있는 횡단보도 건너기와 신호등이 없는 횡단보도 건너는 방법과 주의사항에 대해 알아본다.
- ***보행 시 사각지대의 위험성 알아보기*** : 사각지대란 어느 위치에 섰을 때 사물이 보이지 않는 각도를 말한다. 차량의 사각지대는 어디인지 알아보고 자동차 주변은 위험하다는 것을 알려준다.

[그림 10-1] 사각지대 바로알기

출처 : 교육부·경찰청·도로교통공단(2021).

(5) 감염병 안전

감염병이란 제1급감염병, 제2급감염병, 제3급감염병, 제4급감염병, 제5급감염병, 기생충감염병, 세계보건기구 감시대상 감염병, 생물테러감염병, 성매개감염병, 인수공통감염병 및 의료관련감염병을 말한다. 감염병 예방 지도방법은 다음과 같다.

- 기본적인 개인위생관리 요령을 지도하고, 특히 손씻기와 기침예절을 강조한다.
- 교실 내 또는 돌봄교실 근처 화장실에 학생들이 사용할 손 세정제(비누)가 항상 비치되어 있는지 확인한다.
- 기침을 하는 학생에게 마스크를 제공하고, 학생들을 대상으로 체온을 측정하여 이상 여부를 확인한다.
- 감염병 병력이 있는 학생의 경우, 학부모로부터 증세를 파악하여 주의를 기울인다.

이상과 같은 감염병 예방 지도와 더불어 평소 감염된 아동이 없는지 늘 관찰하고, 감염병으로 확인되면 다음과 같이 조치한다.

- 학교에서 주로 발생하는 감염병의 주요 증상을 정확하게 인지한다.
- 감염병이 유행하는 기간 중에는 접촉을 통한 감염 가능성이 높으므로 외부인의 교실 출입을 제한하고 다른 학생들과 접촉이 많은 단체활동을 자제시키며 지속적으로 상태를 관찰한다.
- 보건교사를 통해 감염병 증상이 확인된 경우, 보호자와 연락하여 즉시 귀가시키고, 정확한 진단 및 치료를 받도록 안내한다.
- 조금이라도 의심 증상이 있을 경우, 보건교사 및 담임교사에게 연락하고, 필요한 조치(관찰 또는 귀가)를 취한다.

3) 응급처치

(1) 응급처치의 중요성

응급처치란 다친 사람이나 급성 질환자에게 사고 현장에서 즉시 조치를 취하는 것을 말한다. 이는 보다 나은 병원 치료를 받을 때까지 일시적으로 도와주는 것일 뿐 아니라, 적절한 조치로 회복상태에 이르도록 하는 것을 포함한다. 응급처치는 일반적으로 타인에게 실시하는 것이지만, 상대가 본인이나 가족인 경우는 곧 자신을 위한 일이 된다. 이처럼 응급상황을 인지하고 처치할 줄 안다면 삶의 질을 향상시킬 수 있다. 문제는 응급상황을 인지하지 못하여 기본증상조차 파악하지 못하는 경우가 생각보다 많다는 것이다(국민재난안전포털, 2008).

응급처치는 일상생활에서 발생할 수 있는 1분 1초를 다투는 긴박한 상황에서 사용되는 하나의 생명보험이다. 사람은 심장마비 후 4분 이내에 아무런 조치를 취하지 않는다면 그것은 곧 죽음을 의미할 수 있다. 이처럼 응급상황에 대처하는 처치자의 신속 · 정확한 행동 여부에 따라 부상자의 삶과 죽음이 좌우되기도 한다. 물론 모든 질병과 상처에 응급처치가 필요한 것은 아니다. 하지만 생명을 구하는 일은 무엇보다도 중요하고 소중하기에 응급처치 방법을 알아두어야 한다(국민재난안전포털, 2008).

(2) 응급처치 절차

늘봄전담사는 응급처치법과 상해예방, 감염성 질병 예방 훈련을 이수해야 한다. 학생 비상연락망, 응급기관 연락처, 응급처리 절차를 늘봄교실에 부착해야 한다. 체험활동 시 휴대용 구급상자 및 비상연락망을 준비해서 나갈 수 있도록 한다. 응급 여부 판단 후 119 신고 혹은 응급처치 실행 후 의료기관으로 후송하고, 응급상황보고 후 학부모와 연락한다. 원인 파악 및 경과 기록(날짜, 시간, 장소, 사고 현황, 환자상태, 응급처치 내용 등)을 교육(지원)청에 보고한다. 응급처치 기본원칙은 다음과 같다.

- 응급처치자 자신의 안전과 현장 상황의 안전을 확보한다.
- 전문가의 정확한 진단 전까지는 의약품 남용을 금지한다.
- 기도 폐쇄와 응급수술이나 중요 검사의 지연 방지를 위해 음식물을 주지 않는다. 현장에서 응급처치로 의식이 회복된 후에도 전문 의료인에게 인계한다(교육부 외, 2024).

1단계	2단계	3단계
초기단계	경과단계	사후조치단계
• 응급 여부 판단 후 119 신고 • 응급처치 실행 • 의료기관 후송 • 응급상황보고 • 학부모 연락	• 사고원인 파악 • 초기 대응 및 사고 경과 기록 (사고 날짜, 시간, 장소, 사고 현황, 환자상태, 응급처치 내용 등)	• 학부모·학생 지속적인 관리 • 사안의 중요성에 따라 교육(지원)청에 보고

[그림 10-2] **응급처치 단계별 절차**

출처 : 교육부 외(2022).

3. 학교폭력 예방

1) 학교폭력의 개념 및 유형

학교폭력이란 학교 내외에서 학생을 대상으로 발생한 상해, 폭행, 감금, 협박, 약취, 유인, 명예훼손, 모욕, 공갈, 강요 · 강제적인 심부름, 성폭력, 따돌림, 사이버 폭력 등에 의하여 신체 · 정신 또는 재산상의 피해를 수반하는 행위를 말한다(학교폭력예방법 제2조). 학교폭력의 유형은 〈표 10-2〉와 같이 나뉜다.

〈표 10-2〉 학교폭력의 유형

유 형	내 용
신체폭력	• 신체를 때려 고통을 가하는 행위(상해, 폭행) • 상대방을 유인하거나 강제로 가두어 두는 행위 • 장난도 상대학생이 폭력행위로 인식한다면 학교폭력에 해당
언어폭력	• 상대방의 명예를 훼손하는 구체적인 말을 하거나 인터넷, SNS 등으로 퍼뜨리는 행위(명예훼손, 모욕) • 내용이 진실이라고 하더라도 범죄이고, 허위인 경우에는 형법상 가중 처벌 • 신체 등에 해를 끼칠 듯한 언행(예 죽을래 등)과 문자메시지 등으로 겁을 주는 행위(협박)
금품갈취	• 돌려줄 생각이 없으면서 돈, 물품 등을 요구하는 행위 • 일부러 물품을 망가뜨리는 행위 • 돈을 걷어오라고 하는 행위 등
강요	• 속칭 빵 셔틀, 와이파이 셔틀, 심부름 강요 등 의사에 반하는 행동을 강요하는 행위(강제적 심부름) • 폭행 또는 협박으로 상대방의 권리행사를 방해하거나 해야 할 의무가 없는 일을 하게 하는 행위(강요)
따돌림	• 집단적으로 상대방을 의도적이고 반복적으로 피하는 행위 • 싫어하는 말로 바보 취급 등 놀리기, 빈정거림, 면박 주기, 겁주는 행동, 골탕 먹이기, 비웃기 • 다른 학생들과 어울리지 못하도록 막는 행위
성폭력	• 폭행·협박을 하여 성행위를 강제하거나 유사 성행위, 성기에 이물질을 삽입하는 행위 • 상대방에게 폭행과 협박을 하면서 성적 모멸감을 느끼도록 신체적 접촉을 하는 행위 • 성적인 말과 행동을 함으로써 상대방이 성적 굴욕감, 수치감을 느끼도록 하는 행위

사이버 폭력	• 사이버 언어폭력, 사이버 명예훼손, 사이버 갈취, 사이버 스토킹, 사이버 따돌림, 사이버 영상 유포 등 정보통신기기를 이용하여 괴롭히는 행위 • 특정인에 대해 모욕적 언사나 욕설 등을 인터넷 게시판, 채팅, 카페 등에 올리는 행위로, 특정인에 대한 저격글이 그 한 형태임 • 성적 수치심을 주거나 위협하는 내용, 조롱하는 글, 그림, 동영상 등을 정보통신망을 통해 유포하는 행위 • 공포심이나 불안감을 유발하는 문자, 음향, 영상 등을 휴대폰 등 정보통신망을 통해 반복적으로 보내는 행위

출처 : 교육부(2024).

2) 학교폭력 예방

학교폭력을 예방하고 대처하기 위해서는 학교 전체가 학교폭력 문제를 중요하고 심각한 사안으로 인식하고 이를 예방하고 적절히 개입하려고 하는 의지가 필요하다. 학교폭력 발생 이전, 즉 예방적 차원에서 학교폭력 문제를 해결할 수 있다는 확신을 가지고 학생, 교사, 학부모를 대상으로 하는 교육을 실시하여 학교폭력을 줄여가는 것이 시급하다. 늘봄교실에서도 학생의 신체적 · 언어적 · 행동적 모습에서 평소와 다른 특이 징후가 없는지 관심을 기울이면서 관찰하고 계획을 세워 수시로 지도해야 한다(교육부, 2022).

(1) 학교폭력 징후에 대한 이해

학생의 신체적 · 언어적 · 행동적 모습에서 평소와 다른 특이 징후가 없는지 관심을 기울이면서 관찰하고, 특이 징후가 발견되면 즉시 학생과의 대화, 신체적 관찰 등을 통해 문제를 확인한다.

① 피해 학생의 징후

"피해 학생"이란 학교폭력으로 인하여 피해를 입은 학생을 말한다(학교폭력예방 및 대책에 관한 법률 제2조 제5호). 학교폭력을 당한 청소년들은 정서적, 행동적, 그리고 인지적 측면에서 거의 동시에 부정적 변화를 겪게 되며, 특히 장기적이고 반복적으로 피해를 경험한 경우라면 변화의 수준이 심각해질 수 있다(정태연, 2009). 피해 학생의 특성을 살펴보면 다음과 같다.

- 학생들이 놀이를 할 때, 늘 술래를 하거나 궂은 심부름을 한다.
- 단체 행동을 할 때, 함께하지 않거나 다른 학생들의 눈치를 본다.
- 친구들이 함께 놀 때, 자주 혼자 블록을 가지고 놀거나 동화책을 본다.
- 자주 울음을 터뜨리거나 다른 친구들의 사소한 말에도 상처를 받는다.
- 돌봄교실에 오기 싫어하는 증상을 보인다(교육부, 2024b).

② 가해 학생이 보이는 행동 특성

학교폭력 가해 학생의 폭력행위와 관련한 개인 심리 정서적 특징은 공격성으로 구분한다. 이들은 공격성이 강하기 때문에 자기의 욕망이나 감정에 따라 사회질서나 규범을 고려하지 않고 행동한다. 이런 학생들은 타인을 의식하지 않고 자기중심적이고 이기적인 행동을 하며, 아주 작은 문제도 해결하고자 하는 노력은 시도하지도 않고 쉽게 폭력을 선택하며 결국 공격행동과 폭력행동으로 이어진다는 것이다(송명자, 2003). 가해 학생의 특성을 살펴보면 다음과 같다.

- 교실에서 큰 소리를 많이 치고, 약하게 보이는 친구에게 장난을 건다.
- 장난감을 가지고 놀거나 단체놀이를 할 때 자기 마음대로 하려는 성향이 강하고, 쉽게 화를 내거나 주먹다툼을 한다.
- 친구들이 하지 말라고 해도 계속 무시하며 장난을 걸거나, 짓궂게 놀이에 가담시킨다.

- 좋은 물건을 많이 가지고 다니거나, 친구들의 물건을 자기 것인 것처럼 마음대로 사용한다(교육부, 2024b),

(2) 학교폭력 예방을 위한 지도방법

학교폭력을 예방하기 위해서 늘봄교사는 먼저 학교폭력 인식 및 대처 능력을 향상시켜야 한다. 문제의 해결은 해당 사항을 문제로 인식하는 것에서부터 시작된다. 이에 학교폭력의 개념 및 유형, 심각성에 대해 인식하고, 학교폭력 관련 법률과 학교 및 학급 규칙을 이해하며, 학교폭력의 결과에 대해 인식하고, 학교폭력 상황에서 대처 방안 및 관계회복, 폭력근절의 중요성에 대해 이해하는 역량을 의미한다. 학교폭력 상황에서 문제에 대해 민감하게 인식할 수 있게 되고, 문제에 대해 이해하는 것은 학교폭력이 발생하는 것을 예방하는 데에도 도움이 된다(교육부, 2023).

이 외에도 다음과 같이 일상생활을 통한 지도도 학교폭력 예방에 도움이 된다.

공감 능력 기르기

공감 능력이란, 자신과 타인의 마음을 정서적으로 느끼고 인지적으로 이해하여 효과적으로 반응하거나 의사소통하는 능력이다. 자신의 마음뿐 아니라 타인의 마음까지 이해할 수 있다면, 학교폭력 등으로 인하여 어려움을 겪고 있는 친구의 입장에서 생각하고, 마음의 어려움을 공감하여 학교폭력을 줄이는 데 도움이 된다.

의사소통 능력 기르기

의사소통은 타인과 언어 및 비언어적 상호작용을 통해 인간관계를 형성하고 유지 · 조절하는 수단이다. 의사소통 능력을 기른다면, 자신의 의견을 비폭력적으로 전달할 수 있고, 갈등 상황에서 의사소통을 통하여 문제를 적절히 해결해 나갈 수 있다.

▮ 감정조절 능력 기르기

감정조절 능력이란, 감정을 적응적 방식으로 표현하거나 스스로 안전하게 해소하며, 상황에 맞는 대체 행동을 할 수 있도록 감정을 효과적으로 조절하는 능력이다. 스트레스 상황이나 폭력 상황, 갈등 상황에서 감정을 조절할 수 있다면, 충동적 행동이나 폭력적 행동을 줄이는 데 도움이 된다.

▮ 자기존중감을 향상시키기

자기존중감이란, 자신의 가치에 대한 주관적 평가를 바탕으로 자신에 대하여 스스로 '충분히 가치 있다(good-enough)'고 느끼는 감정적 개념이다. 자신과 타인을 존중하는 마음은 모든 폭력을 예방하는 데 도움이 된다.

▮ 갈등해결

대인 간 갈등 상황을 인식하고 해결하는 능력을 말한다. 갈등해결 역량은 학생들이 친구들과의 관계에서 발생할 수 있는 갈등을 효과적으로 해결할 수 있도록 돕는다.

(3) 학교에서 폭력 예방 프로그램

① 학교폭력 예방교육 어울림 프로그램

초·중등학교 학생들의 학교폭력을 근본적으로 예방하기 위한 국가수준의 학교폭력 예방교육 프로그램이다. 학생들의 학교폭력 예방 역량을 체계적으로 강화할 수 있도록 대상별 역량 또는 문제유형 프로그램으로 구성되어 있어 학교에 적합한 예방교육 실시를 지원한다.

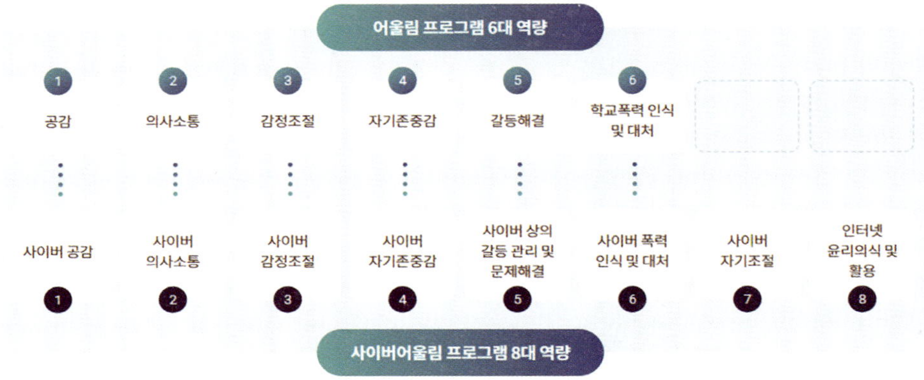

[그림 10-3] **학교폭력 예방 역량**

출처 : 학교폭력 예방교육 어울림 프로그램(2023).

이 외에도 다음과 같이 학교폭력 예방을 위한 다양한 기관이 있으므로 활용할 수 있다.

〈표 10-3〉 **학교폭력 예방을 위한 지원 기관**

기 관	지 원
위(Wee)프로젝트	• We(우리들), education(교육), emotion(감성)의 첫 글자를 모은 것으로 학교 및 교육(지원)청에서 학생 상담지원 • Wee클래스(학교단위)-Wee센터(교육지원청 단위)-Wee스쿨(시・도교육청 단위)
청소년 전화 1388	• 청소년의 위기, 학교폭력 등의 상담, 신고 전화
청소년꿈키움센터 (법무부 청소년 비행 예방센터)	• 학교폭력 가해 학생 및 보호자 특별교육, 찾아가는 학교폭력 예방교육 등 운영

출처 : 교육부(2024).

3) 학교폭력 처리 절차

학교폭력 사안이 발생하면 피해 학생과 가해 학생을 분리시키고, 피해를 당한 학생의 상처를 확인 후 치료조치를 한다. 질책이나 지나친 맞장구는 삼가고 중립적으로 가해 학생의 입장을 청취한다. 보호자에게 신속히 연락하고 해당 시점에서 파악된 사안의 내용을 침착하게 전달한다. 학교 측의 대응 계획을 정확히 안내하고 이후 조사관의 사안조사 과정에 협조를 부탁한다. 또한 학교폭력 발생 시 학교에서 대처한 내용을 문서로 만들어 두어야 추후 불필요한 분쟁을 예방할 수 있다.

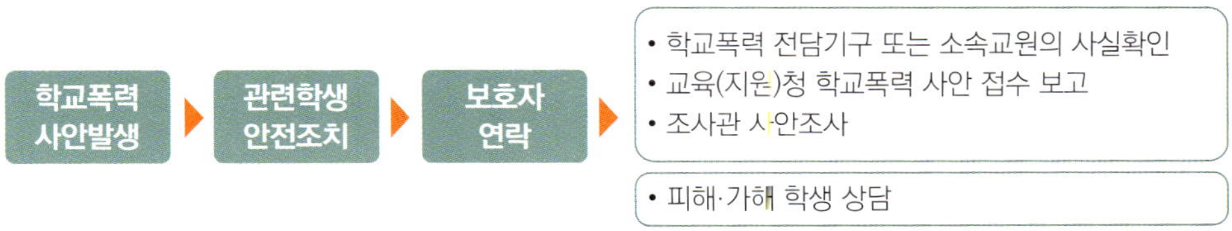

[그림 10-4] **학교폭력 발생 시 대응순서**

출처 : 교육부(2024).

또한 학교폭력에 효과적으로 대처하기 위해서는 지역의 여러 자원체제를 효과적으로 활용해야 한다. 학기초 각 학교에서는 예방대책을 세울 때 학교에서 가까운 거리에 있는 지구대, 병원, 법률기관, 상담기관 등과 업무협약을 맺어 평상시 긴밀한 협조체제를 유지하는 것이 좋다. 특히 성범죄에 대한 즉시 신고, 폭력서클 연계사안 등을 처리하기 위해 학교전담경찰관(SPO)과 긴밀하게 협력한다.

〈표 10-4〉 외부 기관 연계

기 관	지 원
117 학교폭력 신고 · 상담센터	• 전화로 어디에서나 국번 없이 117을 눌러 신고하며, 24시간 운영하며 긴급상황 시에는 경찰 출동, 긴급구조를 실시
위(Wee)프로젝트	• We(우리들), education(교육), emotion(감성)의 첫 글자를 모은 것으로 학교 및 교육(지원)청에서 학생 상담지원 • Wee클래스(학교단위)-Wee센터(교육지원청 단위)-Wee스쿨(시 · 도교육청 단위)
청소년상담복지센터 (CYS-Net)	• 위기청소년에게 적합한 맞춤형 서비스를 제공하는 ONE-STOP 지원센터
청소년 전화 1388	• 청소년의 위기, 학교폭력 등의 상담, 신고 전화
푸른나무재단 (1588-9218)	• 학교폭력 관련 전화 및 사이버 상담을 실시하고, 학교폭력 피해 학생 및 가족 대상 통합지원, 학교폭력 SOS 지원단에서는 화해 · 분쟁조정지원, 사안처리 진행 자문 및 컨설팅 지원
청소년꿈키움센터 (법무부 청소년 비행 예방센터)	• 학교폭력 가해 학생 및 보호자 특별교육, 찾아가는 학교폭력 예방교육 등 운영
대한법률구조공단 (132)	• 법률상담, 변호사 또는 공익법무관에 의한 소송대리 및 형사변호 등의 법률적 지원

출처 : 교육부(2024).

CHAPTER

11

늘봄학교 아동학대 예방

1. 아동권리의 이해

늘봄학교는 정규수업 외에 학교와 지역사회의 다양한 교육자원을 연계하여 학생 성장 및 발달을 위해 제공하는 종합 교육 프로그램이다. 늘봄학교는 수업 시작 전인 오전 7시부터 오전 9시, 수업이 끝난 후부터 저녁 8시까지 진행된다. 어떤 아동이 늘봄학교를 최대한 이용한다고 하면 오전 7시부터 저녁 8시까지 13시간 동안 학교에 있게 되는 것이다. 이러한 상황을 가정해 본다면 늘봄학교에서 아동학대가 일어날 확률이 높아질 수 있다. 아동학대를 예방하기 위해서 먼저 아동권리가 무엇인지 살펴보면 다음과 같다.

역사적으로 아동은 열등한 존재로 간주되고 사회적 척도(social scale)의 최하위에 위치하고 있었다. 고대에는 부모조차 자녀의 욕구에 거의 무관심하였고, 장애영아의 살해나 남아선호 풍습과 같은 아동학대가 성행하였다. 중세에도 아동은 성인의 축소판으로 간주되고 가혹한 체벌이 행해졌으며, 장원을 위한 군사적 · 경제적

확보 수단으로서의 가치로 평가되었다(한유미, 2014). 이후 아동복지 관점이 대두되어 전쟁고아나 빈곤 아동 구호를 중심으로 한 사업이 펼쳐졌다. 오늘날 이러한 시혜적 성격의 아동복지 관점은 아동권리는 아동이 마땅히 누려야 할 권리의 주체라는 관점으로 전환되었다. 이러한 패러다임의 전환의 결정적 계기는 1989년 제정된 UN아동권리협약이다.

UN아동권리협약은 아동을 단순한 보호 대상이 아닌 존엄성과 권리를 지닌 주체로 보고 이들의 생존, 발달, 보호, 참여에 관한 기본 권리를 국제적으로 명시한 협약이다. 여기서 아동은 만 18세까지를 말하며, 아동권리란 아동이 인간으로서 가지는 권리와 자유에 더하여 특별한 보호와 배려를 받을 권리를 의미한다. UN아동권리협약이 제시한 생존권, 보호권, 발달권, 참여권 등 4대 아동권리와 네 가지 기본원칙은 각기 [그림 11-1], [그림 11-2]와 같다.

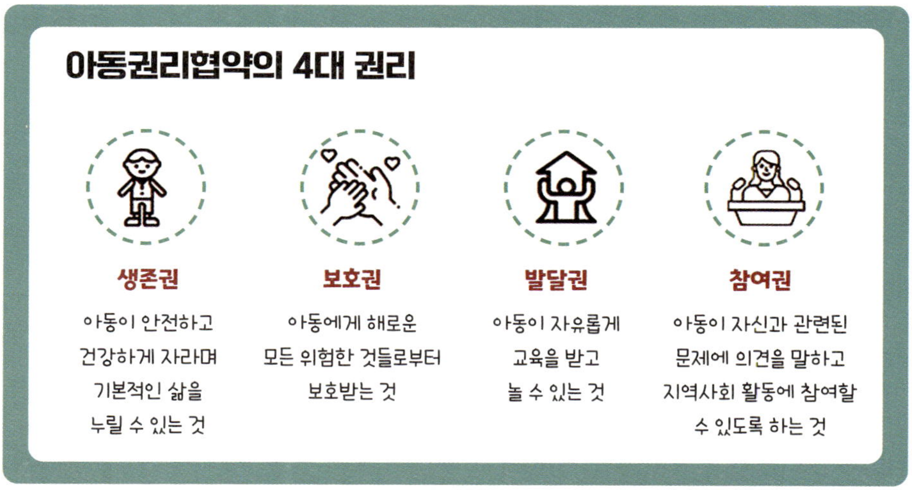

[그림 11-1] UN아동권리협약의 4대 아동권리

아동권리협약의 네 가지 기본원칙

비차별

모든 아동이 어떠한 이유로도 차별받지 않아야 한다는 것

어린이 의견 존중

아동이 자신에게 영향을 주는 일에 대해 의견을 말할 수 있어야 하며 그 견해는 존중되어야 한다는 것

생존과 발달의 권리

아동의 생명과 생존, 발달을 위한 권리가 최대한으로 보장되어야 한다는 것

아동 최선의 이익

아동의 이익이 최우선으로 고려되어야 한다는 것

[그림 11-2] UN아동권리협약의 네 가지 기본원칙

우리나라도 UN아동권리협약을 충실히 이행하기 위해 2016년 보건복지부에서 〈아동권리헌장〉을 제정하였다. 아동권리헌장은 전문과 9개의 조항으로 이루어져 있다. 아동권리헌장은 아동 스스로 자신의 권리를 알고 지킬 수 있고, 어른도 아동의 권리를 이해하고 존중하여야 한다는 약속을 의미한다. 아동권리헌장의 주요 내용은 [그림 11-3]과 같다.

- 부모와 가족의 보살핌을 받을 권리
- 차별받지 않을 권리
- 기본적인 영양, 주거, 의료 등을 지원받을 권리
- 자신의 능력과 소질에 따라 교육받을 권리
- 존중받을 권리
- 학대와 방임으로부터 보호받을 권리
- 개인적인 생활을 보호받을 권리
- 지식과 정보를 알 권리
- 휴식과 여가를 누릴 권리

[그림 11-3] 아동권리헌장

2. 아동학대의 이해

아동학대가 발생하는 원인은 다양하고 복잡한 현상이기 때문에 학대가 이루어지는 원인을 한마디로 설명하는 것은 쉬운 일이 아니다. 2025년 늘봄학교가 전면적으로 시행되면 오랜 시간 학교에서 시간을 보내야 하는 아동들이 아동학대에 노출될 확률이 높아지기 때문에 아동학대에 대한 이해와 예방교육이 이루어져야 할 것이다.

1) 아동학대와 관련법과 학대 예방교육

아동학대는 보호자를 포함한 성인이 아동의 건강 또는 복지를 해치거나 정상적 발달을 저해할 수 있는 신체적 · 정신적 · 성적 폭력이나 가혹행위를 하는 것과 아동의 보호자가 아동을 유기하거나 방임하는 것을 말한다(「아동복지법」 제3조 제7호, 2024). 보호자는 「아동복지법」 제3조 제3호, 「아동학대처벌법」 제2조 제2호에서 친권자, 후견인, 아동을 보호 · 양육 · 교육하거나 그러한 의무가 있는 자 또는 업무 · 고용 등의 관계로 사실상 아동을 보호 · 감독하는 자를 말한다. 아동이 늘봄학교에서 교육을 받는 동안 당해 아동을 담당하는 늘봄인력이 보호자에 해당된다.

(1) 아동학대 신고의무자 및 교육

늘봄학교의 장은 소속 아동학대 신고의무자에게 신고의무 교육을 실시하고, 그 결과를 관계 중앙행정기관의 장에게 제출(「아동복지법」 제26조 제3항 및 동법 시행령 제26조)한다.

(2) 아동학대 신고의무자 대상 아동학대 예방교육

대상은 「초·중등교육법」의 교직원 및 전문상담교사, 산학겸임교사(교육복지사 포함) 등 학교장과 그 종사자(정직원, 계약직, 시간제, 파견자, 용역직원 등)를 모두 포함한다. 늘봄학교의 장이 소속 신고의무자에게 신고의무 교육을 매년 1시간 이상 실시하지 않은 경우, 해당 기관·시설의 장은 300만 원 이하의 과태료 부과 대상이 된다(「아동복지법」 제75조 제3항 제1의2호 및 동법 시행령 제58조).

(3) 늘봄학교 아동 및 부모 대상 아동학대 예방교육

늘봄학교는 아동이 장시간 학교에 머무를 상황이므로 아동학대 신고의무자 이외에도 아동을 대상으로 하는 아동학대 예방교육과 부모를 대상으로 하는 아동학대 예방교육을 필수로 진행할 필요가 있다.

① 아동을 대상으로 하는 아동학대 예방교육

아동의 권리, UN아동권리협약, 아동학대 정의 및 개념, 아동학대 유형, 아동학대 신고, 위기 상황별 대처 및 예방법, 아동학대 처리 절차 및 처벌, 아동학대 후유증 및 회복 방안, 아동학대 관련 전문(도움)기관 정보 등에 대한 교육을 실시할 수 있다.

② 부모를 대상으로 하는 아동학대 예방교육

아동의 권리, UN아동권리협약, 민법상 징계권 폐지 계기 인식 개선, 아동학대에 대한 이해, 아동학대 정의, 아동학대의 유형 및 처벌, 아동학대 현황 및 사례, 아동학대 발생 요인 및 결과, 아동학대 후유증, 아동학대 피해아동(학생)의 치료, 아동학대 신고 절차 및 발견, 신고 시 유의사항, 아동중심의 올바른 양육(훈육) 및 의사소통 방법, 아동학대 예방사업 안내 등에 대한 교육을 실시할 수 있다(교육부 · 한국교육개발원 · 유스메이드 아동청소년문제연구소, 2023).

2) 아동학대의 유형

우리나라는 아동학대 유형을 「아동복지법」 제17조를 기준으로, 신체학대, 정서학대, 성학대, 방임 및 유기 등으로 구분한다(교육부 외, 2023; 박지영, 2022; 배태상, 2024; 보건복지부, 2021).

(1) 신체학대

신체학대는 고의적으로 신체적 고통을 가하거나 손상을 입히는 것이며, 법적으로는 보호자를 포함한 성인이 아동의 건강 또는 복지를 해치거나 정상적 발달을 저해할 수 있는 신체적 폭력이나 가혹행위를 하는 것으로 정의된다(「아동복지법」 제3조 제7호). 신체학대의 구체적인 행위, 신체적 징후, 행동적 징후는 〈표 11-1〉에 제시되었다.

〈표 11-1〉 **신체학대**

구분	내용
구체적인 행위	• 직접적으로 신체에 가해지는 행위 • 도구를 사용하여 신체를 가해하는 행위 • 완력을 사용하여 신체를 위협하는 행위 • 신체에 유해한 물질로 신체에 가해지는 행위
신체적 징후	• 설명하기 어려운 신체적 상흔 • 화상자국 • 손목이나 발목에 긁힌 상처, 영유아에게 발견된 붉게 긁힌 상처 • 성인에 의해 물린 상처 • 겨드랑이, 팔뚝 안쪽, 허벅지 안쪽 등 다치기 어려운 부위의 상처 • 복잡한 두부 손상 • 골격계 손상, 걷지 못하는 아이에게서 나타나는 대퇴골절 • 복부손상 • 흉부손상
행동적 징후	• 어른과의 접촉회피 • 다른 아동이 울 때 공포를 나타냄 • 공격적이거나 위축된 극단적 행동 • 부모에 대한 두려움 • 집에 가는 것을 두려워함 • 위험에 대한 지속적인 경계

출처 : 교육부 외(2023); 보건복지부(2021).

(2) 정서학대

정서학대는 직접적으로 신체에 가해지는 고통은 없지만, 정서적인 불안을 조성하는 것이다. 즉, 아동의 건강 · 복지를 해치거나 정상적 발달을 저해할 수 있는 정신적 폭력 또는 가혹행위를 말한다(「아동복지법」 제3조 제7호). 법원의 판례에 따르면 정서적 학대의 목적이나 의도가 반드시 있어야만 인정되는 것이 아니라 기의 행위로 인하여 아동의 정신건강 및 발달을 저해하는 결과가 발생할 위험 또는 가능성을 미필적으로 인식하면 정서적 학대행위로 볼 수 있다. 정서학대의 구체적인 행위, 신체적 징후, 행동적 징후는 〈표 11-2〉에 제시되었다.

〈표 11-2〉 정서학대

구분	내용
구체적인 행위	• 언어 폭력행위 • 정서적 위협 • 아동에 대한 비현실적인 기대를 강요하는 행위 • 형제나 친구 등과 비교·차별·편애·왕따 시키는 행위 등
신체적 징후	• 발달지연 및 성장장애·신체발달 저하
행동적 징후	• 특정 물건을 계속 빨고 있거나 물어뜯음 • 행동장애 • 신경성 기질 장애 • 정신신경성 반응 • 언어장애 • 극단행동, 과잉행동, 자살시도 • 부모와의 접촉에 대한 두려움

출처 : 교육부 외(2023); 보건복지부(2021).

(3) 성학대

아동의 건강 · 복지를 해치거나 정상적 발달을 저해할 수 있는 성적 폭력 또는 성적 가혹행위이다(「아동복지법」 제3조 제7호). 즉, 행위자가 자신의 성적 욕구를 만족시키기 위해 가해지는 강간, 유사강간, 추행, 희롱 등이다. 성폭행의 정도에 이르지 않았더라도 성적 도의관념에 어긋나고 아동의 건전한 성적 가치관의 형성 등 완전하고 조화로운 인격발달을 현저하게 저해할 우려가 있는 행위이면 성학대에 포함된다. 구체적인 행위, 신체적 징후, 행동적 징후는 〈표 11-3〉과 같다.

〈표 11-3〉 성학대

구 분	내 용
구체적인 행위	• 자신의 성적만족을 위해 아동을 관찰하거나 아동에게 성적인 노출을 하는 행위 • 아동을 성적으로 추행하는 행위 • 아동에게 유사성행위를 하는 행위 • 성교를 하는 행위 • 성매매를 시키거나 성매매를 매개하는 행위 등
신체적 징후	신체적 지표 • 학령전 아동의 성병 감염, 임신 • 생식기의 증거 : 아동의 질에 있는 정액, 생식기의 대상포진, 회음부의 동통과 가려움 • 항문증후 • 구강증후
행동적 징후	• 성적(性的) 행동지표 : 나이에 맞지 않는 성적 행동, 해박하고 조숙한 성 지식 • 비(非)성적인 행동지표 : 위축, 환상, 유아적 행동(퇴행 행동), 특정 유형의 사람들 또는 성에 대한 두려움, 범죄행위, 우울, 불안, 야뇨증, 외상 후 스트레스 장애, 저조한 학업수행

출처 : 교육부 외(2023); 보건복지부(2021).

(4) 방임 및 유기

방임 및 유기는 아동이 성장에 필요한 적절한 환경과 의식주, 의료서비스를 제공하지 않고 방치하는 것을 말한다. 즉, 아동의 보호자가 아동을 방임하거나 유기하는 행위(「아동복지법」 제3조 제7호)로, 구체적인 행위, 신체적 징후, 행동적 징후는 〈표 11-4〉와 같다.

〈표 11-4〉 방임 및 유기

구분	내용
구체적인 행위	• 물리적 방임 • 교육적 방임 • 의료적 방임 • 유기
신체적 징후	• 발달지연 및 성장장애 • 비위생적인 신체상태 • 예방접종과 의학적 치료 불이행으로 인한 건강상태 불량·아동에게 악취가 지속적으로 나는 경우
행동적 징후	• 계절에 맞지 않는 부적절한 옷차림 • 음식을 구걸하거나 훔침 • 비행 또는 도벽 • 학교에 일찍 등교하고 집에 늦게 귀가함 • 지속적인 피로 또는 불안정감 호소 • 수업 중 조는 태도 • 잦은 결석

출처 : 교육부 외(2023); 보건복지부(2021).

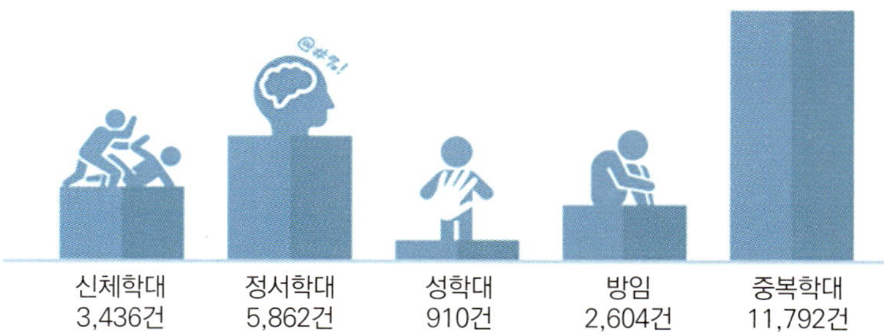

[그림 11-4] 아동학대 유형

출처 : 아동권리보장원 홈페이지.

3) 아동학대의 결과

늘봄학교에서 아동은 가정 외 학교라는 집단에서 또래 및 교사와 대인관계를 맺고 규칙을 통해 집단생활을 배우게 된다. 신체적 · 정서적 성장을 이루는 이 시기 아동은 영유아기에 가족 내에서 습득한 내용을 표출하기도 하는데, 그 내용이 폭력, 무관심과 같은 학대라면 학교폭력으로 연결될 가능성이 높다. 부모로부터 신체적 처벌, 위협적인 강압적 명령, 거부와 무관심, 방임과 부정적 의사소통을 경험한 아동은 폭력의 허용도가 높기 때문이다. 또한 학대와 방임을 경험한 아동은 학업부적응과 더불어 불안과 우울, 분노와 슬픔 등 정서적 결함과 또래관계 문제나 위축 증상 등 사회적 문제를 보인다. 이러한 문제는 아동의 삶의 만족도를 떨어뜨린다.

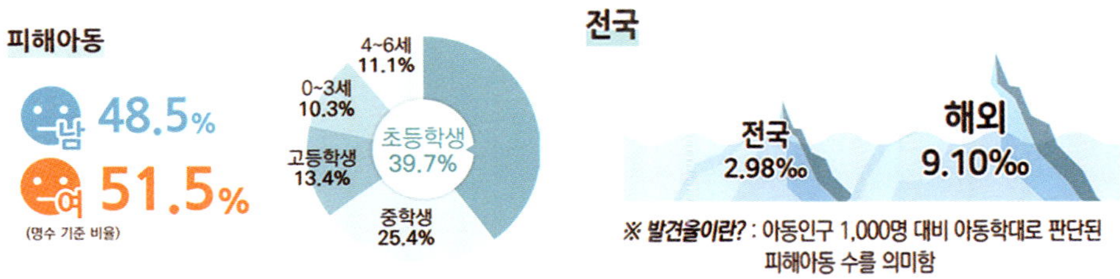

[그림 11-5] 피해아동 특성(좌)와 피해아동 발견율(우)

출처 : 아동권리보장원 홈페이지.

3. 늘봄학교 아동학대 신고

1) 신고방법

늘봄학교에서 아동학대를 알게 된 경우, 학대 의심이 있는 경우에는 112에 신고한다. 아동학대를 신고하기 전 보건복지상담센터(129), 지자체, 아동보호전문기관으로 전화하여 아동학대 관련 내용을 상담할 수도 있다. 아동학대 상담 중 학대 의심 사실이 확인되어 출동이 필요한 경우, 즉시 112에 통보되며 현장출동이 실시된다.

2) 신고할 내용

다음 신고할 내용으로 제시된 정보를 모두 파악하지 못해도 신고는 가능하며, 가능한 한 많은 정보를 제공하도록 노력한다.

① **피해(의심)아동의 현재 상황** : 피해(의심)아동의 안전 여부, 응급조치 필요 여부, 피해(의심)아동의 심신상태 등

② **피해(의심)아동 인적사항** : 성명, 성별, (추정)연령, 주소, 전화번호 등 연락처

③ **아동학대행위(의심)자 관련사항** : 성명, 성별, (추정)연령, 주소, 전화번호 등 연락처, 피해(의심)아동과의 관계, 피해(의심)아동과의 동거 여부, 아동학대행위(의심)자의 특성 및 성향

④ **신고자 관련사항** : 성명, 전화번호 등 연락처, 주소, 피해(의심)아동과의 관계, 신고의무자 여부, 신고목적(신고자의 욕구)

⑤ **아동학대 의심상황** : 아동학대 유형(구체적인 아동학대행위), 아동학대의 정도 및 심각성, 아동학대 발생빈도, 아동학대의 지속성, 최근 발생한 아동학대 상황

⑥ **기타사항** : 추가 아동 존재 여부(집단 내 다른 아동 또는 아동의 형제자매 존재 여부), 아동학대행위(의심)자의 현재 상황(심신상태 등), 다른 기관과의 연계 여부, 기타 내용

3) 아동학대 신고방법 예시

늘봄학교에서 아동학대가 발생하였을 때 신고방법에 대한 예시를 살펴보면 다음과 같다(보건복지부, 2021).

(1) 112 전화신고 예시

- ㅇㅇ 늘봄학교에 재직하고 있는 교사입니다.
- ㅇㅇ 늘봄학교에 등원하는 아동에 대해 (   )의 이유로 아동학대가 의심되어 연락드립니다(학대 의심이 있는 경우에도 신고 가능하다).
- 아동의 현재 상황은 (   )입니다. 아동의 안전 여부, 응급조치 필요 여부, 아동의 심신 상태, 가정상황 등에 대해 이야기한다.
- 아동의 인적사항은 (   )입니다. 아동의 성명, 성별, 연령, 주소, 전화번호, 주민등록번호 등에 대해 이야기한다.
- 학대행위자로 의심이 되는 사람은 (   )입니다. 학대행위자의 성명, 성별, 연령, 주소 등을 이야기 한다. 다만, 학대행위자 정보를 파악하지 못해도 신고는 가능하다.
- 신고자는 (   )입니다. 신고자의 성명, 전화번호, 주소, 아동과의 관계 등을 이야기한다. 신고자의 신분을 노출하고 싶지 않을 경우에는 익명으로 신고가 가능하다.

(2) 112 문자신고 예시

1. 학대피해 의심 아동 정보(추정)
   1) 성명 :
   2) 성별 :
   3) 연령 :
   4) 주소(학대 발견지 혹은 실거주지) :
2. 학대 의심 행위자 정보(추정)
3. 학대 의심내용
4. 기타사항

(3) 신고자 보호

- 인적사항 기재 생략
- 인적사항의 공개 금지(누구든 신고자를 다른 사람에게 알려주거나 공개, 보도해서는 안 됨)
- 신원관리카드의 열람 가능
- 증인신문 시 영상물 촬영 제출 가능
- 신변 안전 요청 가능
- 누구든지 신고인의 인적사항 또는 신고인임을 미루어 알 수 있는 사실을 다른 사람에게 알려주거나 공개 또는 보도하여서는 안 됨

4) 피해아동과 대화 사례

피해아동과 대화를 할 때 가장 먼저 교사는 조사를 목적으로 하는 것이 아닌 피해아동의 심리적 · 신체적 안전 확인 및 보호 등을 목적으로 대화를 진행하는 것이 필요하다. 피해아동의 상황 및 심리 · 신체적 상태에 대한 이해를 바탕으로 한다. 학대피해아동과 사안에 대한 민감한 내용이나 전문적인 상담은 전문기관에 연

계하는 것이 바람직하다. 늘봄학교에서 피해아동에 대한 심리 상담 지원 및 연계는 위(Wee)센터와 위(Wee)클래스, 보건교사, 외부 전문기관 등 피해아동의 상황에 맞추어 연계 및 지원이 가능하다. 학대피해아동과의 대화 사례를 살펴보면 다음과 같다(교육부 외, 2023).

(1) 학대피해아동과의 초기 대화법 사례

① 1단계

피해아동은 어렵고 고통스러운 이야기를 할 수 있다는 상황에 대한 두려움, 불안함, 수치스러움 등을 느낄 수 있다. 따라서 초기 대화 시 일상적이고 긍정적인 주제로 대화를 시작하는 것이 효과적이다.

> "쉬는 시간에 선생님과 이야기를 나누게 되었네요. 원래는 무엇을 하려 했었나요?"
> "요즘 어떤 것에 흥미가 있나요?
> "학교생활에서 즐거운 것이 무엇인가요?"
> "무엇을 하는 것을 좋아하나요/ 잘하나요?"

피해아동에게 학대 상황에 대한 직접적인 질문이나 이야기를 꺼내는 것보다 학생의 일상생활에 대한 교사의 관심을 전달함으로써 학생의 긴장감을 낮출 수 있다.

② 2단계

일상적 대화를 통해 피해아동이 안정감과 편안함을 느끼도록 한 후 아동에게 도움이 되고 싶다는 교사의 마음을 담아 상황에 대한 질문을 진행한다.

최근에 힘도 없어 보이고 몸도 피곤해 보여서 걱정했어요. 선생님이 도움이 되고 싶은데…"
"요즘 학교(집 등)에서 어떻게 지내는지 궁금해요."
"어떤 (힘든/ 실망스러운/ 어려운) 경험이 있나요?"
"여기에 1점부터 10점까지 있는 작은 자가 있어요. 10점은 너무 힘들어서 속상한 마음이고, 1점은 모든 일이 편안하여 즐거운 마음이라면, 오늘 몇 점 정도 되나요?"
"(8점이라고 대답하면) 어떤 점이 힘들어서 8점인가요? 선생님에게 설명해 줄 수 있나요?"
"그렇게 힘이 없어 보일 때에는 그럴만한 충분한 이유가 있을 것이라고 생각되는데, 좀 더 이야기해 줄 수 있나요?"
"이런 경험이 (언제/ 누구와/ 어디에서) 있었나요?"

피해아동이 어려움에 대해 간단히 말해도 이를 수용하고, 아동 주변에 도움을 줄 사람이 많이 있음을 깨닫도록 질문하는 과정이 도움 된다. 또한 교사가 관심을 갖고 있고 도움을 줄 수 있다는 것을 알리며 진행하는 것이 효과적이다.

(2) 아동학대 사안 진행 단계에서의 대화법

아동학대 사안 진행 시 아동이 심리적으로 불안정할 수 있음을 이해하고 학교와 일상생활에 지지와 격려를 하여 회복할 수 있도록 조력한다.

① 시작하기

"오늘 하루는 어떻게 보냈나요?"
"오늘 재미있었던 혹은 집중할 수 있었던 일(수업)은 무엇이었나요?"
"오늘 친구들과는 어땠나요?"

② 피해아동의 대처에 집중하고 인정하기

"어떻게 오늘 학교에 등교할 수 있었나요?"
"그렇군요. 힘들었을 수도 있었을 텐데…"
"그런데도 어떻게 학교에 와서 (지낼 수/견딜 수) 있었나요?"
"어떻게 오늘 그렇게 수업에 집중할 수 있었나요?"
"어떻게 오늘 친구들과 그런 좋은 시간을 가질 수 있었나요?"
"쉽지 않았을 텐데, 어떻게 그렇게 할 수 있나요?"

③ 원하는 미래 이야기하기

"요즘은 힘든 상황을 어떻게 대처하고 있나요?"
"어떤 것이 조금 (나아지면/ 달라지면/ 좋아지면) 학교생활이 어떻게 달라질까요?"
"어떤 것이 조금 (나아지면/ 달라지면/ 좋아지면) 집에서 가족과의 생활이 어떻게 달라질까요?"
"그것이 ○○의 생활에 어떤 변화를 가져올까요?"

'어떻게'는 피해아동이 등교하고, 수업하고, 친구와 지낼 수 있는 강점과 자원을 갖고 있음을 전제하여, 그것이 무엇인지를 이끌어 내고 자원으로 활용하는 도움이 되도록 사용하는 단어이다.

학대피해아동과 대화 시 주의사항은 다음과 같다.

- 피해아동과 대화 시 얼굴 표정을 부드럽게 한다.
- (사건에 대해 직접 묻는 등) 조사관의 역할을 하지 않아야 한다.
- 피해아동의 진술이 오염되지 않도록 한다(교사와의 대화로 인해 이후 조사 시 정확한 진위를 탐색하는 데 잘못된 정보가 남지 않도록 주의한다).
- 피해아동과 대화 시 '학대'라는 단어를 사용하지 않도록 유의한다.
- '누가 힘들게 하나요?'라고 대상자를 특정해서 질문하지 않도록 유의한다.

(3) 재학대 예방을 위한 대화법

피해아동이 어려움을 극복하고 지내온 경험에 대하여 지지하고 격려하며 해결 및 회복을 돕는 대화가 필요하다. 재학대가 발생하지 않도록 교사의 관심과 면밀한 관찰이 중요하다. 피해아동이 도움을 원할 시 앞으로 학교와 집에서 지내는 것이 어떻게 달라지기를 기대하는지, 자신이 원하는 것이 무엇인지 이야기를 나눈다.

"(이전과 다르게) 지금은 어떻게 지내고 있나요?"
"(지금 상황이 이전보다 괜찮다면) 어떻게 하면 괜찮은 상황을 지속할 수 있을까요?"
"(지금 상황이 이전보다 괜찮지 않다면) 무엇이 달라지면 나아질 것 같나요?"

▶ 이전에 좋았던 경험을 이야기하고, 긍정적이고 성공적인 경험에 대해 구체적으로 탐색하는 대화 진행

"예전에도 지금처럼 잘 지냈던 때는 언제였나요?"
"그때는 그것이 어떻게 가능했나요?"
"이전과 지금이 어떻게 다른가요?"

▶ 피해아동이 자신의 강점과 능력을 이야기할 시 교사는 이를 인정하고 칭찬하여 아동의 강점과 자원을 깨닫게 하는 것이 필요

"주변에서는 (아동의) 어떤 점이 이전보다 좋아졌다고 이야기하나요?"
"그것이 어떻게 가능했나요?"
"현재의 그런 모습을 어떻게 유지할 수 있었나요?"

▶ 피해아동의 이전 경험을 토대로 앞으로 삶에 도움이 될만한 것을 제안하여 아동이 자신이 원하는 변화를 위해 힘을 얻을 수 있도록 조력

"(이전 경험 중) 도움이 되었거나 효과가 있었던 것은 무엇이었을까요?
"그걸 계속해 보는 건 어떨까요?"

5) 아동학대 대처

늘봄인력은 아동학대 징후가 있는지 아동을 늘 살펴보고, 아동학대 상황이 의심스러울 때 아동학대 징후 체크리스트를 활용해 볼 수 있다. 1개 문항 이상 "예"라고 체크된 경우, 아동학대를 의심해 볼 수 있는 상황이다.

〈표 11-5〉 아동학대 징후 체크리스트

	내 용	체크란	
1	사고로 보기에는 미심쩍은 멍이나 상처가 발생한다.	예	아니요
2	상처 및 상흔에 대한 아동 혹은 보호자의 설명이 불명확하다.		
3	보호자가 아동이 매를 맞고 자라야 한다는 생각을 갖고 있거나 체벌을 사용한다.		
4	아동이 보호자에게 언어적·정서적 위협을 당한다.		
5	아동이 보호자에게 감금, 억제, 기타 가학적인 행위를 당한다.		
6	기아, 영양실조, 적절하지 못한 영양섭취를 보인다.		
7	계절에 맞지 않는 옷, 청결하지 못한 외모를 보인다.		
8	불결한 환경이나 위험한 상태로부터 아동을 보호하지 않고 방치한다.		
9	성학대로 의심될 만한 질환, 신체적 흔적이 있다.		
10	성인의 성적 행동을 모방하는 행동을 나타낸다.		
11	자주 결석하거나 결석에 대한 사유가 불명확하다.		
12	아동에게 필요한 의료적 처치 혹은 예방접종을 실시하지 않는다.		
13	보호자에 대한 거부감과 두려움을 보이고, 집(보호기관)으로 돌아가는 것에 대해 두려워한다.		
14	아동이 매우 공격적이거나 위축된 모습 등의 극단적인 행동을 한다.		

출처 : 보건복지부(2021).

학대 의심 사례가 발견되었을 때 [그림 11-6]의 절차대로 업무를 진행한다.

발생 전

학교(유치원)

평상시

- 학생의 건강과 안전 확인
- 학생, 학부모, 동료 교사 등의 제보에 관심
- 학생, 학부모 대상 아동학대 예방교육
- 신고의무자 교육
- 미취(입)학, 미인정결석, 미전입 아동의 소재·안전 확인 및 관리
- 취학의무대상자 관리(*유치원은 해당 없음)

징후 발견

- 신고 여부 판단
- 아동의 신체 또는 정서적 이상 징후 기록 및 면담
- 필요시 상담 및 보건교사 협조 의뢰 (* 유치원 실정에 맞게 운영)

응급상황 시

- 위급상황으로부터 안전확보 및 보호
- 학대(의심)행위자가 보호자인 경우 경찰, 아동학대전담공무원 도착 전까지 아동 보호방안 마련
- 병원 이송 및 응급조치

교육(지원)청

- 아동학대 예방 지원 및 관리
- 아동학대 피해 학생 인권보호 및 위기 학생 지원방안 마련
- 취학의무대상자 관리 (취학관리전담기구 업무 등)
- 지자체 정보연계협의체 회의 참석 및 협조

신고

교육(지원)청

- 아동학대 사안처리 지원 및 관리
- 아동학대전담공무원, 경찰 조사 시 적극 협조
- 집단시설 내 아동학대(의심) 사례 발생 시 지자체와 경찰의 합동조사 진행 협조
- 피해아동 지원 체계 연계 및 협조
- 아동학대 관련 주요 교육 지원(비밀전학, 등교학습지원 등)
- 유관기관(지자체, 경찰, 아보전 등) 대상 업무 협조

학교(유치원)

- 아동학대 신고내용 비밀엄수
- 아동학대 증거 확보
- 학교장 및 교육(지원)청 보고
- 피해아동 보호를 위한 긴급대책 마련

지자체(아동학대전담공무원)

- 시·군·구 긴급전화 신고접수
- 경찰 신고 통보 및 동행출동 요청
- 기초정보 파악

경찰

- 112 신고접수
- 현장출동(*지자체 동행 협조)
- 지자체 신고 통보 및 동행출동 요청
- 현장 확인 및 아동의 안전확보

조사

학교
- 아동학대전담공무원, 경찰 조사 시 장소 협조 및 자료 제공
- 필수면담대상자(담임교사-상담교사) 조사 협조
- (필요시) 집단시설 내 아동학대(의심) 사례 발생 시 지자체와 경찰의 합동조사 진행 협조

지자체(아동학대전담공무원)
- 신고사항 확인 및 아동학대 관련 상담
- 현장출동 및 조사
(피해(의심)아동, 아동학대행위(의심)자 등)

경찰
- 현장출동 및 분리조사
(피해(의심)아동, 아동학대행위(의심)자 등)

사안처리 및 조치

학교(유치원)
- 피해아동 보호와 비밀 누설 금지
- 지속적 관찰을 통한 피해아동 상태 확인
- 2차 피해 방지를 위한 노력
- 피해아동의 학적처리 및 보호지원 마련

지자체(아동학대전담공무원)
- 추가조사
- 사례판단
- 응급조치(긴급임시조치 신청)
- 수사의뢰, 고소/ 고발
- 진술녹화 지원/ 신뢰관계인 동석 등
- 즉각분리/ 보호조치
- 피해아동 및 가족 지원, 피해아동 보호계획 수립
- 담당 아동보호전문기관 연계

경찰
- 전담공무원 협조
- 증거수집, 응급조치
- 긴급임시조치/ 임시조치 신청
- 현장종결
- 수사인계/ 수사 후 사건송치

검찰 및 법원
- 검찰 : 공소제기, 아동보호사건 송치, 임시조치 청구
- 법원 : 임시조치 결정, 형사법원(형사판결), 가정법원(보호처분)

사례관리

학교(유치원)
- 피해아동 및 신고자에 대한 비밀 누설 금지
- 재학대 여부 지속 관찰
- 의심상황 발생 시 112에 신고
- 지자체 통합사례회의 참석 및 협조
- 피해아동에 대한 상담 및 보호, 심리치료 연계 지원 등

교육(지원)청
- 피해아동에 대한 재학대 여부 지속 관찰
- 피해아동 통합지원 적극 연계 협조

경찰
- 전수합동조사
- 수사 중인 피해아동 모니터링

아동보호전문기관
- 피해아동 및 가족 사례관리
- 피해아동 및 학대행위자 교육·상담·치료
- 가정복귀프로그램

[그림 11-6] 아동학대 예방 및 대처 업무 흐름도(기관별)

CHAPTER

12

늘봄학교 장애 및 통합교육

1. 아동기 장애 유형

늘봄학교 아동에게 많이 나타날 수 있는 장애의 유형 세 가지를 알아보기 위해 먼저 아동기 장애의 유형과 정의 및 특성, 진단 준거 및 지도방법 등을 살펴볼 것이다. 아동기 장애는 미국에서 전통적으로 사용되고 있는 진단 방법이 주로 사용된다. 일반적으로 미국의 「정신장애 진단과 통계편람(약칭 DSM)」이 사용되는데, 정신과 의사와 임상가들의 관찰 기술에 의존하여 진단을 내리게 된다. 가장 최근 개편된 2013년 DSM-5에는 신경발달장애라는 하나의 범주에 하위 6개의 장애를 분류하여 지적장애, 의사소통장애, 자폐스펙트럼 장애, 주의력 결핍-과잉행동 장애, 특정학습장애, 운동장애로 구성되어 있다(APA, 2013). 신경발달장애는 중추신경계, 즉 뇌의 발달지연 또는 손상과 관련된 정신장애를 포함한다. 이것은 심리사회적 문제보다는 뇌의 발달장애로 인해 생애 초기부터 나타나는 아동기 및 청소년기 정신장애를 포함하는 것이다. 신경발달장애의 하위장애와 주요 진단 특징은 〈표 12-1〉과 같다.

〈표 12-1〉 신경발달장애의 하위장애와 주요 진단 특징

하위 유형		주요 진단 특징
지적장애		• 지능 수준이 현저하게 낮아서 학습 및 사회적 적응에 어려움을 나타내는 경우
의사소통 장애	언어장애	• 언어의 습득과 사용에 지속적인 곤란이 있는 경우
	발화음 장애	• 발음의 지속적인 곤란 때문에 언어적 의사소통에 지장이 초래되는 경우
	아동기 발생 유창성 장애(말 더듬기)	• 말 더듬으로 언어의 유창성에 방해가 초래되는 경우
	사회적 의사소통장애	• 언어적·비언어적 의사소통 기술을 사회적 상황에서 적절하게 사용하지 못하는 경우
자폐스펙트럼 장애		• 사회적·정서적 상호작용의 결함, 언어적·비언어적 의사소통의 결함, 대인관계를 발전시키고 유지하고 이해하는 것의 결함, 관심이 제한적이고 부적절하며 상동증적인 행동을 반복적으로 나타내는 경우
주의력 결핍-과잉행동 장애		• 주의집중의 곤란, 산만하고 부주의한 행동, 충동적인 과잉행동을 나타내는 경우
특정학습장애		• 정상적인 지능 수준에도 불구하고 특정학습 분야(예 읽기, 쓰기, 산술)에서 학습 부진이 현저하게 나타나는 경우
운동장애	발달성 운동협응장애	• 운동발달이 늦고 동작이 서툴러서 일상 활동에 지장을 초래하는 경우
	상동증적 운동장애	• 특정한 패턴의 행동을 아무런 목적 없이 반복적으로 지속하여 부적응적 문제가 초래되는 경우
	틱장애	• 신체 일부가 갑작스럽게 빠르게 비율동적으로 움직이거나 소리를 내는 부적응적 행동이 반복적으로 나타나는 경우

출처 : 고재욱(2020).

늘봄아동에게 나타날 수 있는 신경발달장애 중에서 주의력 결핍-과잉행동 장애와 자폐스펙트럼 장애, 그리고 학습장애에 대해 알아보기로 한다.

1) 주의력 결핍-과잉행동 장애

주의력 결핍-과잉행동 장애(ADHD : Attention Deficit Hyperactivity Disorder)는 주의가 매우 산만하여 잠시도 가만히 있지 못하는 행동과 매우 흥분하여 행동의 정도가 과하게 관찰되는 것 모두가 관찰될 때 사용되는 용어이다. ADHD는 일반적으로 아동이 보이는 충동적이고 산만한 행동이 아니라 그 정도가 평균 이상일 경우 진단을 받게 되는데, 아동이 실수로 이러한 행동을 하거나 정서적으로 문제가 있어서 나타나는 것이 아니라 전두엽의 이상으로 인해 자신의 행동을 조절하지 못하는 병 또는 장애로 이해해야 한다.

많은 교사들이 학급에서 통제가 어렵고 주의가 산만한 학생들을 과잉행동 또는 주의력 결핍 장애로 판단을 내리고 특수한 치료를 받도록 한다는 비판이 있다(Essa, 1988). 즉, 정상적으로 발달하고 있는 아동은 어느 정도 부주의한 행동과 과잉행동을 보이기도 하는데, 아동발달을 정확하게 인식하지 못하는 교사가 아동의 상대적으로 짧은 주의집중 시간을 너무 쉽게 ADHD로 치부한다는 것이다.

교육부에서는 초등학생 정서 행동 특성검사 항목에 ADHD 검사를 포함하여 장애를 겪는 아동을 선별하고 있다(교육부, 2019). 이에 따라 선별검사를 통해 ADHD로 분류되는 아동이 증가하고 있지만, 이들을 위한 효과적인 지도나 교육은 어려운 실정이다(강민채, 2018; 배은경, 2013).

(1) 주의력 결핍-과잉행동 장애(ADHD)의 유형

ADHD에는 세 가지 주요 유형이 있다. 즉, 부주의 특성을 보이는 것과 과잉행동-충동성에 의한 것, 마지막으로 주의력 결핍과 과잉활동의 조합에 의한 것이다(Wenar & Kerig, 2011).

① 부주의 특성

부주의 특성을 보이는 아동은 나이에 맞는 주의력을 유지하지 못하는 모습을 보인다. 주로 학교에 다니게 되면서 이러한 특성이 부각되는데, 부모나 교사는 아동이 집중을 못하고 산만하며, 한 활동에서 다른 활동으로 쉽게 이동하고, 비체계적이고 잘 잊고 자주 공상에 빠지는 모습을 보인다고 말한다. 아동은 과제가 지루하거나 어려울 때 주의가 산만해지고, 새로운 외부 자극에 쉽게 주의가 분산되고 이끌려 결국 학업성취의 문제로 이어질 수 있다.

② 과잉행동-충동성 특성

일반적으로 과잉행동은 조용히 앉아서 자신의 행동을 조절해야 하는 상황에서 일어날 가능성이 크다. 과잉행동을 보이는 아동은 끊임없이 계속 움직이는 모터 달린 사람과 같은 특성을 보인다. 일과 중에 이리저리 뛰어다니거나 지나치게 말을 많이 하고 수업 중에 자리를 무단이탈하는 등의 행동을 한다. 충동성은 생각하지 않고 말하거나 행동하는 것으로 특징지을 수 있다. 충동성이 높은 아동은 자신의 차례를 기다리기 힘들고 다른 사람이 말하거나 활동하는 것을 방해하거나 끼어드는 행동을 빈번히 한다.

③ 주의력 결핍과 과잉행동의 조합 특성

이러한 특성을 보이는 아동은 앞의 두 가지 특성을 동시에 가지고 있는 경우이다. 주의력이 매우 짧고 한시도 집중하지 못하고 산만함 등 부주의적 특성과 모터를 단 사람과도 같이 계속 움직이고 지나치게 말을 많이 하고, 활동에서 무단이탈을 하는 등의 과잉행동을 한다.

이와 같은 ADHD의 주요 유형의 특성들은 일반적으로 발달하는 아동에게서도 조금씩은 나타날 수 있다. 따라서 여러 상황에서 연령에 비해 유의미한 수준으로 이러한 행동들을 보인다면 진단을 받을 필요가 있다.

(2) 주의력 결핍-과잉행동 장애의 진단

ADHD 진단을 위해서는 미국정신의학회(APA)가 발행하는 「정신장애 진단과 통계편람(DSM)」이 세계적으로 널리 사용된다. ADHD는 아동이 부주의하거나 과잉행동-충동성의 특성을 보이는지, 장애를 초래하는 과잉행동-충동성 또는 부주의 증상이 7세 이전에 존재하는지, 학교와 가정 또는 그 이상의 상황에서 이러한 증상들이 존재하는지에 따라 진단하게 된다(APA, 2000).

(3) 주의력 결핍-과잉행동 장애 아동을 위한 지도방법

ADHD 아동을 위한 지도방법으로는 먼저 잘 조직되고 예측 가능한 환경을 제공하는 것이 필요한데, 이러한 환경은 아동에게 안정감을 주어 도움이 되기 때문이다. 따라서 돌봄 환경을 자주 바꾸거나 새로운 장소로 계속 이동하는 것은 지양해야 한다.

① 물리적 환경

물리적 환경으로는 ADHD 아동이 교사와 가까운 곳에 있을 수 있도록 자리를 배치하고 지속적으로 모니터링과 피드백을 주어서 긍정적인 행동을 강화하는 것이 필요하다. 또한 늘봄프로그램에 필요한 자료들은 일정한 장소에 두어 예측할 수 있도록 하고, 너무 많은 자료를 한꺼번에 제시하지 않는 것이 좋다.

② 지도방법

ADHD 아동을 위한 효과적인 지도방법은 다음의 세 가지로 제시할 수 있다(김철용, 2012).

- 주의집중력을 키우기 위해서 늘봄교사는 ADHD 아동에게 활동을 짧게 한 번에 한 가지 일만 제시하고, 수행 여부를 수시로 점검하며, 과제해결에 필요한 자료 목록을 제공하고 소집단의 그룹으로 주의집중이 유지되도록 도와야 한다.
- 과잉행동을 조절하기 위하여 늘봄교사는 ADHD 아동에게 과제를 선택하거나 규칙을 정하는 기회를 주고, 어려운 과제보다 쉽고 반복적인 과제를 수행하도록 하여 과제수행의 즐거움을 느끼고 성취감, 자신감을 키우는 기회를 준다.
- 충동성을 조절하기 위하여 늘봄교사는 ADHD 아동의 수준에 적합한 자료를 제시하고, 기다리는 것을 가르치고, 마치는 시간을 알려주어 스스로 시간을 관리할 수 있도록 한다.

교사가 ADHD에 대해 잘 이해하고 ADHD 아동에게 지속적인 관심을 가지고 협조적으로 도우려는 동기가 높을수록 학교생활에 잘 적응한다(한숙임, 2004). 따라서 늘봄교사는 ADHD 아동의 행동을 무조건 부정적으로 보지 않고, 행동을 정확히 이해하면서 부정적인 반응을 제한하는 것이 필요하다.

2) 자폐스펙트럼 장애

생애 초기 주 양육자와의 정서적 유대관계 형성과 언어의 발달은 인간발달에 있어서 매우 중요한 핵심적인 기능을 한다. 정상적인 발달을 하는 아이는 부모와 상호작용을 통해 각 문화에 적합한 의사소통 기술을 배우고 사회적 및 언어적 의사소통을 할 수 있다. 그러나 자폐증이라고 불리는 자폐스펙트럼 장애(autism spectrum disorder)를 가진 아동들은 전반적인 발달장애를 보이면서 타인과의 상호작용에 어려움을 갖는다.

2013년에 발행된 DSM-5(APA, 2013)에서는 전반적 발달장애(PDDs)라는 용어와 그 하위유형들이 삭제되고, 대신 자폐스펙트럼 장애라는 새로운 단일범주가 도입되는 변화가 있었다(APA, 2013). 즉, DSM-5에서는 기존의 자폐증을 '자폐스펙트럼 장애'로 명칭을 수정하고, 뇌의 신경학적 측면에서 나타나는 결함을 포함한다고 간주하여 신경발달장애의 범주에 포함하였다. 이러한 용어상의 수정에는 한쪽 끝에 심한 자폐성 장애가 위치하고, 다른 한쪽 끝에 상대적으로 가벼운 상태의 자폐성 장애가 위치한다는 연속선상의 개념이 반영되어 있다. 자폐증 장애와 이와 관련된 장애인 아스퍼거 장애(Asperger's disorder)는 다음과 같다.

(1) 자폐증의 정의 및 특성

자폐증(autism)은 '자기'를 뜻하는 희랍어 autos가 어원이다. 단어가 의미하는 것과 같이 자폐증은 사회적 관계에서 극도로 위축되어 고립되는 특성을 보이는 것을 의미한다. 자폐증이라는 용어는 20세기 초 정신과 의사인 유진 블레러(Eugen Bleuler)가 처음 사용했고, 1943년 레오 캐너(Leo Kanner)라는 정신과 의사가 '초기 유아 자폐증'으로 최초로 정의하였다. 그는 자폐증을 자폐적 고립, 동일성에 대한 병적인 요구, 언어 문제 등 세 가지 특성을 공유하는 환자들을 지칭하기 위해 사용하였다(Wenar & Kerig, 2011).

(2) 자폐스펙트럼 장애의 진단

자폐스펙트럼 장애는 사회적 상호작용 및 의사소통의 문제, 상동적 행동(常同行

動), 그리고 상동적 관심과 상동적 활동을 보이는 증후군을 말한다. 상동 행동이란 행동 양식이 일정하고 규칙적으로 반복되는 행동 가운데 목적이나 기능이 확실하지 않은 행동을 의미한다(네이버 사전). 주요 진단의 특성은 사회적 고립, 언어장애, 동일성에 대한 병적인 요구가 유지되는 것이다.

(3) 자폐증의 주요 특징적인 결함

자폐증의 특징적인 결함에 대해서 살펴보면 다음과 같다(Wenar & Kerig, 2011).

① 사회적 상호작용의 장애

자폐증 아동은 극단적인 사회적 고립을 보이고, 사람들과의 관계를 맺지 못하는 특성이 있다. 자폐증을 가진 아동은 사람들과 눈을 마주치지 않거나 눈길을 돌리기도 할 것이다. 예를 들어, 자폐증 아동은 자신이 원하는 것이 있을 때 문을 열고자 늘봄교사의 손을 문고리에 올려놓을 수 있다. 그러나 늘봄교사를 문을 열고자 하는 도구로 사용하는 것이지 늘봄교사에게 도움을 요청하는 상호작용이 아니다. 사회적 상호작용 장애는 다시 세 가지 범주로 나뉜다(Wing & Attwood, 1987).

- 무관심한 형

  사회적인 관계 속에서 자신만이 따로 떨어져 나와 있는 모습을 보인다. 타인과의 상호작용의 시작에 반응하지 않고 눈맞춤, 신체 접촉, 안기기 등을 거부한다.

- 수동형

  타인과 상호작용을 하기는 하지만 매우 순종적이고 무관심한 방식으로 반응한다. 그냥 반복적인 일과의 하나로 반응하고 또래의 지시를 과도하게 순종적으로 따르기 때문에 해를 입을 수 있다.

▮ 기묘한 형

타인에게 관심이 많지만 사회적인 이해나 규범에 대한 이해가 부족하여 행동하는 유형이다. 모르는 사람에게 접근하기도 하고 아무나 만지고 질문을 던지며, 타인이 불편해하는 것은 인식하지 못한다.

자폐증을 가진 아동들은 연령이 높아지면서 사회적 장애의 세 가지 범주 안에서 변하는 모습을 보여준다. 연령이 어렸을 때는 무관심한 형이었으나 16세 이상의 아동들을 관찰한 결과, 수동적 유형이나 기묘한 유형으로 변하는 경향이 있다(Wing & Gould, 1991).

② 의사소통장애

자폐증을 가진 아동은 흔히 의사소통 결함을 보인다. 때로는 의사소통의 결함을 함묵증부터 비언어적 의사소통의 범위까지 포함한다. 비의사소통적 언어는 반향어의 사용을 의미하는데, 타인이 했던 말이나 구의 의미를 이해하려는 것이 아니라 그대로 반복하는 것을 말한다. 예를 들어, "○○이 그러는 것 아니에요."라는 말을 듣고 "그러는 것 아니야, 그러는 것 아니야."라고 반복하거나 상황에 맞지 않은 구나 문장을 반복한다.

자폐증 아동은 일인칭과 삼인칭을 올바르게 사용하는 것을 어려워한다. 대명사 '나' 대신에 '너'를 사용한다거나 자신을 가리킬 때 자신의 이름을 사용한다. 또한 자폐증 아동은 말을 높낮이 없이 단조로운 톤으로 말하는 특징이 있다. 타인이 말의 높낮이를 통해 의미를 전달하지만 자폐증 아동은 이를 이해하지 못한다.

놀이의 방식에서도 차이를 보인다. 일반아동과는 달리 자폐증을 가진 아동은 사회적 극놀이나 상징놀이를 하지 않는다. 즉, 레고나 블록 또는 인형을 가지고 상상의 날개를 펼쳐서 엄마아빠 놀이, 병원, 로켓 발사장 등의 극놀이를 하는 것이 아니라 놀잇감 그 자체의 특성에만 고착해서 놀이한다. 레고나 블록으로 줄 세우거나 높이 쌓기 이상의 놀이를 하지 않는 경향이 있다.

③ 제한된 상동적 관심 및 행동

동일성에 대한 요구는 자폐 아동이 자신의 행동과 환경 모두에 원하는 것이다. 상동 행동으로 볼 수 있는 예는 손을 왼쪽 오른쪽으로 흔들거나, 상체를 앞뒤로 흔드는 것이다. 전체적으로 의식(ritual)과 같은 행동을 하기도 한다. 예를 들어, 교실로 뛰어들어 와서 전등 스위치를 2번 껐다가 켜고, 다음에는 공기청정기를 껐다가 켜고 난 후 이름 카드를 들고 교실을 한 바퀴 돈다. 이런 행동을 연쇄적으로 계속하면서 단순 반복하는 행동을 보인다. 또한 환경에 대해서도 같은 음식을 같은 그릇에 같은 자리에서 먹어야 하고, 같은 옷을 입고 가구 배열이 같기를 요구한다. 작은 환경의 변화가 있어도 공포를 느끼고 분노를 표현한다.

(4) 자폐증 아동의 지도방법

자폐증은 완치가 어려운 장애이다. 따라서 장애아동이 일상생활에 잘 적응하고 편안한 기분을 느낄 수 있는 돌봄을 제공하는 것이 필요하다.

① 물리적 환경 제공

자폐 아동이 갖는 특성을 이해하여 물리적 환경은 교사 대 아동의 비율을 낮추는 것이 필수적이다.

② 예측 가능한 일과

돌봄의 일과를 고도로 예측 가능하도록 제공한다. 자폐 아동은 새롭고 낯선 환경과 변화에 대해 매우 부정적인 반응을 보이기 때문에 구조화되고 안정적인 환경과 일과를 제공하는 것이 매우 중요하다.

③ 의사소통을 위한 구조화된 시각자료 사용

가능한 한 항상 시각적인 정보를 제공하는 것이 좋다. 해야 할 일을 그림으로 제시하거나 글자 목록으로 제시하는 것이다. 또한 자폐 아동이 화가 나거나 힘들어하는 상황을 설명하는 '사회적 이야기'를 간단하게 작성해서 제시한다(예 "왜 우리는 매일 옷을 갈아입어야 하지?" 에 관한 간단한 설명 이야기를 작성해서 제시).

이러한 방법은 자폐 아동을 위한 포괄적 치료프로그램 중 많은 인정을 받고 있는 TEACCH(Treatment and Education for Autistic and Related Communication Handicapped CHildren) 프로그램에서 사용하는 것이다(Mesilbov, Shea, & Adams, 2001). 이 프로그램의 핵심 요소는 구조적 교수인데, 자폐스펙트럼 아동의 강점은 강화하고 결함은 최소화하기 위해 아동의 환경을 구조화한다.

3) 아스퍼거 장애

아스퍼거 장애는 최근에 공식적으로 인지된 장애로서, 자폐스펙트럼 내의 하위 유형에 포함된다. 앞에서 자폐증에 대해 자세하기 살펴보았기 때문에 아스퍼거 장애에 대해서는 간단하게 살펴보도록 하겠다.

(1) 아스퍼거 장애의 특성

아스퍼거 장애는 자폐증과 유사한 특성을 보이지만, 지적 기능과 언어 기능이 더 좋은 모습을 보이는 장애이다. 한스 아스퍼거(Hans Asperger)가 1944년 자폐증과 유사한 아동들에 대한 연구결과를 발표하면서, 그의 이름을 딴 장애로 불리게 되었다. 전문가들은 이들이 자폐증을 가진 아동들과 유사한 발달장애이기는 하나 자폐스펙트럼에서 덜 심한 증세를 보인다고 하였다.

아스퍼거 장애의 가장 큰 특징은 강박-충동적 경향을 보인다는 것이다. 즉, 어떤 사실과 관련된 정보들을 강박적으로 모으거나 암송하거나 행동하고 또는 언어적 의식을 보이기도 한다. 아스퍼거 장애 아동은 자폐 아동보다 인지적으로 더 발달되어 있기 때문에 진단을 늦게 받게 되기도 한다. 인지 기능과 언어 기능 모두 잘 발달되어 있으나 언어의 사용에서도 제한된 관심을 강하게 보이는 특성이 있다. 눈맞춤, 단조로운 말, 상동적 행동, 타인의 긍정적인 정서표현에 반응하지 않는 모습을 보인다.

(2) 아스퍼거 장애의 진단

아스퍼거 장애의 진단은 「정신장애 진단과 통계편람」인 DSM-5를 근거로 이루어진다. 아스퍼거 장애는 인지 및 언어 기능이 자폐증에 비해 상대적으로 좋기 때문에 어떤 경우는 청소년기가 될 때까지 진단을 받지 못하기도 한다. 많은 연구에서는 자폐증과 아스퍼거 장애를 항상 구분하지 않기도 한다. 아스퍼거 장애는 미묘하게 자폐증과 차이가 있는 장애를 지칭하는데, 자폐 장애라고 하기에는 지적 기능과 언어 기능이 더 좋기는 하지만 결함이 있는 아동을 지칭한다.

4) 학습장애

학습장애(LD : Learning Disorders)는 지능에 비해 학습 기능이 낮은 것을 말하는데, 과거에 비해 많은 증가 추세를 보인다. 학습장애의 정의와 진단에 대해 살펴보면 다음과 같다.

(1) 정의

미국 국립학습장애연합위원회(1988)에서는 학습장애를 듣기, 말하기, 읽기, 쓰기, 추론 또는 수 능력의 사용에 유의미한 곤란을 나타내는 여러 이질적 장애집단이라고 정의하였다. 이에 비해 「정신장애 진단과 통계편람」에서는 학습장애에 대해 일반적인 정의를 내리지 않고, 읽기 장애, 산수 장애, 쓰기 장애 등 세 가지 장애에 관한 진단 기준을 제시하고 있다. 학습장애는 학업성취 영역 중 하나 또는 그 이상에서 연령과 능력 사이의 심한 불일치로 나타난다고 정의된다.

(2) 학습장애의 유형

학습장애의 유형은 읽기, 쓰기, 산수 장애로 나눌 수 있다(김경희, 2007).

① 읽기 장애

읽기 장애(reading disorder)의 또 다른 말은 난독증이라고 할 수 있다. 난독증 아동들은 음운론적 기술에 문제가 있어 읽거나 철자를 기억하는 능력이 심하게 손상된 모습을 보인다. 읽기 장애는 학습장애의 가장 흔한 유형으로 학습장애 아동의 약 80%가 해당된다.

② 쓰기 장애

쓰기 장애(disorder of written expression)는 일반적으로 문장 내의 문법이나 구두점의 잘못, 문단 구성의 빈약함, 철자법 실수, 지나치게 형편없는 필체 등을 말한다. 쓰기 장애 아동은 글씨를 쓰거나 철자를 기억할 때 또는 작문을 할 때 어려움을 느끼며 일상생활에서도 자신의 의사를 문자로 표현하는 데 어려움이 있다.

③ 산수 장애

산수 장애(mathematics disorder)는 여러 가지 다른 기능상 문제가 포함되는데, 산술 언어적 기능, 지각적 기능, 주의집중 기능, 그리고 산술적 기능 등의 문제가 있다.

(3) 학습장애의 진단

「정신장애 진단과 통계편람」에서는 학습장애에 대해 읽기 장애, 산수 장애, 쓰기 장애와 같은 세 가지 장애에 관한 진단 기준을 제시하고 있다. 세 가지 장애에 관한 기준은 본질적으로 거의 동일하기 때문에 읽기 장애 경우의 진단 기준만 살펴보면, 읽기 표준화 검사점수가 지능이나 연령보다 상당히 낮거나, 읽기 기술이 필요한 학업성취, 일상생활에서의 활동을 현저하게 방해하는 등의 기준으로 진단한다(APA, 2000).

(4) 학습장애 아동의 지도방법

학습장애 아동에게 무리한 학습이나 교육을 시키지 않아야 한다. 학습장애 아동은 심리적으로 위축되고 열등감을 가지고 있는 경우가 다수여서 지지와 격려의 심리적 지원이 필수적이다. 또한 학습을 위한 기술이 부족한 경우가 많은 것을 고려하여 다음과 같이 지도방법을 고안해야 한다(김경희, 2007).

① 주의력과 듣기 능력 향상시키기

- 과제를 부분적으로 쪼개서 작게 만들고 학습활동 시간을 짧게 자주 갖도록 한다.
- 교사의 지시는 짧고 분명하게 간단히 한다.

② 시간 관리하기

- 해야 할 과제들의 목록표를 만들고 일과표를 정해서 따르도록 한다.
- 학습과제들은 구체적인 학습기술들을 꾸준히 가르친다.
- 습관화될 수 있도록 지속적으로 지도한다.

2. 통합교육

1994년 유네스코의 후원으로 스페인 살라망카에서 개최된 국제회의에서는 살라망카선언문을 만들고, 장애인들의 교육적 권리를 보장하기 위하여 이들을 위한 특수교육만이 아니라 '모든 이들을 위한 교육(Education for All)'을 강조하였다. 우리나라는 2007년 제정된 특수교육법에 의해 특수교육이 필요한 아동도 비장애 아동과 함께 교육을 받을 수 있다. 일반교육에서 특수아동이 배제되지 않는 것으로서의 통합교육은 분리된 교실에 차별적 격리를 초래하는 낙인 또는 교육적 기회의 소외를 없애고자 하는 목적이 있다. 통합교육이 중요한 이유는 장애아동이 비장애아동과 함께 성장하고 배울 수 있는 지원적 환경을 제공하고 학습과 발달 측면에서 인정받는다는 느낌을 충족시켜 주기 때문이다(Vakil et al., 2009). 늘봄학교에도 장애아동이 있으므로 늘봄인력은 이들을 위한 통합교육의 개념과 필요성, 그리고 지도방법을 알아야 한다.

1) 통합교육의 개념

통합교육은 'mainstreaming(주류화)'이나 'integration(통합교육)'이 혼용되어 오다가 살라망카선언문을 계기로 보다 폭넓은 의미를 내포한 'inclusion(완전통합)'으로 통일되어 사용된다. 통합교육의 용어를 설명한 Bowe(2005)에 따르면 〈표 12-2〉와 같다.

〈표 12-2〉 **통합교육 용어**

용어	의미
mainstreaming	• 미국의 장애인교육법에 나타난 최소제한환경의 개념을 적용한 통합교육의 초기형태로 장애 학생을 일반교육환경에 일정 시간 동안 참여시키는 것(예 장애아동을 또래들과 함께 학업 이외의 활동이나 점심/ 휴식시간을 함께할 수 있도록 함)
integration	• 또래와 함께하는 시간을 학업 이외의 활동뿐만 아니라 예체능 활동이나 모둠활동과 같이 보다 다양한 학습 관련 활동에 참여하는 시간으로 확장한 형태
inclusion	• 교육체제 전반에 대한 변화를 염두에 둔 완전통합교육의 형태를 제시하는 용어

최근의 통합교육은 장애아동을 일반교육환경에 배치하고, 장애아동의 교육적 요구에 따라 필요한 부분에 대해서만 특수교육을 지원하는 것이 바람직하다는 완전통합교육의 방향성을 갖는다. 완전통합교육은 장애의 정도와 유형에 상관없이 장애아동을 일반학급으로 배치하고, 장애아동의 요구에 적합한 교육목적과 교육과정, 그리고 특수교육적 지원서비스를 제공하는 것을 포함한다. 다시 말하면, 장애아동이 교육서비스를 제공받기 위해 이동하는 것이 아니라 장애아동에게 필요

한 교육서비스를 그 환경 내에서 제공하는 것이다. 아직까지 우리나라에서 완전통합교육에 대한 정의는 학생의 교육시간 전체를 일반학급에 배치하는 형태를 가리키는 것에만 머무르고 있으며, 그 환경 내에서 어떻게 지원과 서비스를 연결해야 하는지는 구체적으로 언급되고 있지 않다(이은별, 2019).

2) 통합교육의 과제

통합교육에 대해 찬성과 반대의 의견이 공존하고 있다. 완전통합교육 찬성자들은 먼저, 완전통합교육은 장애아동과 비장애 아동이 함께 생활하면서 모두가 사회 구성원으로서의 가치와 태도, 독립심을 기를 수 있게 하며, 생활연령에 적절한 일반환경 내에서 핵심 교육과정 내용뿐만 아니라 사회적 능력을 학습할 수 있다고 주장한다(Fuchs & Fuchs, 1994; Guralnick, Neville, Hammond & Connor, 2008).

그러나 완전통합교육에 반대하는 의견들도 있다. Kauffman(1999)은 완전통합교육 찬성자들은 장애아동을 일반교육환경에 배치하면 효과적인 배움과 가르침이 일어날 것이며, 그 환경 내에서 매우 다양한 교육적 요구를 가진 학생들을 효과적으로 가르칠 수 있을 것이라고 생각하지만, 사실상 그 환경이 어떤 경우에는 극복하기 어려운 장애물이 될 수 있다는 것을 간과한다고 지적하였다. 박찬웅(2008)의 연구에서도 전일제 특수학급 지적장애 아동이 완전통합 학급의 장애아동에 비해 또래 상호작용과 특수교사의 지도를 통해 더 많은 지지와 수용을 받는 것으로 보고하였다. 또한 자폐 장애의 경우 통합교육을 받는 데 더 어렵다고 하는데, Able과 그의 동료들(2015)은 사회적 기술과 의사소통에서의 결함 및 제한된 관심과 상동 행동과 같은 자폐 범주성 장애 학생의 현저한 특성들이 학교 환경에서 성공적인 사회적 관계 맺기에 어려움을 준다고 하였다.

3) 통합교육의 교수학습 원리 및 전략

(1) 교수학습 원리

통합교육은 다양한 교육적 필요와 능력을 지닌 학생들이 함께 교육받는 프로그램으로 장애아동과 비장애 아동이 사회적 활동이나 교수활동에서 의미 있는 상호작용을 하는 것이라고 볼 수 있다(이소현 · 박은혜, 1998). 통합교육에서 가장 중요한 두 가지 요소는 다음과 같다. 첫째, 분리된 학급에 배치되어 부분적인 활동에만 참여하는 것이 아니라 동일한 학급에 배치되어야 한다. 둘째, 학급 내에 정상적인 발달을 보이는 아동이 일정 수 이상 함께 있어서 이들과 함께 일과와 활동에 참여하는 기회가 주어져야 한다(Odom, 2000). 이와 같은 요소를 염두에 두고 장애아동의 통합교육환경에서 교수학습의 효과를 증대시키기 위해서는 체계적으로 일관된 지도가 필요하다. 통합교육에서의 교수학습 원리를 살펴보면 다음과 같다(국립특수교육원, 2022).

① 개별 특성과 발달수준을 고려하여 상호작용하기

장애아동의 특성과 능력은 장애 수준과 상관없이 개인에 따라 차이가 있다. 따라서 교사는 장애아동을 관찰하여 적합한 교수 · 학습방법을 찾아서 체계적이고 일관적인 상호작용을 해야 한다.

〈표 12-3〉 발달지연/ 지체 아동과 의사소통 전략

전 략	내용 및 예시
아동의 관심과 행동 따르기	• 교사가 주도하지 말고, 아동이 '반응'하도록 아동이 보고 있는 것, 가지고 노는 것, 소리 내는 것 등을 따라 하면서 시작한다.
단어 확장하기	• 아동이 사용하는 단어를 확장하도록 지원한다. 강아지를 '멍'이라고 부르면 '멍멍이'로 말해주고, '멍멍이'라고 하면 '멍멍이가 호네.'라고 확장해 준다.
단어와 설명 사용하기	• 단어를 분명하게 말해주고 상황을 설명해서 말한다. '이거'라고 하면, '○○이가 빗으로 인형 머리를 빗겨주었네.'라고 설명하는 문장으로 말해준다.
주요 단어 및 어절을 반복하기	• 주요 단어나 어절을 반복해 주면 학습에 도움이 된다. 예를 들어, '끈적끈적'이라는 단어를 가르치기 위해 '밀가루에 물을 부으니 끈적끈적해졌네. 네 손에도 끈적끈적한 반죽이 묻었어.'라고 반복해 준다.
적절한 속도로 의사소통 하기	• 천천히 또박또박 말해주는 것이 도움이 된다. 또래들에게도 장애아동에게 말할 때 천천히 또박또박 말하도록 요청한다.
반응 기다리기	• 장애아동은 질문에 답하기까지 10초 이상 걸리기도 한다. 따라서 아동에 따라 기다리는 시간을 정하고 경우에 따라서는 대답을 대신 해주고 따라 해보게 한 후 칭찬하여 의사소통의 동기를 유발하는 것이 좋다.
의사소통 기회 제공하기	• 자발적인 의사소통이 일어날 수밖에 없는 기회를 제공한다. 모두가 좋아하는 놀이나 활동을 하면 평소보다 많은 의사소통을 하게 되므로, 공통적인 대화주제를 발굴할 필요가 있다.

출처 : 국립특수교육원(2022). p. 59의 내용을 수정·보완함.

② 선호도를 활용하기

장애아동이 좋아하는 것을 알면 교수학습 효과를 높일 수 있다. 만약 특정 캐릭터를 좋아한다면 그 캐릭터 스티커가 들어있는 책으로 상호작용을 해본다. 양육자와의 상담이나 관찰을 통해 장애아동의 선호하는 상호작용도 파악하여 활용한다.

③ 일과를 규칙적으로 하기

장애아동은 새로운 변화에 대한 적응이 늦거나 불안감을 느낄 수 있다. 또는 완전히 익숙해지기 전에 놀잇감을 바꾸거나 치우게 되면 다시 또 다른 놀잇감에 적응해야 하기 때문에 적절하지 않다. 따라서 일과를 규칙적으로 제공하고, 변경해야 할 때는 사전에 안내해서 익숙해지도록 도우며, 일과나 놀잇감의 변경은 부분적으로 바꾸는 것이 도움이 된다.

④ 단계별로 가르치기

학습속도가 늦거나 인지 기능이 떨어지는 경우 과제를 나누어 하나씩 연결해서 순차적으로 가르치는 것이 효과가 있다. 일반적으로는 쉬운 것에서 어려운 것으로, 단순한 것에서 복잡한 것으로, 구체적인 것에서 추상적인 것으로 설명하는 것이 좋다. 또한 새로운 활동을 할 때 전 과정을 한꺼번에 따라 하도록 하는 것보다는 여러 단계로 나누어 습득하도록 하는 것이 효과가 더 크다.

(2) 교수학습 전략

통합교육에서 효과적인 교수학습 전략으로는 촉진, 격려, 분산식 교수와 집중식 교수 등이 있다. 늘봄학교에서 통합교육을 실시하려면 다음과 같은 교수학습 전략을 이해하고 적절히 사용할 수 있어야 한다(국립특수교육원, 2022).

① 촉진

늘봄교사는 다양한 방법으로 장애아동을 촉진할 수 있으며, 촉진 유형으로는 자연적 촉진과 교수적 촉진이 있다.

▌자연적 촉진

반응을 일으키게 하는 환경적 자극을 말한다. 반응을 유도하지는 않지만 아동이 반응하도록 신호를 보내는 역할을 한다. 예를 들어, 교사와 그림책을 즐겁게 읽었던 아동에게 "선생님하고 그림책 보자."(촉진)라고 말하면 아동이 반응을 잘한다. 이는 과거의 경험을 통해 그림책을 보면서 교사와 애정표현을 하며 놀 것이라는 기대가 있기 때문에 반응을 하는 것이다.

▌교수적 촉진

자연적 촉진이 비효과적일 때 반응을 하도록 제공되는 것들을 말한다. 눈짓과 같은 약한 수준의 촉진부터 팔을 잡아당기는 등의 강한 개입성을 적용하는 촉진도 있다.

〈표 12-4〉 교수적 촉진의 설명과 예

교수적 촉진	설 명	예 시
직접적 구어	• 무엇을 해야 할지를 아동에게 구체적 문장으로 말하기	• "안녕"이라고 말함
간접적 구어	• 무엇이 필요한지를 시사하는 질문을 하거나 문장 말하기	• "집에 오면 무엇을 해야 하니?"("낮잠을 자야 해"를 의미함)
몸짓	• 비구어적 촉진으로서 손이나 신체의 일부를 움직이기	• 가리키기와 같이 사람들에게 익숙한 관습적인 몸짓 또는 동생이 달려오도록 하기 위해 발을 구르는 것 같이 가족에게만 알려진 비관습적인 몸짓
시범	• 기대하는 반응을 시범 보여주기	• 공 굴리기를 시범 보임
촉각적 촉진	• 아동을 만지기(아동의 주의를 끌거나 반응을 이끌어 내기 위함)	• 아동의 턱을 만져서 먹을 수 있게 입을 벌리도록 촉진함

부분적 신체 촉진	• 신체의 일부를 만지거나 다루어서 아동을 안내하기	• 팔꿈치를 잡아 안내하거나 물건을 들려고 할 때 물건의 무게를 지지해 줌
완전한 신체 촉진	• 신체의 일부를 만지거나 다루어서 완전한 안내 제공하기	• 아동의 손을 안내하여 손가락으로 버튼을 누르도록 도와줌
공간적 촉진	• 적절한 반응을 증가시킬 가능성이 있는 장소에 자극물을 배치하기	• 아동의 칫솔을 앞에 놓아둠
움직임	• 주의를 끌기 위해 자극의 위치를 바꾸기	• 2개의 공을 들고 아동에게 빨간 공과 파란 공 중 어떤 것을 갖고 싶은지 물어보면서 공을 흔듦
청각적 촉진	• 원하는 반응을 이끌어 내기 위해 (말 대신) 소리 이용하기	• 사물을 두드림

출처 : 국립특수교육원(2022), p. 64의 내용을 수정·보완함.

교수적 촉진은 아동이 촉진 없이도 자발적으로 반응할 수 있도록 서서히 줄여나가면서 아동이 스스로 행동하게 되면 더 이상 사용하지 않는다. 촉진은 정확하고 일관되며 체계적으로 실행되어야 한다. 촉진을 효과적으로 제공하기 위해 다음 사항을 고려한다(국립특수교육원, 2022).

- 촉진 전에 아동이 교사나 매체 또는 제공된 활동어 주의를 보이고 있는지 확인한다.
- 아동이 촉진을 분명하고 쉽게 알 수 있도록 제공해야 한다.
- 교사의 개입은 최소로 하고 아동이 실수를 적게 하는 촉진 방법을 선택한다.
- 선택한 촉진이 교수효과가 없거나 적으면 촉진을 다른 유형으로 바꾼다.

② 격려

▮ 교수적 정적 강화

새로운 기술 습득에 어려움이 있거나 자연적으로 일어나는 격려를 인식하지 못하는 장애아동에게는 교수적 정적 강화가 효과적이다. 이는 구어적 칭찬(예 "멋지네")이나 비구어적 칭찬(예 미소) 또는 선호하는 물건이나 행동(예 장난감, 박수 쳐주기)을 목표로 하는 행동을 할 때 사용하는 것이다.

▮ 강화 형성법

정확한 반응이 아니어도 비슷하면 정적 강화를 제공하는 것을 말하며, 유사성의 강화 또는 선택적 강화라고도 한다. 예컨대, 나비라는 단어를 학습할 때 처음에는 'ㄴ'으로 시작되는 모든 발음에 강화를 제공한다. 이후에는 '나'와 비슷한 발음만 강화를 하고 'ㄴ'으로 시작되는 다른 발음(예 '너', '노')은 무시한다.

▮ 강화효과를 높이는 환경 구성

적절한 환경과 시간, 교재·교구, 난이도, 제시방법 등을 고려하여 제공하면 학습 효과가 높아진다. 아동이 좋아하고 매력적인 교수학습 자료는 동기유발을 증진시킨다. 과제의 난이도를 조절하고 적절한 방법으로 제시한다면, 시간은 더 걸리는 것처럼 보이지만 결국 아동은 더 잘 학습하게 된다. 과제를 여러 단계로 나누고 쉬운 단계에서 어려운 단계로 점차적으로 제공하는 것이 중요하다. 예를 들어, 첫 단계가 학습될 때까지 첫 단계를 가르치고, 두 번째 단계가 학습될 때까지 첫 단계와 두 번째 단계를 함께 가르칠 수 있다(국립특수교육원, 2022).

CHAPTER

13

늘봄학교 아동상담과 치료

1. 아동상담

1) 아동상담의 기초

(1) 아동상담의 정의 및 범위

늘봄학교 도입으로 초등학교 아동들은 오후돌봄에 더해 저녁돌봄, 연계형돌봄 등 다양한 유형의 돌봄을 경험하게 되었다. 아동이 학교에서 지내는 시간이 길어지자 늘봄학교에서 아동상담이 이루어지는 경우가 늘고 있다. 예를 들어, 상담실을 이용한 '카페형 연계형늘봄'이 운영되거나 내실 있는 저녁돌봄 환경을 위해 심리 · 상담 프로그램이 제공되는 경우이다. 또한 늘봄프로그램 운영과 관련해서도 아동상담이 이루어질 수 있는데, 이 경우 교내에서 상담을 실시하고, 교외에서의 개별 그룹 지도 및 가정방문은 금지되어 있다(교육부 외, 2024). 늘봄전담사나 외부강사, 자원봉사자 등 늘봄인력이 알아야 할 기본적인 아동상담 지식과 기술은 다음과 같다.

상담(counseling)의 어원은 라틴어의 "Consulere(반성하다, 숙고하다, 조언을 받는다)"에서 왔다. 이장호(1995), 박성수(1986) 등이 제안한 상담의 정의를 정리하여 김춘경 외(2021)는 "상담은 사고와 정서 및 행동에 관련된 문제를 제거하거나 감소시킬 뿐 아니라 심리적으로 건전하고 사회적으로 효율적인 특성을 학습하도록 돕는 심리적인 조력 과정이다."라고 하였다(김춘경 · 배선윤 · 성다겸 · 유지영 · 장효은, 2021).

이장호(1995)는 상담과 생활지도, 심리치료를 다음과 같이 구분하였다.

- ***생활지도*** : 교육 장면에서 정상적인 대다수의 학생을 대상으로 함
- ***심리상담*** : 문제를 가진 보다 소수 사람들의 구체적인 생활과제 해결과 적응을 돕는 활동
- ***심리치료*** : 신경증이나 정신장애 같은 심각한 문제를 다루는 활동

보통 정상인을 대상으로 할 때 "상담"을, 비정상인을 대상으로 할 때 "치료"를 많이 사용한다. 또한 성장지향적 · 예방지향적 · 철학적 · 교육학적 원칙을 주요 원리로 하는 것을 상담으로, 의학적 모형에 의해 질병 문제를 다루는 것을 치료로 정의하기도 한다. 즉, 정상인이 개인의 능력을 배양하기 위한 목적으로 상담을 받고, 비정상인의 정신건강을 회복시키기 위해 치료를 한다.

(2) 아동상담의 문제영역과 목표

아동상담은 아동의 건강한 발달에 필요한 다양한 영역의 문제를 다룬다. 아동상담의 문제는 일시적인 발달상의 문제도 포함하며 아동의 가족을 포함하는 문제도 다루게 된다. 늘봄학교 아동의 상담 문제를 요약하면 아래와 같다(김영숙 · 이재연, 1997, 김춘경 · 김숙희 · 최은주 · 조민규 · 성정혜, 2021 재인용)

- ***대인관계갈등*** : 부모, 형제, 교사, 또래 등 타인과의 관계에서 오는 갈등
- ***개인 내적 또는 자신과의 갈등*** : 자아개념과 자아존중감 발달, 의사결정상 문제
- ***자신에 대한 정보*** : 자신의 능력, 장점, 흥미, 가치관 등
- ***환경에 대한 정보 부족*** : 성공적인 학교생활, 직업교육, 꿈을 이루는 다양한 정보와 기술
- ***기술 부족*** : 효율적인 학습법, 주장적인 행동, 경청, 친구 사귀는 방법, 욕구 충족 방법

늘봄학교 아동의 상담 목표는 문제를 해결하고 인지적 · 정서적 · 행동적으로 변화하도록 노력하여 과거보다 더 나은 삶을 자율적으로 살 수 있도록 하는 데 있다.

2) 아동상담자

(1) 아동상담자의 자질

아동상담자의 자질은 인간적 자질, 전문가적 자질, 윤리적 자질로 구분할 수 있다.

① 인간적 자질

아동상담자는 원만한 성품과 소신, 민감성, 인내심, 감수성, 이해력, 의사소통 능력이 있어야 한다.

② 전문가적 자질

아동상담자는 지식, 실습경험, 훈련, 감독자의 지도감독을 받으며 상담을 수행

한 경험이 있어야 한다. 또한 상담이론을 공부한 후 자신의 신념에 맞는 이론을 선택하고 다른 상담이론도 통합하여 상담 장면에 적용할 수 있어야 한다.

③ 윤리적 자질

아동상담자는 비밀보장의 책임을 가진다. 내담자의 양해나 승인 없이는 면담 중 내용을 공개하지 않아야 한다. 다만, 아동학대를 받고 있을 경우는 사법당국이나 관련기관에 통보해야 한다. 또한 내담자가 상담자에게 해를 끼칠 경우나 타인에게 해를 끼칠 수 있다고 판단되는 경우는 가족과 상의하거나 학교장, 담임교사 등 내담자에 대해 책임 있는 기관의 장에게 내담자의 이름을 밝히지 않고 보고해야 한다. 어떤 조건하에서 상담이 실시되는지 내담자에게 알려줘야 하고, 내담자의 문제에 관하여 타인의 전문적인 자문을 구할 수 있으며, 자신의 능력의 한계를 느끼거나 전문적인 도움을 줄 수 없다고 판단될 때 적절한 상담자에게 의뢰할 수 있다.

(2) 상담과 관련하여 알아야 할 점

상담을 진행하면서 알아두면 도움이 될 몇 가지 팁을 정리하면 다음과 같다.

① 상담의 기록

상담 내용을 기록하기 전에 반드시 아동과 부모의 허락을 얻어야 한다. 강의나 보고서 작성에 사용하거나 다른 사람이 듣게 될 경우 서면으로 된 허가를 받아야 한다. 녹음의 목적과 사용에 대해서 설명한 후 가능한 한 녹음기에 대해 거의 신경 쓰지 않도록 하는 것이 좋다.

② 상담자의 자기 노출

상담자 정보에 있어서 자기 노출의 정도 문제는 단순하지 않다. 아동은 인간으로서의 상담자에 관심이 있는데 사적 질문에 대해 계속 반응을 하면 상담 시간이 지체되고 사적 질문에 대해 반응하지 않으면 상담관계가 불편해질 수 있다. 일반적으로 좋아하는 운동, 가족, 친구, 취미 등 약간의 사적인 정보를 교환하는 것이 좋으며, 자기 노출은 '지금-여기(Here & Now)'에 초점을 둔다.

③ 상담자가 사용하는 질문의 유형

상담자는 질문을 할 때 누가, 언제, 무슨 이야기를 했는지 조사하듯이 세부적인 것을 캐내는 것보다 아동의 느낌과 표현을 이해하고 들어주는 것이 좋다. 상담에서의 질문은 개방형이 좋다. 예를 들어, '너의 가족은 몇 명이니?'보다 '너의 가족에 대해서 이야기해 주겠니?' 등으로 질문한다. 그리고 '왜?'라는 질문은 비난의 느낌을 주기 때문에 상대방을 방어적으로 만들고 변명을 찾게 하므로 피한다. '왜 화를 내니?' 대신 '무엇이 너를 화나게 했니?'와 같이 '무엇'을 사용한 질문이 좋다.

④ 상담에서의 침묵

침묵은 아동이 자신의 사고와 감정을 정리하고 문제해결 방법을 찾는 시간이 되기도 하고 상담을 거부하는 수단이 되기도 한다. 침묵의 기간은 아동이 자발적으로 정하거나 아동의 비언어적인 행동을 단서로 상담자가 조절할 수 있다.

⑤ 조언

조언을 할 때는 내담자의 개인차를 존중하고 내담자 스스로가 상담자의 조언을 참고로 결정할 수 있게 한다. 또한 아동의 특성이나 배경을 잘 파악하고 조언해야 한다. 그렇지 않으면 아동은 상담자도 자신을 이해하지 못한다고 생각하여 방어적이거나 회피적인 태도를 보일 수 있다. 또한 지나친 조언은 아동의 의존성을 높이고, 자아존중감을 낮게 하며, 수치심을 조장하게 된다.

⑥ 내담아동에 대한 태도

상담자는 내담자를 공감하고, 존중하며, 수용해야 한다. 수용이란 상담자가 내담자를 무한한 가치와 존엄성을 가진 존재로 보고 자신의 삶을 선택하고, 결정하고, 책임질 수 있는 존재로 보는 것이다. 또한 상담자는 내담자에게 진실해야 한다. 겉으로 수용하는 척하면서 속으로는 내담자를 비웃거나 무시한다면 그 마음이 내담자에게도 전달된다. 그러므로 상담자는 진실되게 아동의 상황에 공감하고, 아동을 존중하고 수용하며, 내담자에게 책임 있고 현실지향적인 행동을 하도록 안내해야 한다.

(3) 상담에서 기본적 소통법

상담자와 내담자의 신뢰(rapport)를 형성하기 위해 가장 많이 사용되는 소통법은 공감, 경청, 나 전달법이다.

① 공감

공감이란 상대의 입장에서 의견과 감정을 이해하고 느낀 바를 전달해 주는 것으로, 공감을 잘하기 위해서는 당면한 문제에 대한 상대방의 말을 주의 깊게 듣고, 상대의 입장에서 이해하려고 하며, 상대의 감정을 이해했으면 그 감정을 전달할 수 있는 적절한 말을 생각하여 표현해야 한다. 공감에는 여러 수준이 있지만, 상황에 적절한 공감표현은 상대방이 그런 감정을 갖게 된 이유를 알아주고, 자신이 상대와 같은 경험을 공유한 적이 있음을 표현하며, 상대방이 원하지만 표현하기 꺼리는 소망을 표현하는 것이다. 그러나 남의 감정을 너무 앞질러 추측하면 상대방을 오히려 불쾌하게 만들 수도 있다.

② 경청

경청을 잘하려면 상대방의 말을 반박하기보다 수용적인 태도를 가지고, 어떤 화제를 꺼냈을 때 충분히 이야기할 때까지 들어주며, 상대방의 말에 관심을 가지고 있다는 것을 "오" 등의 감탄사나 고개 끄덕임을 통해 표현한다. 상대방의 말을 요약하거나 잘 이해하지 못한 부분을 질문하여 집중도를 높인다. 이때 상대방이 말하지 않은 내용이지만 이를 알아차리고 반응하거나 느낌을 인정해 주는 말을 하면 대화를 촉진시킬 수 있다. 경청을 할 때 다음에 대답할 말을 준비하거나, 언쟁하기, 상대방의 메시지를 온전하게 듣지 않고 걸러내기, 판단하기, 딴 생각을 하거나 슬쩍 넘기는 등의 행동은 피해야 한다.

③ 나 전달법(I-Message)

불필요한 언쟁을 줄이고 관계를 잘 유지하도록 하는 나-전달법은 상대방의 잘못된 행동에 대해 비난하거나 평가 없이 객관적인 사실과 나의 솔직한 감정을 전달하는 것이다. 예를 들어, "툭하면 약속시간에 늦고 넌 왜 그러니?" 보다 "네가 약속시간에 늦을 때 나는 혹시 네게 무슨 일이 생겼을까 봐 걱정이 돼."라고 나의 마음을 표현한다.

(4) 행동기법

행동주의 이론에 근거하여 현장에서 적극적으로 내담아동의 행동 수정을 위해 자주 사용되는 기법은 다음과 같다.

① 모델링

다른 사람이 행동하는 것을 보고 간접적으로 학습하는 일종의 모방학습이다. 상담자나 주변 인물, 선생님, 유능한 또래 등이 모델이 될 수 있고, 책이나 영상 속의 인물이 모델이 될 수도 있다. 내담아동은 타인의 행동을 관찰하고 반복학습하면서 새로운 행동을 배우게 된다. 그리고 가상적인 모의상황에서 배운 행동을 실행하여 익히게 하는데, 이를 행동시연이라고 한다. 이러한 모델링 방법은 자기주장훈련, 분노조절훈련, 대인관계기술훈련을 할 때 많이 사용된다.

② 토큰경제

바람직한 행동을 할 때마다 토큰을 통해 강화를 하는 것으로, 토큰은 그 자체로는 강화효과가 없으나 강화물을 바꿀 수 있는 상징적인 표나 점수, 스티커 등이 된다. 예를 들어, 내담아동이 바람직한 목표행동을 할 때마다 칭찬스티커를 주고, 이렇게 얻은 스티커를 모아 좋아하는 음식, 놀이, 물건으로 교환하는 것이다. 이때 효과를 높이기 위해 중요한 것은 아동에게 줄 강화물 또는 보상의 종류를 결정하고, 교환을 위해 모아야 하는 토큰(스티커)의 수 등을 적절하게 정하는 것이다. 아동에게 바람직한 행동을 하도록 동기화할 수 있어 현장에서 많이 사용된다.

③ 타임아웃

놀이, 미술활동 등 아동이 좋아하는 활동 시간에 부적절한 행동을 하는 아동의 행동을 수정하기 위해 타임아웃을 실시할 수 있다. 타임아웃은 일시적으로 아동이 좋아하는 장면에서 나와 혼자 있게 하는 것이다. 타임아웃을 효율적으로 진행하기 위해서는 우선 내담아동과 타임아웃의 이유와 지속시간을 협의하여 아동이 충분히 인지하도록 해야 한다. 타임아웃의 지속시간은 아동의 연령에 비례하여 증가될 수 있지만 최대 5분을 초과하지 않도록 하며, 타임아웃을 실시할 때는 사전 협의된 내용에 따라 중립적으로 단호하게 진행한다.

④ 혐오기법

불쾌한 그림이나 사진 등 혐오 자극이나 벌을 사용하여 바람직하지 않은 행동을 소거시키는 방법이다. 예를 들어, 모유 수유를 끊기 위해 어머니 젖에 쓴맛이나 아이가 싫어하는 맛의 액체를 바르거나, 금연을 위해 담배갑에 혐오 사진을 제시하는 것이다. 그러나 내담아동에게 다소 고통스럽거나 혐오적인 자극을 제공하는 것이 비윤리적이라는 비판도 있다.

⑤ 체계적 둔감법

상호제지이론에 기초를 둔 기법으로 불안이나 공포 등의 부적응 문제를 제거하는 데 사용된다. 먼저 상담자는 내담아동에게 팔, 다리, 목 등의 신체 부위에 힘을 주어 긴장하게 한 후 완전히 힘을 빼서 긴장을 풀게 하는 이완훈련을 진행한다. 둘째, 불안이나 공포를 일으키는 자극에 대해 가장 불안(또는 공포)을 일으키는 상황부터 가장 약하게 불안(또는 공포)을 일으키는 상황까지 위계 목록을 작성하게 한다. 예를 들어, 뱀이 바로 옆에 있는 것이 가장 불안 또는 공포를 일으키는 상황이 될 것이고, 동물원에서 뱀이 약 10미터 앞에서 뱀 훈련사와 함께 있는 것이 가장 약한 불안 또는 공포를 일으키는 상황이 될 것이다. 셋째, 내담아동이 이완상태가 되게 이완훈련을 진행한 후 위계 목록에서 불안이나 공포가 가장 낮은 상황부터 상상하게 한다. 이후 좀 더 불안이나 공포가 높은 상황을 상상하게 하며, 이때 내담아동이 불안을 느끼면 다시 이완훈련을 통해 이완시킨다. 이완이 되면 다시 불안한 장면을 떠올리게 하는 작업을 반복적으로 실시하여 더 이상 그 장면을 떠올렸을 때 불안하지 않도록 유도한다.

2. 심리치료

아동을 대상으로 하는 심리치료에서는 글로 표현하거나 언어를 사용하는 것보다 놀이, 음악, 미술 등의 매체를 통하여 아동의 마음상태를 들여다보고, 그들의 스트레스를 해소하고 변화시키는 것이 효과적이다. 놀이, 음악, 미술을 매체로 하는 심리치료는 특수아동에게만 적용되는 것이 아니라 늘봄학교에서 부적응 행동을 하는 일반적인 아동에게도 유용하게 사용될 수 있다. 이러한 입장에서 교육부는 전국음악치료사협회, 사단법인 한국놀이치료학회, 한국독서치료학회, 사단법인 한국연극치료협회 등 심리치료 관련 4개 단체와 업무협약을 체결하고 늘봄학교 심리정서 치유 프로그램 도입을 추진한다고 밝혔다(연합뉴스, 2024. 3. 20).

사례 **늘봄학교에서의 미술치료**

Q. 늘봄학교 프로그램을 개발하고 모니터링한 개발연구자로서의 소감은 어떠신지요.

A. 길○○(미술치료 전공 교수)

아동의 성장과 발전에 문화예술교육의 몫을 잘 이해하는 사람들과 함께라 행복한 시간을 보내고 있습니다. 개발자로서 학교가 교육과 돌봄을 통합한다는 늘봄 프로그램의 정책이 매력적으로 다가왔고, 예술이 아이들의 삶에 큰 영향을 미치는 것을 알고 있으니, 이를 필요로 하는 아이들에게 무료로 제공되는 문화예술 프로그램은 정말 좋은 일이라고 생각하여 참여하게 되었습니다.

출처 : "예술로 치유, 예술로 성장 : 초1 대상 맞춤형 문화예술교육 늘봄학교"(대학저널 https://www.dhnews.co.kr).

1) 놀이치료

(1) 놀이치료의 의미

놀이치료란 훈련된 치료자가 놀이활동을 통해 문제가 있는 아동의 문제를 해결하고 적응을 도와주는 과정이다. 놀이치료는 치료자 한 명과 아동 한 명이 함께하는 개인놀이치료도 있고, 치료자 1~2명에 아동 몇 명이 함께하는 집단놀이치료도 있다.

(2) 놀이치료자의 태도

놀이치료에 임하는 치료자는 아동의 건전한 적응과 성장 잠재력을 믿고 치료에 임해야 한다. 아동과의 신뢰감(라포, rapport)을 형성하려고 노력하고, 있는 그대로 아동의 행동을 받아들이고 아동이 모든 감정을 자유로이 표현하도록 허용적인 분위기를 조성한다. 아동의 행동에 적절한 정서적인 반응을 해주고 공감적 이해를 하며, 아동에게 스스로 선택하고 결정하며 해결에 대해 책임감을 갖게 한다. 치료자는 조력자의 입장이어야 하며 아동의 행동을 칭찬하고 격려한다. 아동에게 새로운 행동을 시도하려는 동기와 용기를 주고, 행동을 실현케 하며 이를 정착시킬 때까지 연습을 지원한다. 아동의 속도에 맞추어 기다려줄 줄 알아야 하지만 기물을 파괴하거나 자신이나 타인에게 위협이 될 경우는 제한을 하기도 한다.

(3) 놀이치료 환경 구성

놀이치료실은 청결과 안전을 고려하여 계획되어야 하며 다양한 장난감이 비치되어 있어야 한다. 치료실의 벽은 더러워지면 쉽게 닦을 수 있어야 하며 부드러운 분위기를 연출할 수 있는 색감으로 한다. 바닥은 아동이 신체활동을 하는 데 다치지 않도록 안전하고 청소하기에 용이해야 한다. 놀잇감을 진열하는 선반은 가능하면 아동이 서서 쉽게 꺼낼 수 있는 정도의 높이로 튼튼한 것이 좋다. 그러나 장난감이 아주 많을 경우 의자를 놓고 올라가 장난감을 꺼낼 수도 있으므로 유연하게 대처한다. 장난감은 아동의 놀이를 촉진할 수 있는 장난감이어야 하며, 유아의 흥미를 이끌 수 있는 장난감, 아동의 감정을 해방시켜 줄 수 있는 장난감 등이 필요하다.

[그림 13-1] 놀이치료실

장난감전화기는 전화놀이를 하며 아동과 친밀한 관계를 이루도록 도와주며, 미니 볼링 도구는 아동이 놀이를 통해 감정을 다 발산하고 정화할 수 있게 도와준다. 놀이치료실에서는 필요할 경우, 아동이 순서를 기다렸다가 장난감을 가지고 놀게 하여 아이 스스로 욕구를 통제할 수 있는 기회를 준다. 너무 값비싼 것이나 깨어지기 쉬운 것은 아동의 욕구불만을 초래하거나 쉽게 망가져서 좌절감을 느끼게 하므로 튼튼하고 안전한 장난감을 구비해야 한다. 놀잇감을 선택할 때 고려할 점을 정리하면 다음과 같다(Landreth, 2002, 2009, 최영희 · 김영희 · 심희옥 · 심미경, 2021 재인용).

- 튼튼한가?
- 아이들의 흥미를 유발하는가?
- 도움 없이도 혼자서 사용 가능한가?
- 다양한 감정표현을 촉진하는가?
- 여러 가지 창의적인 표현이 가능한가?
- 감정표현 없이도 단순한 탐색놀이가 가능한가?
- 말없이 사용할 수 있는가?
- 성공경험을 많이 주는가?

2) 미술치료

미술을 매체로 하여 아동의 무의식 세계를 방출시키고 아동의 심리적 문제를 해결하는 치료적 효과를 얻을 수 있다.

(1) 미술치료의 의미와 가치

미술치료는 그리기, 콜라주, 찰흙으로 만들기, 조각하기 등의 조형활동을 하면서 아동이 자신의 감정을 표현하고, 조절하고, 공격성, 적대감 등의 부정적 감정을 사회적으로 승인된 방식으로 표현하게 한다. 말이 없고 수줍은 아동도 함께 미술활동을 하면서 친밀감을 형성할 수 있으며, 아동이 그린 그림에는 왜 그림을 이런 식으로 그렸는지, 왜 이 색을 골랐는지 등에 대한 이유가 있으므로 그림에 대해 함께 대화할 수 있다. 이를 통해 아이가 겪은 과거와 현재 사건, 이와 관계된 마음 상태 및 감정, 무의식 세계 등을 알 수 있고, 미래에 대한 생각도 알 수 있어서, 아동의 그림은 의학적 진단을 위한 보충 자료로도 사용된다. 미술활동을 할 때 아동은 스스로 미술 재료를 선택할 수 있고, 작품을 완성하는 과정에서 성장하며, 성취감, 개인적인 만족감과 가치를 느끼게 된다.

(2) 아동 그림 발달단계

로웬펠드(Lowenfeld)는 미술 표현은 아동의 인지능력의 발달과 유사하다고 보고 그림 발달을 난화기(2~4세), 전도식기(4~7세), 도식기(7~9세), 여명기(9~11세), 의사실기(11~13세), 결정기(13~17세)의 6단계로 기술하였는데, 그중 앞의 5단계의 특징은 〈표 13-1〉과 같다.

〈표 13-1〉 로웬펠드의 아동 그림 발달단계

단 계	주요 특징
난화기 (2~4세)	• 무질서한 난화기 : 동작을 통제하지 못하고 운동조절 없이 무의식적으로 그리는 것으로 목적과 방향이 없다. • 조절된 난화기 : 방향과 의도를 가지면서 선을 일정하게 반복적으로 그린다. 이때 아이는 근육운동을 어느 정도 통제할 수 있으며 수평, 수직, 원의 형태를 그리기 시작한다. • 명명하는 난화기 : 무의식적 접근이 의식적인 접근이 되어 자신이 그려놓은 그림에 이름을 붙이기 시작한다.

전도식기 (4~7세)	• 대상과의 관계를 발견하기 시작하며 좋아하는 것을 표현하려 한다. • 동그라미 아래로 선을 그려 몸통과 다리를 그린다. • 인물, 나무, 해, 산 등 경험한 것을 주로 그리며 모든 것을 자기중심적으로 표현한다. • 이 시기 그림은 2차원적인 그림이다.
도식기 (7~9세)	• 주변 대상을 도식적으로 표현하고, 중요한 부분을 과장하고 중요하지 않은 부분을 생략하며, 주관적인 인물 표현과 투영적 표현, 기저선을 활용한 하늘과 땅에 대한 표현을 한다. 비교적 사실적인 색을 사용하기 시작한다.
여명기 (9~11세)	• 객관적으로 사물을 관찰하고 주위 환경에 관심을 가지며, 사실적인 표현을 한다.
의사실기 (11~13세)	• 논리적인 사고를 하고 3차원의 표현이 가능해진다. • 본 것을 그대로 그리는 시각표현 중심과 느낌과 감정을 그리는 감각표현 중심으로 구분된다.

난화기(2~4세)

전도식기(4~7세)

도식기(7~9세)

여명기(9~11세)

의사실기(11~13세)

[그림 13-2] 로웬필드 그림 발달

출처 : 우은영(2010).

(3) 진단적 도구로서의 미술

아동이 자유롭게 소재를 선택하여 그림을 그린 후 내용에 대해 이야기하는 자유화가 있고, 치료자가 집, 나무, 사람, 풍경, 동물, 가족, 친구 등 그림 과제를 주고 분석하는 과제화가 있다. 일반적으로 집-나무-사람 검사와 가족화 검사가 가장 많이 사용된다.

① HTP - 집(House), 나무(Tree), 사람(Person) 검사

네 장의 도화지에 집, 나무, 사람(남녀)을 각각 그리게 한다. HTP를 한 장에 다 그리는 통합법도 사용되고, 운동성을 가미한 동적 집, 나무, 사람 검사(K-HTP)도 사용된다. K-HTP는 집, 나무, 사람 그림을 그리는 순서에 따라 분석하며 집, 나무, 사람 사이의 역동성을 알 수 있게 한다. 집, 나무, 사람 그림 각각에 대한 진단 기준을 살펴보면, 집 그림은 집 및 지붕의 형태와 벽 장식의 세밀성, 문과 손잡이의 유무, 창문의 크기, 커튼 유무, 굴뚝과 연기의 유무, 창의 투명성, 울타리 형태 및 높이, 길이 유무와 모양, 전체와 집 그림의 조화 등을 본다. 나무 그림은 나무와 줄기와의 조화성을 보고, 뿌리는 튼튼한지, 잎은 많은지, 전체 나무의 완전성 등을 본다. 사람 그림은 팔, 다리 등 신체상 크기와 신체 내부의 완성도, 눈, 손, 팔 등 인물상의 크기와 배치, 전체 그림의 조화성과 여백, 필압, 음영 등을 본다.

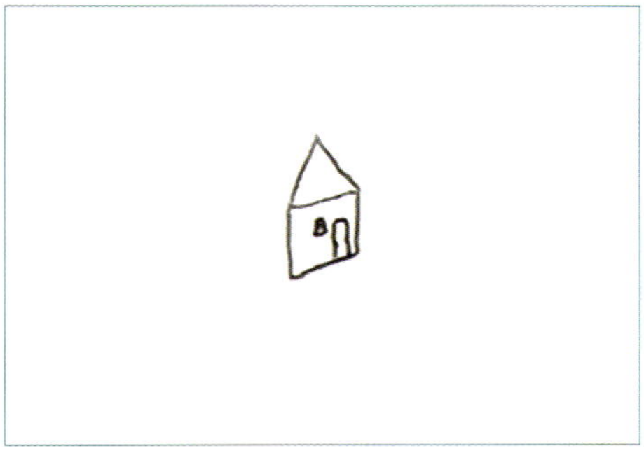

집 1 : 너무 작은 집

집 2 : 벽의 선이 불완전한 집

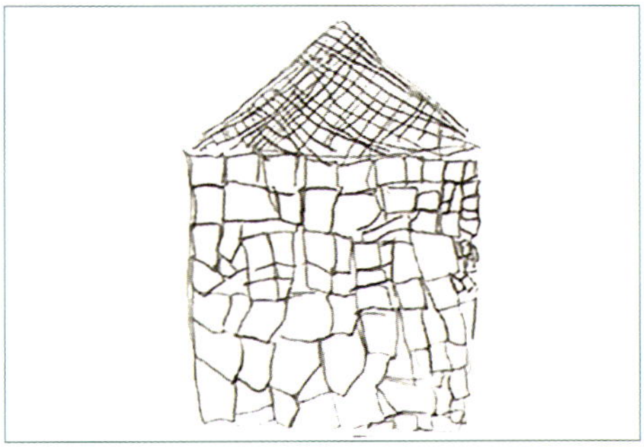

집 3 : 과도한 세부묘사

집 4 : 창문과 문을 강조한 집

[그림 13-3] HTP-집

출처 : 최영희 외(2021).

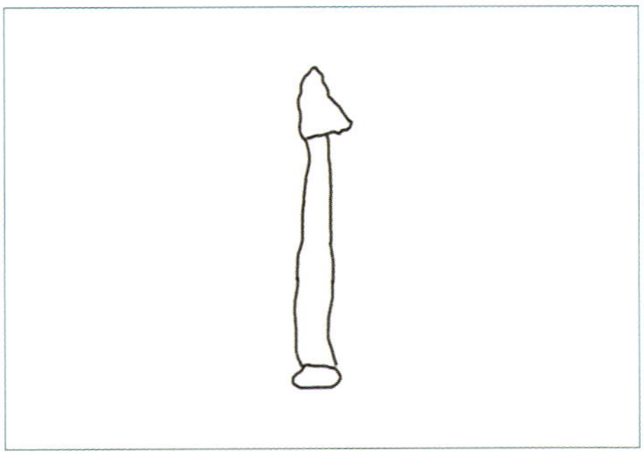

나무 1 : 빈약한 나무

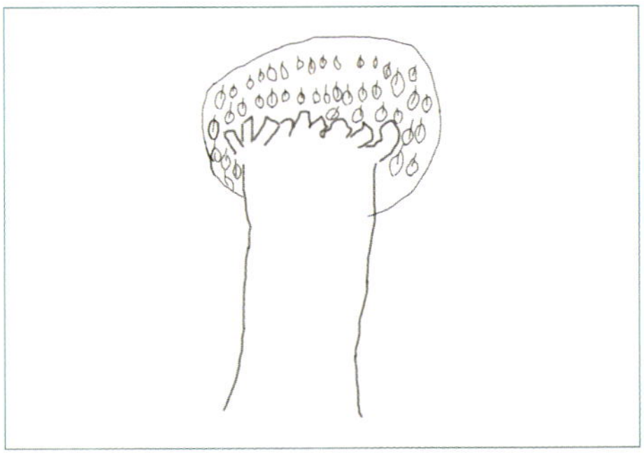

나무 2 : 열매를 강조한 나무

나무 3 : 바닥에 있는 작은 나무

나무 4 : 옹이를 강조한 나무

[그림 13-4] HTP-나무

출처 : 최영희 외(2021).

사람 1 : 크게 그린 사람

사람 2 : 작게 그린 사람

사람 3 : 여성성을 강조한 사람

사람 4 : 과도한 세부묘사

[그림 13-5] HTP-사람

출처 : 최영희 외(2021).

[그림 13-6] **K-HTP. 집, 나무, 사람 중 집을 가장 먼저 그림. 가정에 대한 의미가 크며, 자신이 편안하게 쉴 수 있고 즐거움을 주는 공간으로 집을 인식하는 경우**(25세 여자)

출처 : 유경미(2019), http://contents2.kocw.or.kr/KOCW/documen:/2019/jungwon/yookyungmi1113/12.pdf.

② 동적 가족화 검사

아동에게 가족을 그리게 하여 가족에 대한 아동의 생각을 알아본다. 동적 가족화 검사는 가족 구성원의 역동성 및 상호작용을 분석하는 데 적합하다. 동적 가족화 검사에서는 "당신의 가족 모두가 무엇인가를 하고 있는 그림을 그려 보세요."라고 지시하고 제한 시간은 두지 않는다. 다 그린 후에 각 인물이 누구이고, 그들의 나이와 무엇을 하고 있는지 등을 질문한다. 해석을 할 때는 인물의 행위와 그림의 역동성(크기, 거리, 방향, 생략 등) 등을 기준으로 하여 진단한다. 예를 들어, 가족 구성원을 구획화하거나 상호작용이 없는 경우에는 가족 간의 단절로 해석한다. 가족 구성원을 생략한 경우에는 그들에 대한 부정적 태도로 해석한다. 또한 가족 내에서 가장 지배적인 사람을 크게 그리기도 하고, 아동이 자신을 가장 크게 그린 경우에는 아동의 자기중심성으로 해석하기도 한다.

가족화 1 : 구획화

가족화 2 : 가족 구성원의 생략

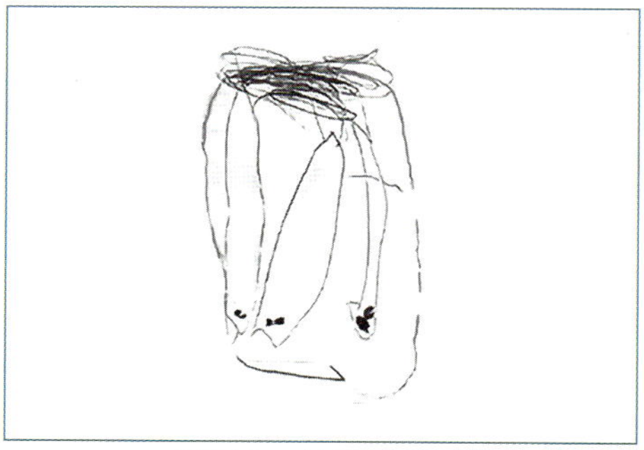

가족화 3 : 미분화된 가족화

가족화 4 : 인물상 크기의 차이

[그림 13-7] 동적 가족화 검사

출처 : 최영희 외(2021).

3) 음악치료

(1) 음악치료의 의미와 가치

음악치료란 음악적 경험을 통해 아동의 심리적 · 신체적 · 정신적인 상태를 건강하게 회복하고 유지해 나가는 일체의 활동을 말한다. 음악치료사는 재창조 연주, 즉흥연주, 창작, 감상을 음악치료 활동으로 사용하고, 아동의 증상과 상황에 따라서 개인치료나 집단치료를 할 수 있다.

음악치료의 가치는 음악을 듣고 함께 연주하고 악기를 다루는 과정에서 타인과의 소통을 증진시키고, 큰북 등의 연주를 통해 자신의 감정을 배출하고 정화를 느끼게 한다. 청각, 시각, 운동기능이 음악활동을 통해 통합되고, 음악활동그룹의 구성원으로서 역할을 수행하는 경험이 원만한 대인관계에 도움을 주어 아동의 사회적 적응을 돕는다.

(2) 음악치료 방법

① 재창조 연주

악기를 배우고 가르치는 활동과 그룹연주, 합주, 합창 등의 활동으로, 크게 노래하는 활동과 악기를 연주하는 활동으로 구분할 수 있다. 이러한 활동을 통해 치료자는 내담아동의 음악 외적인 행동 변화를 유도하는데, 내담아동의 생각이나 감정을 타인에게 전달하는 방법이나 상호 교류하는 기술을 배우게 하며, 집중력, 기억력, 감각운동능력 등을 발달시킨다.

② 즉흥연주

아동은 즉흥연주를 통해 자신의 감정 상태를 즉각적으로 표현하고, 이러한 표현이 긍정적인 반응을 얻을 때 즐겁고 긍정적인 자기상을 갖게 된다. 즉, 아동은 음악이라는 비언어적 매체를 통해 타인과 소통하고, 이것이 대인관계를 원활하게 해주며 사회에 적응하기 위한 유용한 행동을 학습하게 한다. 또한 즉흥적인 음악활동을 통해 창의력과 순발력 등을 발달시킨다.

③ 창작활동

노래 가사를 고쳐 부르고 새로운 멜로디를 만들어 부르는 활동 등 작사나 작곡 활동이 이에 속한다. 이러한 활동은 적극적인 표현에 초점을 둔다. 노래의 가사를 개사한 내용을 살펴보며 치료의 주제를 탐구할 수도 있고, 노래의 한 소절씩을 집단의 구성원이 돌아가며 개사하게 함으로써 그룹이 협력하여 통합된 결과물을 얻게 할 수도 있다. 치료 목적이나 아동의 상황에 적절한 곡을 찾기가 어렵다면 곡을 새로 만들 수도 있다. 작곡을 하는 주체는 내담아동이며, 치료자는 멜로디나 화음, 곡의 시간 등과 관련하여 내담아동을 도울 수 있다.

④ 적극적인 음악 감상과 인식, 말하기 유도

음악 감상을 통해 정서적인 경험과 기억, 심상, 회상 등을 촉진하고, 이에 대해 이야기하도록 하여 아동의 무의식 세계를 탐색할 수 있다. 음악 감상 시 우울한 내담자에게 잔잔하고 슬픈 음악을 제공하여 음악을 수용하고 반응하도록 자극할 수 있고, 반대로 처져 있는 내담아동에게 빠른 곡을 제공하여 활력을 찾게 할 수도 있다. 어떤 음악을 사용할 것인지는 치료자가 내담아동의 요구와 상황에 맞게 계획할 수 있다. 음악을 감상하는 것 외에도 치료자가 부르는 노래를 알아맞히거나, 합주곡에 사용된 악기 소리를 알아맞히는 활동을 하여 내담아동의 집중력과 기억력을 향상시킬 수도 있다.

참고문헌

강문희(2012). **영유아 생활지도**. 경기 : 교문사.

강민채(2018). 예비 특수교사의 ADHD에 대한 지식정도. **한국콘텐츠학회논문지, 18(9)**, 357-365.

강장식(2023). 교회 내 아동들의 자존감 향상과 사회성 발달 방안으로서 창의력아트 테라피 프로그램의 유용성 연구. 총신대학교 대학원 박사학위논문.

강지원(2022). 인구구조의 변화와 아동돌봄의 재구조화. **한국사회복지학회 학술대회 자료집**, (10), 1386-1411.

강지원 외(2022). 사회복지 분야 예산 심사·평가 연구. 한국보건사회연구원.

강현진(2014). 교우관계 향상 프로그램이 아동의 교우관계에 미치는 효과. 부산교육대학교 대학원 석사논문.

경남일보(2024. 5. 21). 경남교육청, 늘봄학교를 알려드려요.

경상북도 교육청(2024). 학교 성교육 계획 및 수립.

고재욱(2020). DSM-5에 나타난 신경발달장애 아동의 보육서비스 진단체계 고찰. **유아교육·보육복지연구**, 24(1), 43-64.

공계순·박현선·오승환·이상균·이현주(2003). **아동복지론**(제2판). 서울 : 학지사.

교육과학부(2008). 2008년도 교원 능력 개발 평가 매뉴얼 -초등-.

교육부(2017). 초·중등학교 통합교육 실행 가이드북 I. 세종특별자치시교육청.

______(2019). 2019 학생정서·행동특성검사 및 관리 매뉴얼.

______(2017). 안전한 생활 1 초등학교 교사용 지도서.

______(2022). 초등학교 교육과정.

______(2022). 초중등학교 교육과정 총론.

______(2023). 2023건강체력평가(PAPS).

교육부·경찰청·도로교통공단(2021). 사각지대 안전.

교육부·보건복지부(2019). 2019 개정 누리과정 놀이이해자료.

______________(2019). 2019 개정 누리과정 해설서

교육부·시·도교육청·한국교육개발원(2024a). 늘봄학교 운영 가이드라인.

______________________________(2024b). 초등돌봄교실 운영길라잡이(개정판2024).

교육부·이화여자대학교 학교폭력예방연구소(2024). 학교폭력 사안처리 및 초기대응 절차(2024).

교육부·질병관리청(2003). '2023년 학생 건강검사 표본통계' 및 '청소년건강행태조사'.

교육부·통계청(2023). 초·중·고 사교육비 실태 조사.

교육부·학교안전공제중앙회(2024). 학교안전교육 7대 표준안.

교육부·한국교육개발원·유스메이드 아동청소년문제연구소(2023). 아동학대 예방 및 대처 요령.

국립특수교육원(2022). 장애유아 통합교육 교수·학습 자료집 1.

권순정(2022). 포스트 코로나시대의 학교교육과 돌봄에 대한 연구 : 중학교를 중심으로. 서울특별시교육청 교육연구정보원.

권영활(2019). 초등학교 통합학급 교사의 자폐성장애 학생 지도경험 연구. 대구대학교 대학원 박사학위논문.

김경철·홍정선(2003). 유치원과 초등학교 연계 교육 방안 모색. **초등교과교육연구**, 111-124.

김경희(2007). **아동생활지도-사례를 중심으로**. 서울 : 창지사.

김도기(2023). 초등돌봄교실 정책의 패러독스 : 충청북도교육청을 중심으로. 한국교원대학교 대학원 석사학위논문.

김민정(2015). 초등돌봄교실 운영 실태와 업무 담당자의 인식 분석. 서울교육대학교 대학원 석사학위논문.

김매희·유정은·이남정·조수연·한국선 외(2008). **방과후 아동지도**. 경기 : 공동체.

김미연(2010). 학교폭력 가해학생의 집단 결속력 형성과정에 관한 연구. 석사논문.

김병반(2023). 돌봄과 교육의 동행은 가능한가? 교육을 바꾸는 사람들. (https://21erick.org/column/10157/)

김서윤(2023). 학령기 아동의 상위언어능력에 따른 읽기 유창성 특성. 부산가톨릭대학교 일반대학원 석사학위논문.

김성식(2019). 초등학교 저학년 학생의 학업수행에 대한 가정 배경, 유아시기 교육경험, 학생-교사 관계 변인의 영향. **초등교육연구**, 32(1), 15-36.

김소라(2021). 초등돌봄교실 공간구성특징에 관한 분석연구 -초등 돌봄교실 길라잡이를 중심으로-. **한국교육시설학회논문집**, 28(6), 3-13.

김영숙·이재연 편역(1997). **아동을 위한 상담이론과 방법**. Thomson & Rudolph 공저, 경기 : 교육과학사.
김영해(2017). 초등학교 교사의 삶의 의미, 일의 의미와 직무스트레스의 관계 : 교수몰입과 교사효능감의 매개효과. 건국대학교 대학원 박사학위논문.
김이영·오성숙·이시진·이우언·이은미·채혜선(2016). **유아발달**. 경기 : 양서원.
김종선(2006). 초등학교 저학년 방과후 교실 운영의 실제에 관한 문화기술적 연구. 충남대학교 대학원 석사학위논문.
김종훈(2017). 읽기장애 학생을 위한 읽기유창성 지도 프로그램 개발 및 적용. 대구대학교 대학원 박사학위논문.
김지은(2012). 초등학생의 교우관계 증진을 위한 강점기반 집단상단 프로그램 개발. 한국교원대학교 대학원 석사학위논문.
김철용(2012). ADHD 아동에 대한 초등학교 교사들의 지식과 대처방안에 관한 상관관계 연구. 대구대학교 교육대학원 석사학위논문.
김춘경·김숙희·최은주·조민규·성정혜(2021). **아동상담의 이해**. 서울 : 학지사.
김춘경·배선윤·성다겸·유지영·장효은(2021). **아동상담의 실제**. 서울 : 학지사.
김충일·권윤정(2018). 어머니의 행동적 통제 변화궤적이 학령전기 및 초등 저학년 아동의 학교적응, 학업수행능력, 주관적 행복감에 미치는 영향. **아동교육**, 27(3), 207-221.
김태은(2019). 초등영어 문항 분석과 개발에 관한 이론적 배경의 이해 및 사례 고찰. **한국초등교육**, 30(4), 63-77.
김현미(2016). 초등 돌봄교사의 노동과정 연구 : 주지역 초등돌봄교사의 고용형태와 노동조건을 중심으로. 전남대학교 대학원 석사학위논문.
김현자·한성심·임미선(2015). **영유아교수방법**. 서울 : 태영출판사.
김 호·김연진·김택수·김현경·노현애·서은총·이성주·장원호·장혜진·최은영(2022). 개정 누리과정에 기반한 유·보, 유·초 이음교육 지원 자료(교사이해자료). 유아의 삶과 교육을 이어가는 교사들. 교육부.
김효숙(2015). 초등학교 저학년의 스마트폰 중독 예방을 위한 부모연계 집단상담 프로그램 개발. 한국교원대학교 대학원 석사학위논문.
남궁선혜(2010). **(프로그램 실제 중심의) 방과 후 아동지도**. 서울 : 학지사.
남기민(2023). 한국 고전 서사에 나타난 돌봄의 양상과 의미연구. 경상대학교 국어국문학과 박사학위논문.
늘봄교실 관련 업무추진(2024). 1학기 늘봄학교 우수 모델 시간표 선정(안). 방과후돌봄정책과.

류예나(2024). 중학생 자아개념 탐구를 위한 퍼스널 아이덴티티 디자인 미술 수업. 전남대학교 대학원 석사학위논문.

류재연(2013). 통합교육을 위한 특수학급의 법적 역할 보완 탐색. **통합교육연구**, 8(1), 1-19.

문홍남(2010). 방과후학교 초등돌봄교실의 효율적인 운영 방안. 한성대학교 대학원 석사학위논문.

박성수(1986). **생활지도**. 서울 : 정민사.

박성연(2006). **아동발달**. 경기 : 교문사.

박윤희(2008). 초등학생의 비만도에 따른 체중조절 관심, 건강 관련 요인 및 식생활 실태 연구. 원광대학교 대학원 석사학위논문.

박은혜·이성희·박선혜·장민영·박보람(2023). 유치원 교육과정 연계를 위한 이음교육 이론편 교사용 안내서. 교육부·충청남도교육청.

박정빈·김나원·김영주·정명자·황은희(2022). **현장중심의 방과후 아동교육과정**. 동문사.

박지영(2024). 아동학대 예방 및 보호정책의 변동과정에 관한 연구. 부경대학교 대학원 박사학위논문.

박진경(2023). 아동 미디어안전교육 콘텐츠 분석. 중앙대학교 대학원 석사학위논문.

박찬웅(2008). 배치환경의 통합 정도에 따른 지적장애아의 사회관계망 특성. **지적장애연구**, 10(3), 65-83.

박현숙(2018). 경계선 지적 기능 아동 선별 체크리스트 : 타당화와 하위특성 연구. 성균관대학교 대학원 박사학위논문.

박혜경(2018). 초등돌봄교실의 서비스 질과 돌봄전담사의 교수효능감, 직무만족, 관계몰입이 아동의 학교적응에 미치는 영향. 충남대학교 대학원 박사학위논문.

배은경(2013). 초등교사의 ADHD, 학생정서행동발달선별검사, 교사연수에 대한 인식 연구. **정서·학습장애연구**, 29(3), 433-458.

배태상(2024). 아동학대를 경험한 청년의 생애사 연구 : 학대예방경찰관과의 만남을 중심으로. 부경대학교 대학원 박사학위논문.

배화옥·김미숙·이은주(2021). **아동복지론**. 서울 : 신정.

보건복지부(2021). 어린이집 아동학대 예방 및 대응 매뉴얼.

서봉연·이순형(1998). **발달심리학**. 서울 : 중앙적성출판사.

서영숙·박영애·김매희·한국선·조수연·노성향·이남정·이행란·허정경(2006). **아동지도론**. 경기 : 양서원.

서울특별시교육청(2024). 행복한 학습자로의 첫걸음.

손선옥·김태연(2023). 초등 방과후 돌봄서비스 이용 경험과 욕구에 관한 질적 연구. **사회과학연구**, 34(2), 55-76.

손지현·손여민·남상지(2008). 만 5세 유아들의 초등학교 적응을 위한 유치원-초등학교 연계 프로그램 개발. **아동연구**, 14, 35-59.

송현주·권미경·기쁘다·박다은·박혜근·성지현·송경희·이샛별·이윤하·진경선(2023). **최신 발달심리학**(제4판). 서울 : 사회평론아카데미.

신형근(2003). 또래상담이 초등학교 아동의 자기효능감과 사회성 발달에 미치는 영향. 경인교육대학교 대학원 석사학위논문.

신혜영·유민임(2017). **방과후 아동지도론**. 창지사.

아동복지법 시행령(2024. 7. 10).

아시아투데이(2023. 11. 23). 경남 늘봄학교·부산 방과후학교, 시범운영 우수지역 가보니.

안경자·장선경·박영신·손윤희·김진희(2013). **교사-영유아 상호작용 현장이야기**. 경기 : 공동체.

여성가족부(2024). 2024년 청소년 미디어 이용습관 진단조사 결과.

연합뉴스(2024. 3. 20). 교육부, 놀이·독서치료학회 등과 늘봄학교 프로그램 제공 협약.

오레지나·길영순(2023). 늘봄학교 프로그램 개발에 관한 연구. **모드니예술**, 20, 1-11.

오시영(2017). 초등돌봄교실 전담사의 직무분석. 숭실대학교 대학원 박사학위논문.

온아신문사(2024. 6. 17). 호서대학교 디지털과 영유아교육연구소, 2024 학술대회 개최.

우리교육(2009). 초등학급운영-일상활동 꾸리기.

우진경·서영숙(2015). 초등 교사의 방과후 돌봄 교사와의 의사소통과 협력에 대한 의미. **아동학회지**, 36(2), 95-110.

울산광역시 교육청(2015). 안전행동매뉴얼.

유현하(2012). 아동의 낙관성과 우울증상의 관계에서 또래관계 질의 매개효과. 숙명여자대학교 대학원 석사학위논문.

육아정책연구소(2022). 유·초 연계교육 운영 모델 개발 연구 : 이음교육 시범사업을 중심으로.

윤매자·신혜경·구정현(2012). **아동복지론**. 경기 : 양서원.

윤복희(2011). 3, 4, 5세 유아의 조망수용, 마음이론, 교수의도 인식, 교수학습반응의 발달 및 관계. 이화여자대학교 대학원 박사학위논문

윤옥분(2023). 초등돌봄서비스의 거점통합 모델 사례 분석-경상남도교육청 거점통합돌봄센터 '늘봄'을 중심으로. 한국교원대학교 교육정책전문대학원 석사학위논문.

이미나(2011). 집단치료놀이 프로그램이 학교생활 부적응 아동의 학교생활 적응과 자기조절

능력 향상에 미치는 효과. 덕성여자대학교 대학원 석사학위논문.

이성희(2023). 정직한 질문에 대한 정직한 답변 : 늘봄학교는 우리 학교 아이들의 성장을 위해 필요한가?. **교육정책포럼, 356호**. Feb, 4-9.

이소현·박은혜(1998). **일반학급 교사를 위한 통합교육 지침서 : 특수아동교육**. 서울 : 학지사.

이순형·이소은·이완정·이혜승·이영미·성미영·권기남(2002). **21세기 방과후 아동보육**. 경기 : 교문사.

이 옥·오성향·이회현(2005). **방과후 활동의 실제**. 경기 : 양서원.

이은별(2019). 서울 지역 중학교 발달장애학생의 완전통합교육에 대한 교육실제 및 개선과제. 이화여자대학교 대학원 석사학위논문.

이장호(1995). **상담심리학**. 서울 : 박영사.

이재연·안동현·황옥경·구은미·한유미·이완정·한지숙·김경륜(2015). **아동권리 0-8: 육아지원기관에서 아동권리 레토릭과 현실**. 경기 : 교육과학사.

이황순(2024). 텍스트마이닝을 활용한 영유아 교육에서 돌봄 연구의 동향 분석. **학습자중심교과교육연구, 24**(13), 621-648.

장명림(2019). 초등돌봄교실 운영 내실화 방안. 이슈페이퍼 CP 2019-06. 한국교육개발원 교육정책네트워크.

장명림·장혜진·이환기·이승미·송신영·최미미(2012). 5세 누리과정과 초등학교교육과정 및 3·4세 연계 방안 연구. 육아정책연구소.

장인하(2024). 교육과 돌봄의 위계는 왜 지속되는가?-초등돌봄교실을 둘러싼 갈등을 통해 본 돌봄 노동의 가치 절하 기제-. **페미니즘연구, 24**(1), 3-44.

장현주(2004). 보육 시설의 교수-학습 환경이 유아의 정서지능 발달에 미치는 영향. 덕성여자대학교 대학원 박사학위논문.

장혜진(2018). 초등교사의 유치원 방문기 : 유·초 연계의 관점에서. **학습자중심교과교육연구, 18**(18), 915-936.

정수경(2010). 놀이중심의 자기표현훈련이 초등학교 저학년의 발표불안과 학교생활 적응에 미치는 효과. **초등교육학연구, 17**(2), 155-176.

정옥분(2015). **아동 발달의 이해**(제2판). 서울 : 학지사.

정용부·오성숙(2001). **교과교재연구 및 지도법 : 유치원에서의 수업기술 향상을 위한**. 서울 : 학지사.

정유미·전순영(2016). 놀이를 활용한 집단미술치료가 학교부적응 아동의 회복탄력성에 미치는 효과. **미술치료연구, 23**(3), 763-788.

정희경·신동희(2021). Blosser의 과학 발문 분류 체계 적용의 제한점 탐색. **한국지구과학회지**, 42(2), 221-244.
조성연·이정희·천희영·심미경·황혜정·나종혜(2008). **아동발달의 이해**(제2판). 서울 : 신정.
조인숙 외(1998). **방과후아동보육시설 운영의 이론과 실제**. 서울 : 창지사.
조정실(2016). 학교폭력 피해학생의 프로그램 효과분석. 석사논문.
최영희·김영희·심희옥·심미경(2021). **아동상담의 이론과 실제**. 서울 : 창지사.
최은영·김은영·구자연·김문정·이승미·장혜진·이완정·임여정·권혜진·김유미·김지연·신윤승·정정희·임수진·김언경·김윤희·박건령·이효림(2023). 미래형 영유아 교육·보육과정 설계 및 체제구축 방안(Ⅰ) : 미래형 영유아 교육·보육과정 설계방안 탐색. 육아정책연구소·경제인문사회연구회.
최효진(2010). 초등학생의 무용 즐거움 검사지 개발과 타당화. 한양대학교 대학원 박사학위논문.
추연구·김병룡(2020). 초등 통합학급 평가계획의 과정중심평가 반영수준 분석. **특수교육교과교육연구**, 13(4), 65-80.
통계청(2024). 2023년 초중고사교육비조사결과.
키드키즈(2024. 5. 22). 호서대학교 디지털과 영유아교육연구소, 늘봄학교 공모전.
한경임·송미승·윤소영(2013). 초등학교 특수학급 여교사의 직무 경험 분석. **지체중복건강장애연구(구 중복· 지체부자유아교육)**, 56(2), 169-193.
한국초등상담교육학회(2017). **학교폭력의 예방과 상담**.
한국통합교육학회(2014). **교사를 위한 특수교육 입문 통합교육**. 서울 : 학지사.
한숙임(2004). 교사의 지속적인 관심과 지지가 ADHD 아동의 행동에 미치는 영향. 인재대학교 대학원 석사학위논문.
한순미(1999). **비고츠키와 교육(문화·역사적 접근)**. 경기 : 교육과학사.
한유미(2022). **영유아발달**. 서울 : 창지사.
______(2021). **창의력을 키우는 유아 교과논리논술**. 경기 : 파워북.
______(2014). **영아발달**. 서울 : 창지사.
______(2003). **유아수학교육**. 서울 : 창지사.
한유미·김혜선·권희경(2022). **2019 개정 누리과정에 따른 영유아 언어교육의 이해 이론과 실제**(제4판). 서울 : 학지사.
행정안전부(2023). 생활안전행동요령 응급처치편.

황명순(2024). 초등돌봄교실 운영에 대한 학생 인식 분석- 서울지역을 중심으로-. 한국교원대학교 교육정책전문대학원 석사학위논문.

Able, H., Sreckovic, M. A., Schultz, T. R., Garwood, J. D., & Sherman, J.(2015). Views from the trenches : Teacher and student supports needed for full inclusion of students with ASD. *Teacher Education and Special Education, 38*(1), 44-57.

American Psychiatric Assosiation(2000). *Diagnostic and statistical manual of mental disorders(4th ed.)*. Washington, DC : Author.

__________________________(2013). *Diagnostic and statistical manual of mental disorders(5th ed.)*. Washington, DC : Author.

Berger, K. S.(2003). *The Developing Person: Through Childhood and Adolescence*(6th Ed.) NY : Worth Publishers.

Blosser, P. E.(1973). *Handbook of Effective Questioning Techniques.* Worthington, OH : Education Associates.

Bredekamp, S., and Rosegrant, T.(1992). *Reaching Potentials: Appropriate Curriculum and Assessment for Young Children.* Washington, DC : National Association for the Education of Young Children.

Bornstein, M. H.(1995). Parenting infants. In M. H. Bornstein(Ed.), *Handbook of parenting, Vol. 1. Children and parenting*(pp. 3-39). Lawrence Erlbaum Associates, Inc.

Cadzen, C.(1998). Classroom Discourse: *The Language of Teaching and Learning*. Cambridge University Press.

Carner, R. L.(1963). Levels of questioning. *Education*, 83, 546-550.

Copple, C. & Bredekamp, S.(2006). *Basics of developmentally appropriate practice : an introduction for teachers of children 3 to 6*. Washington, DC : National Association for the Education of Young Children.

Douvan, E.(1990). Psychoanalytic theory of human development. In R. M. Thomas(Ed.) *THe Encyclopedia of Human Development and Education: Theory, Research, and Studies*. Oxford: Pergamon Press.

Essa, E. L.(1988). *A practical guide to solving preschool behavior problems*. Delmar

Publishers, Inc.

Fuchs, D., & Fuchs, L. S.(1994). Inclusive schools movement and the radicalization of special education reform. *Exceptional Children, 60*, 294-309.

Gesell, A. & Ilg, F. L.(1943). Infant and child in the culture of today: The guidance of development in home and nursery school. NY: Harper & Row.

Gonzalez-Mena, J.(2002). *Infant/toddler caregiving : a guide to routines*. Sacramento, Calif. : California Dept. of Education.

Guralnick, M. J., Neville, B., Hammond, M. A., & Connor, R. T.(2008). Continuity and change from full-inclusion early childhood programs through the early elementary period. *Journal of Early Intervention, 30*(3), 237-250.

Horowitz, E. D.(1987). *Exploring Developmental Theories: Towards a Structurally/Behavioral Model in Account for Behavioral Development*. Routledge.

Huang, H. H., & Diamond, K. E.(2009). Early childhood teachers' ideas about including children with disabilities in programmes designed for typically developing children. International Journal of Disability, *Development and Education, 56*(2), 169-182.

Johnson, S. P. & Slater, A.(2007). The development of intelligence in infancy. In Slater, A. & Lewis, M.(2007)(Eds.) *Introduction to Infant Development*(2nd Ed.). Oxford Univ Press.

Kauffman, J. M.(1999). Commentary : Today's special education and its message for tomorrow. *Journal of Special Education, 32*(4), 244-254.

Mesilbov, G., Shea, V., & Adams, L. W.(2001). *Understanding Asperger syndrome and high functioning autism*. Kluwer Academic/Plenum.

NAEYC & NAECS/SDE(1991). *Guidelines for appropriate curriculum content and assessment in programs serving children age 3 through 8, young children*. NY : Mackay.

Noonan, M., & McCormick, L.(2006). *Young children with disabilities in natural environments : Methods & procedures*. Paul Brookes Publishing Co.

Odom, S. L.(2000). Preschool inclusion : What we know and where we go form here. *Topics in Early Childhood Special Education, 20*(1), 20-27.

OECD(2017). Starting strong V: Transitions from early childhood education and care to primary education. OECD Publishing, Paris. http://doi.org/10.1787/9789264233515-en.

Papalia, D. E. & Olds, S. W.(1982). *A Child's World: Infancy Through Adolescence*. NY : McGrawhill book company. 이영·조연순 역(1988). **아동의 세계: 영유아발달**. 경기 : 양서원.

Peters, S.(2010), Literature Review : Transition from Early Childhood Education to School, University of Waikato, Hamilton, New Zealand.

Salkind, N. J.(1983). *Theories of human development*. New York : J. Wiley.

Thomas, M. S. C. & Mark, H. J.(2008). New Advances in Understanding Sensitive Periods in Brain Development. *Psychological Science February*, *17*(1), 1-5.

Treagust, D. F., Harrison, A. G., Venville, G. J., & Dagher, Z.(1996). Using an analogical teaching approach to engender conceptual change. *International Journal of Science Education*, *18*, 213-229.

UN(2023). The sustainable development goals report Special edition.

Vakil, S., Welton, E., O' Connor, B., & Kline, L. S.(2009). Inclusion means everyone! The role of the early childhood educator when including young children with autism in the classroom. *Early Childhood Education Journal*, *36*(4), 321.

Wenar, C., & Kerig, P.(2011). **발달정신병리학 5판 : 영아기부터 청소년기까지**(이춘재·성현란·송길연·윤혜경·김혜리·박혜원·장유경·정윤경 공역). 박학사(원저 출판 2006).

강산이엔지. https://kangsan21.com/

경상남도교육청. https://www.gne.go.kr/index.gne?contentsSid=1384

교육공무원시험을 준비하는 사람들의 모임 네이버카페. https://cafe.naver.com/chokingwang?iframe_url=/MyCafeIntro.nhn%3Fclubid=16621630

김병반(2023). 돌봄과 교육의 동행은 가능한가? 교육을 바꾸는 사람들. (https://21erick.org/column/10157/)

농림축산식품부 홈페이지. https://www.mafra.go.kr/sites/home/index.do#none

늘봄 방과후중앙지원포털. https://www.afterschool.go.kr/

늘봄학교. https://afterschool.kofac.re.kr/main

디지털새싹. http://xn--2z1bz5tdvbiwlf4j.com/

명산초등학교. https://school.use.go.kr/mes-e/M01/
보니아라돌봄교실카페. https://cafe.naver.com/anewedu
서울특별시교육청. https://www.sen.go.kr/sen/index.do
송린초등학교. https://songrin-e.goehs.kr/songrin-e/main.do
신나는초등돌봄교실. https://cafe.naver.com/mhyukkk
신복초등학교. https://school.use.go.kr/sinbok-e/M01
아동권리보장원 홈페이지. http://www.korea1391.go.kr/new/page/sts_report.php
아이코리아 아동발달교육연구원. https://counsel.aicorea.org/
우은영(2010). 로웬펠드의 아동 미술표현발달단계와의 비교를 통한 아동의 발달단계에 따른 색채 교육의 필요성. https://www.designdb.com/?menuno=1432&bbsno=514&siteno=15&act=view&ztag=rO0ABXQAOTxjYWxsIHR5cGU9ImJvYXJkIiBubz0iOTkwIiBza2luPSJwaG90b19iYnNfMjAxOSI%2BPC9jYWxsPg%3D%3D#gsc.tab=0
유경미(2019). http://contents2.kocw.or.kr/KOCW/document/2019/jungwon/yookyungmi1113/12.pdf
인천광역시교육청늘봄지원센터. https://www.ice.go.kr/afterschool/
충청남도교육청. http://www.cne.go.kr/cne/main.do
한국교육개발원. https://www.kedi.re.kr/khome/main/webhome/Home.do
호서대학교 디지털과영유아교육연구소 블로그. https://blog.naver.com/dece_hoseo
"예술로 치유, 예술로 성장: 초1 대상 맞춤형 문화예술교육 늘봄학교"(대학저널 https://www.dhnews.co.kr)
http://mommyme-thewonderyears.blogspot.kr/2011/03/journal-drawings-age-4-5.html

저/자/소/개

한유미 호서대학교 유아교육과 교수
성은현 호서대학교 유아교육과 교수
권희경 건국대학교 유아교육과 교수
권정윤 성신여자대학교 유아교육과 교수
장혜진 대구대학교 유아교육과 교수
주안나 디지털과 영유아교육연구소 이사
김민재 디지털과 영유아교육연구소 부소장
심혜진 디지털과 영유아교육연구소 부소장

늘봄학교 개론

호서대학교 디지털과 영유아교육연구소편

| 공저자 | 한유미 · 성은현 · 권희경 · 권정윤 · 장혜진 · 주안나 · 김민재 · 심혜진

| 1판 1쇄 | 발행 2024년 9월 1일

| 발행인 | 김동훈
| 발행처 | **공동체**

| 주소 | 경기도 고양시 일산동구 호수로 358-39, 동문타워 I 905호(백석동)
| 전화 | 031)814-3000(대표)
| 팩스 | 031)814-3100
| 홈페이지 | www.compub.co.kr
| 전자우편 | compub@naver.com
| 출판등록 | 2005년 10월 6일
| 등록번호 | 제396-2005-36호

| ISBN | 979-11-6725-795-6
정가 22,000원